BASTEI
LÜBBE
TASCHENBUCH

Über den Autor:

Guido Cantz, geboren 1971 als echter Kölner, moderiert die große ARD-Unterhaltungsshow VERSTEHEN SIE SPASS? seit 2010. Außerdem ist er seit Jahren regelmäßig in Comedyshows wie zum Beispiel GENIAL DANEBEN zu Gast und tourt mit seinem eigenen Bühnenprogramm durch die Republik. Guido lebt mit einer Frau, einem Kind und zwei Kaninchen in Köln-Porz.

GUIDO CANTZ

mit Paulus Vennebusch

CANTZ SCHÖN CLEVER

Guidos
gesammeltes
Weltwissen

BASTEI
LÜBBE
TASCHENBUCH

BASTEI LÜBBE TASCHENBUCH
Band 60674

1.+2. Auflage: Mai 2012

Für Paul

Dieser Titel ist auch als Hörbuch und E-Book erschienen.

Bastei Lübbe Taschenbuch in der Bastei Lübbe GmbH & Co. KG

Originalausgabe

Textredaktion: Matthias Auer
Illustrationen im Innenteil: Harald Oehlerking
Umschlaggestaltung: Sandra Taufer unter Verwendung
von Motiven von © Stephan Pick, Köln; shutterstock und istockPhoto
Satz: hanseatenSatz-bremen, Bremen
Gesetzt aus der Futura light
Druck und Verarbeitung: CPI – Ebner & Spiegel, Ulm
Printed in Germany
ISBN 978-3-404-60674-0

Sie finden uns im Internet unter
www.luebbe.de
Bitte beachten Sie auch: www.lesejury.de

Der Preis dieses Bandes versteht sich einschließlich
der gesetzlichen Mehrwertsteuer.

Inhalt

Grußwort von Hugo Egon Balder

Verehrte Leserinnen, verehrte Leser,

Guido hat angerufen. »Ich hab mit unserem Kumpel Paulus ein Buch geschrieben. Könntest du einen Kommentar für den Klappentext schreiben?«

Ich zuckte. Erst zusammen, dann mit den Schultern. »Ich kenn das Buch doch gar nicht.«

»Ich schicke es dir. Lies es und dann schreib«, war seine Antwort.

»Guido!«, sagte ich. »Bist du irre? Du kennst doch unsere Branche. Alles Haie! Das spricht sich doch rum! Sofort!! LEUTE, DER BALDER HAT EIN BUCH GELESEN!!! ICH HAU MICH WEG!! Dieses Image werde ich nie wieder los! Danke, hat sich erledigt. Sorry.«

Das hat Guido verstanden. Wir haben uns bei mir zu Hause verabredet, ich lag aufm Sofa, bereit einzuschlafen, wann immer es ging, und er hat mir sein Buch vorgelesen.

Eingeschlafen bin ich nicht, und ich muss zugeben: Seitdem gehe ich anders durchs Leben. Ich fühle mich fast allwissend, allen anderen überlegen. Dass Griechenland pleite ist und Wulff einen Präsidenten spielt, ist mittlerweile bekannt. Aber wer weiß schon, wer Herbert Anton Hilger ist? Und das sollte man wissen! Damit kann man wahnsin-

7

nig gut in der Kneipe angeben, vom Eindruck, den es auf das andere Geschlecht macht, ganz zu schweigen!

Liebe Leute, ich wünsche euch viel Vergnügen bei dieser herrlichen Lektüre, genießt dieses Buch. Und wenn ihr zum Lesen zu faul seid, ruft Guido an, vielleicht kommt er ja vorbei und liest vor!

Euer
Hugo Egon Balder

Wie alles mit einer Banane begann

Vor einiger Zeit erzählte mir ein Freund, dass er in der Lage sei, mit einer Banane eine Bierflasche zu öffnen. Wie das funktioniert, hat er mir allerdings nicht verraten. Da ich aber ein neugieriger Mensch bin, setzte ich mich an den Computer und begann zu recherchieren.

Jeder, der schon einmal im Internet oder in einer Enzyklopädie etwas Bestimmtes gesucht hat, kennt das: Bevor man die Antwort auf seine Frage findet, ergeben sich unzählige neue Fragen. So ging es mir auch: Ich gab zwar die Begriffe »Banane« und »Bierflasche« in die Suchmaschine ein, doch dann schweifte ich ein paar Clicks ab – und sah mich schon bald mit einer Überfülle von interessanten Antworten auf ganz andere Fragen konfrontiert.

Ich stieß in fremde Wissenswelten vor und stöberte in Fachforen, die ich im Zuge eines »normalen« Suchvorgangs niemals gefunden hätte. Seitdem weiß ich, was ein Metronym ist, warum sich falsche Blondinen Ketchup in die Haare schmieren und wie Gott mit Vornamen heißt. Ich kann Ihnen verraten, dass Kühe 480-mal älter werden können als Stubenfliegen, dass es in Finnland ein Museum für Außenbordmotoren gibt und wie man bei einem romantischen Abendessen 4,83 kWh Strom sparen kann. Außerdem stolperte ich über die Anzahl der Koffer, die jährlich auf Flughäfen verschwinden, über das teuerste Klo der Welt und über das Alleinstellungsmerkmal der ehemaligen Bürgermeisterin der Stadt Bünde, Anett Kleine-Döpke-Güse.

Einmal neugierig geworden, konnte ich nicht mehr aufhören nachzuforschen: Ich las in Büchern, auf Websites und in Magazinen. Ich konsultierte Fachleute, fragte schlaue Köpfe und plünderte den Erfahrungsschatz meines eigenen Lebens. Dann schrieb ich mein neu erworbenes Wissen auf – zusammen mit den Geschichten, die damit zusammenhängen.

Diesen Fundus an bedeutenden und unbedeutenden Fakten, an völlig Nebensächlichem und tatsächlich Wichtigem, an kleinen Details und großen Zusammenhängen möchte ich Ihnen in diesem Buch präsentieren und zur Verfügung stellen. Eine wertende Systematik gibt es nicht. Für mich als wissbegierigen Menschen war einfach alles interessant: Ich habe Schlager-Papst Ralph Siegel die gleiche Aufmerksamkeit geschenkt wie Jahrhundertkünstler Pablo Picasso. Die Entdeckung Amerikas nimmt ebenso viel Platz ein wie die Urlaubsfahrt meiner Familie nach England, und den Petersdom habe ich genauso exakt vermessen wie einen Butterkeks.

Wir lernen unser Leben lang. Und zwar ohne Ausnahme. Ich bin sicher, dass kaum jemand von Ihnen jede der folgenden fünf Fragen beantworten kann, ohne nachzuschlagen:

1. Was kostet die Welt?
2. Welcher Sänger verbirgt sich hinter dem Namen Herbert Anton Hilger?
3. Wie teuer ist es, in Bulgarien über eine rote Ampel zu fahren?

4. Was stand in der ersten SMS?
5. Was hat Pablo Picasso mit dem Raub der *Mona Lisa* zu tun?

Das Schöne ist: Wenn Sie *Cantz schön clever* gelesen haben, dann *können* Sie diese fünf Fragen beantworten. Und noch viele mehr. Außerdem werden Sie vielleicht endlich in der Lage sein, mit einer Banane eine Bierflasche zu öffnen.

Viel Spaß also beim Lesen und Lernen! (Und Öffnen …)

Wer kürzer schreibt,
hat mehr vom Leben

I.h.n.i.L.g.d.i.m.e.K.ü.A.s.w.

Bevor Sie das jetzt vergeblich googeln, verrate ich Ihnen, was es bedeutet: »Ich hätte niemals im Leben gedacht, dass ich mal ein Kapitel über Abkürzungen schreiben würde.«

In Zeiten von SMS und Twitter wundert sich niemand mehr über derart abstruse Abkürzungen. Aber noch vor ein paar Jahren hätte man einen solchen Buchstabensalat im Nachlass des Vaters aller Wortspiele, Alfred Mosher Butts, vermutet – frei nach dem Motto: »Was vom Scrabble übrig blieb.«

GUT ZU WISSEN

Der US-Ingenieur Alfred Mosher Butts entwickelte 1931 die erste Version des beliebten Brettspiels Scrabble. Bis 1948 wurde die Idee weiterentwickelt, verfeinert und schließlich zum Patent angemeldet. Seitdem verkaufte sich der Spiele-Klassiker über 100 Millionen Mal in mehr als 30 Sprachen. Auf den 102 Steinen der deutschen Scrabble-Ausgabe (100 Buchstaben- und 2 Blanko-Steine) kommen 10 Buchstaben jeweils nur einmal vor: Ä, Ö, P, Q, Ü, V, W, X, Y und Z. Damit sind folgende Wörter beim deutschen Scrabble unmöglich zu legen:

»Krähenmännchen«
»Möhrengröße«
»Papierpuppen«
»Südflügel«
»Aktivvermögen«
»Wildwechsel«
und natürlich türkische Lehnwörter wie »Blütgrüppe«, »Ründflüg« oder »Füßgüngür-Ünterführüng«.

Warum das Thema »Abk.« (das ist die Abkürzung für »Abkürzung«) wichtig ist, liegt auf der Hand: Unser Leben wird so oft von Buchstabenkürzeln durcheinandergebracht, dass eine Reise durch die Welt der Abbreviaturen (so die lateinische Bezeichnung) unvermeidlich ist. Am Ende werden Sie jedoch sehen: Eine Welt ohne Abkürzungen ist eine bessere Welt!

Glaubt man meiner Mutter, haben Abkürzungen schon sehr früh eine große Faszination auf mich ausgeübt: Nachdem ich im zarten Alter von elf Monaten mein erstes Wort gesprochen hatte, erzählte sie es überall in der Nachbarschaft herum. Auf die Frage, was genau ich denn gesagt habe, meinte meine Mutter voller Stolz: »Ob Sie es glauben oder nicht – mein Junge hat tatsächlich ›Auswärtiges Amt‹ gesagt!« Das war *ihre* Deutung. Ich hatte »AA« gesagt. Obwohl ich mich nicht mehr exakt an die Einzelheiten erinnern kann, bin ich mir relativ sicher, dass ich *nicht* »Auswärtiges Amt« gemeint hatte, genauso wenig wie »Assistenzarzt«, »American Airlines« oder »Anonyme Alkoholiker«, die auch alle mit dem Doppel-A abgekürzt werden. Zum Glück habe ich damals nicht »DSV« gebrabbelt, sonst hätte meine Mama *noch* mehr Deutungsmöglichkeiten gehabt: Deutscher Skiverband, Deutsche Saatveredelung, Deutsche Spiritistische Vereinigung, ganz zu schweigen vom Deutschen Sporthund Verband, dem Deutschen Schwimmverband und dem Düsseldorfer Segler-Verein.

So praktisch, platz- und zeitsparend Abkürzungen auch sein mögen, sie bergen immer auch die Gefahr in sich, missverstanden zu werden. Als Kind studierte ich einmal fasziniert eine Einladung zu einem Silvesterball, die an meine Eltern gerichtet war. Ich rätselte, was das abschließende geheimnisvolle Kürzel »u.A.w.g.« wohl heißen könnte.

Bald war ich von folgender Bedeutung fest überzeugt: »Um *Angehörige* wird gebeten.« Hurra! Mein Bruder und ich durften mitkommen! Zu meinem Leidwesen klärten meine Eltern mich dann auf, dass sich dahinter das spröde »um *Antwort* wird gebeten« verbarg. Mein Bruder und ich mussten zu Hause bleiben und feierten Silvester mit unseren Großeltern, allerdings mit allem Drum und Dran: Wir schauten im Fernsehen *Dinner for one*, gossen Blei, aßen Würstchen mit Kartoffelsalat, durften ausnahmsweise sogar Cola trinken und taten auch sonst alles, um bis Mitternacht wach zu bleiben. Um 23.47 Uhr schliefen wir tief und fest. Alle vier.

Überhaupt waren die Einladungskarten meiner Kindheit ideale Lehrstücke zum Thema »Abkürzungen und was sie bedeuten«. Wir lebten im Kölner Stadtteil Porz-Lind und wurden deshalb hin und wieder zu Veranstaltungen der Gruppe LuLiNa eingeladen, hinter der sich die Karnevalsgesellschaft »Lustige Linder Nachbarn« verbarg. Gut, das mag provinziell klingen, ist aber immer noch besser als ein Abend bei LaLeLu (»Langweilige Leverkusener Luftpumpen«). Einmal bekamen wir eine Geburtstagseinladung eines Gründungsmitglieds von LuLiNa. Unter dieser Einladung stand: GDP. Damit waren die fröhlichen Rätselstunden für meinen Bruder und mich eröffnet: GDP? Was wollte uns der Autor damit sagen? Unsere Vorschläge waren vielfältig und reichten von »Gewerkschaft der Polizei« über »Grüß den Papst« bis hin zu »Getränke deutlich preisreduziert«. Aber alle drei Ansätze waren falsch – das behauptet zumindest bis heute der damalige Jubilar, Giovanni De Pasca.

Weiteren Kürzeln meiner Kindheit begegnete ich immer dann, wenn meine Mutter mit mir in die Stadt fuhr. Wer jemals mit dem ÖPNV M&M kauend zu C&A gefahren ist, weiß, was ich meine. Heute ist das für die Kids kein Thema mehr, für sie sind Abkürzungen eher der Normalfall als die Ausnahme. Für Jugendliche ist es vollkommen normal, auf dem PC einen MP3-Download von R.E.M. zu hören. Wobei ich sicher bin, dass längst nicht jeder moderne Computer-Nutzer weiß, was eigentlich hinter den vielen Abkürzungen steckt, mit denen er tagtäglich um sich wirft.

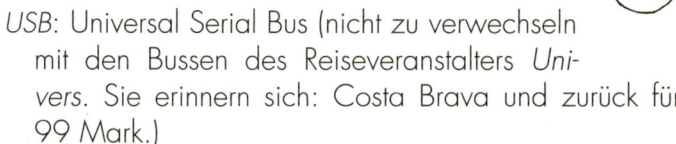

GUT ZU WISSEN

Abkürzungen aus der Computerwelt und was sie bedeuten:

USB: Universal Serial Bus (nicht zu verwechseln mit den Bussen des Reiseveranstalters *Univers*. Sie erinnern sich: Costa Brava und zurück für 99 Mark.)

DSL: Digital Subscriber Line (rückwärts gelesen in Deutschland übrigens verboten)

JPEG: Joint Photographic Experts Group (oder wie wir Laien sagen: »Computerbildchen«)

LAN: Local Area Network (lokales Netzwerk zum Datenaustausch; früher nannte man so etwas »Stammtisch«)

RAM: Random Access Memory (nicht zu verwechseln mit *ROM*: Hauptstadt von Italien)

Aber nicht nur die Computerbranche hat eine eigene, aus Abkürzungen bestehende Sprache. In einigen besonders abkürzungslastigen Fachgebieten fühle ich mich trotz des Buchstabentohuwabohus durchaus zu Hause, zum Beispiel in der Autowelt. Wer mir also einen GTI mit ABS und ESP als KFZ anbietet, der spricht meine Sprache. Bei anderen Fachjargons verstehe ich hingegen kein Wort. Heikel sind auch Kontaktanzeigen-Kürzel. Ihre sichere Beherrschung ist von Vorteil, wenn man sich nicht unversehens an den Füßen aufgehängt in einem mit schwarzem Samt ausgeschlagenen Domina-Keller wiederfinden möchte, nur weil man dachte, SM-Liebhaber seien – wie man selbst – begeistert vom Kleinstaat San Marino.

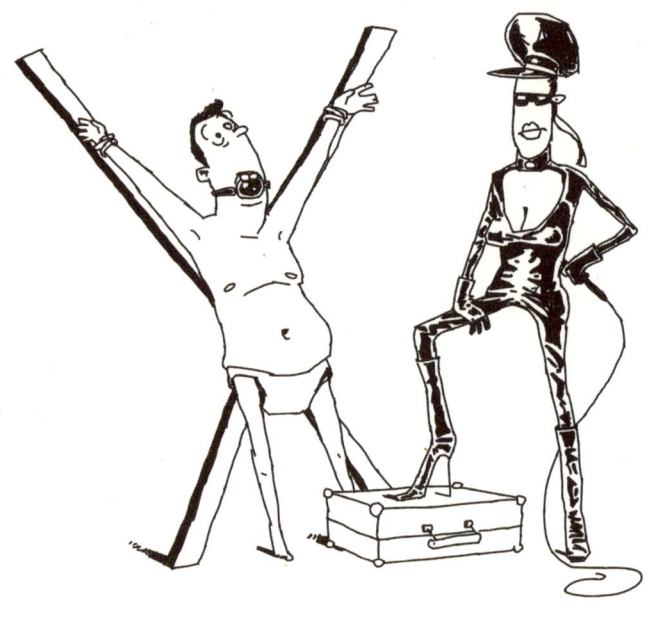

Manchmal reicht schon der Blick in eine ganz normale Wohnungsanzeige, um eine Ahnung davon zu bekommen, was Abkürzungen so alles anrichten können. Als wir uns vor ein paar Jahren nach einem neuen Haus umschauten, blätterte meine Frau den Kleinanzeigenteil der Tageszeitung durch und rief: »Hör mal, Guido – das klingt doch prima: EFH, 5 ZKDB, EBK im EG, FBH, WG, DB im DG, und die KM ist auch OK!« Mein erster Gedanke: Wir werden vom Geheimdienst abgehört, meine Frau hat gerade noch rechtzeitig Wind davon bekommen, und jetzt redet sie in einer codierten, nur für uns beide bestimmten Geheimsprache, die fast vollständig auf Vokale verzichtet. Also flüsterte ich zurück: »'ch h'b' d'ch v'rst'nd'n, m''n Sch'tz. D'r BND h't ,ns'r' W'hn'ng m't M'kr'ph'n'n v'rw'nzt. W'r w'rd'n 'bg'h'rt, st'mmts?« Jetzt war es meine Frau, die ratlos guckte: »Guido, hast du den Verstand verloren? Oder warum sprichst du plötzlich Tschechisch!?« Es dauerte eine Weile, bis wir unser Missverständnis aufgeklärt hatten. Als wir uns endlich wieder normal unterhalten konnten und uns auf die Anzeige meldeten, war das schöne Einfamilienhaus mit 5 Zimmern, Küche, Diele, Bad, mit Einbauküche im Erdgeschoss, Fußbodenheizung, Wintergarten, Duschbad im Dachgeschoss und einer Kaltmiete, die völlig okay war, leider schon anderweitig vergeben.

GUT ZU WISSEN

Mit dem Song *MfG* hat die Stuttgarter Hip-Hop-Band Die Fantastischen Vier dem Abkürzungswahn ein immerwährendes Denkmal gesetzt. Insgesamt zählte sie in 3 Minuten und 33 Sekunden unglaubliche 86 verschiedene Abkürzungen auf. Merken Sie sich das, falls Sie mal bei Günther Jauch sitzen und ausgerechnet danach gefragt werden, wenn es um die Million geht.

Ein paar wenige Ausnahmen im Abkürzungsuniversum sind Klassiker und werden als solche selbst von mir akzeptiert. Ich trinke zum Beispiel gerne O-Saft, schalte jeden Abend die ARD an und zahle folgerichtig regelmäßig Gebühren bei der GEZ. Wo Wortverstümmelungen den Alltag erleichtern, sind sie mir herzlich willkommen. Wo sie Chaos verursachen, allerdings nicht. Vielleicht liegt das an den traumatischen Erfahrungen mit Abkürzungen, die ich als Kind gemacht habe: Jedes Mal, wenn wir am ersten Tag der Weihnachtsferien mit dem Auto nach Österreich aufbrachen, sagte mein Vater kurz hinter Köln: »Kinder, wir sind gleich da. Ich kenne eine tolle Abkürzung.« Wir brauchten natürlich immer länger als ohne Abkürzung. Zweimal kamen wir sogar erst zu Dreikönig an. Und einmal gar nicht.

Seitdem versuche ich, jede Abkürzung im Zusammenhang mit Reisen zu umgehen. Aber das ist einfacher gesagt als getan. Erst recht, wenn man mit dem Flugzeug unterwegs ist, wie ich kürzlich erfahren musste. Dabei hatte ich mich so auf unsere erste richtige Fernreise als kleine Familie gefreut. Das Reiseziel hieß Mauritius. Zumindest, was uns drei betraf. Unser Gepäck hatte anscheinend eigene Pläne.

DAS GEHT JA GAR NICHT!

Jedes Jahr verschwinden weltweit auf den Flughäfen bis zu 50 Millionen Koffer. Damit liegen sie auf Platz 3 der Liste der am häufigsten verschwundenen Dinge, direkt hinter einzelnen Herrensocken und Hotelhandtüchern.

Als wir wohlbehalten auf Mauritius gelandet waren, warteten wir so lange am Kofferband, bis alle anderen Mitreisenden samt Gepäck den Flughafen verlassen hatten und wir mutterseelenallein in der Halle standen. Dann hörte ich, wie ich über Lautsprecher ausgerufen wurde.

»Schatz«, sagte ich, einer düsteren Ahnung folgend, »wir

haben doch sicher alles *wirklich* Wichtige für die nächsten Tage im Handgepäck, oder?«

Die Augen meiner Frau begannen sich mit Tränen zu füllen, und als ich einen Blick auf unser einziges Stück Handgepäck warf, verstand ich, warum: Es war nur ein kleiner Rucksack.

DAS GEHT JA GAR NICHT!

Inhalt des Handgepäcks der Familie Cantz, Mauritius 2011:

1 Kinderbuch *Tiere auf dem Bauernhof*
1 (!) Babywindel
1 Paar Oropax
2 Taschenbücher *Die Säulen der Erde* von Ken Follett (hätten wir uns mal besser abgesprochen)
4 Reiseführer (*Mauritius auf Schleichwegen*, *Mauritius erleben*, *Mauritius: Reisen mit Insider-Tipps*, *Richtig Reisen: Mauritius*)
1 Sonderheft der Zeitschrift *Eltern: Reisen mit Kindern – was unbedingt ins Handgepäck gehört*
sowie *keine* Zahnbürste, *kein* Deo, *keine* Unterwäsche und *kein* Netzteil für unsere Mobiltelefone.

Die liebenswürdige Airline-Angestellte, die sich unseres Problems annahm, konnte Gott sei Dank fließend Deutsch. Dennoch schien die Dame mit fremder Zunge zu sprechen, als sie zum Kern des Problems vordrang: »Mr. Cantz, Ihre Koffer sind versehentlich nicht in MRU, sondern mit einem Zwischenstopp in LHR über DUB in BOM angekommen. Wir werden aber versuchen, Ihre Habseligkeiten binnen 48 Stunden über CMB mit Umladung in TNR hier nach MRU zu transportieren.«

Ich reagierte so, wie es sich für einen erfahrenen Kosmopoliten gehört: Ich suchte nach der versteckten Kamera, in deren Richtung ich lachend winken konnte. Denn ich war mir sicher: Dahinter steckten garantiert die Kollegen von *Verstehen Sie Spaß?!* Dabei benutzte sie nur IATA-Codes für die Flughäfen, die unser Gepäck besuchte (die Abkürzung IATA steht für »International Air Transport Association«). »Alles klar«, sagte ich schließlich und zuckte gottergeben mit den Schultern. »Sollten die Gepäckstücke überhaupt nicht mehr auftauchen, dann machen wir eben FKK in MRU!«

GUT ZU WISSEN

IATA-Codes internationaler Flughäfen und wie man sie sich merken kann:

DUS – Düsseldorf, Deutschland
  Eselsbrücke: Man will's vermeiden bis zum Schluss/doch manchmal geht's nur über DUS.
AMS – Amsterdam Schiphol, Niederlande
  Eselsbrücke: Wenn's Haschisch knapp wird, bucht das Sams/'nen Erste-Klasse-Flug nach AMS.
FCO – Rom, Italien
  Eselsbrücke: Am FCO macht Berlusconi/Bunga Bunga mit der Moni.
VCE – Venedig, Italien
  Eselsbrücke: Dein Flugzeug stürzt in hohe See?/Dann bist du hier: in VCE!
ZRH – Zürich, Schweiz

Zwei Tage später tauchten unsere Koffer wieder auf, und es wurde noch ein richtig toller Urlaub. Das Wetter war herrlich, der Indische Ozean ein Traum, und außerdem hatten wir einen supernetten Reiseleiter. Als wir ihm die Sache mit unseren Koffern erzählten, lachte er nur und sagte: »Wenn ich schon überall gewesen wäre, wo mein Koffer gelandet ist, dann wäre ich schon lange HON.« Ich grinste überlegen, denn nach dem Debakel am Flughafen hatte ich alle IATA-Kürzel auswendig gelernt. Trotzdem, irgendwas kam mir merkwürdig vor: Was in aller Welt hatte Honduras damit zu tun?

GUT ZU WISSEN

HON ist die internationale Abkürzung für Honduras, ein Land in Mittelamerika. Es hat knapp acht Millionen Einwohner, grenzt im Südosten an Nicaragua, im Südwesten an El Salvador und im Nordwesten an Guatemala. Es ist zu 46% mit Wald be...

Moment mal! Unser Reiseleiter konnte sich ja wohl kaum als mittelamerikanische Bananenrepublik begreifen. Also recherchierte ich weiter.

GUT ZU WISSEN

HON bezeichnet die höchste Stufe der Glückseligkeit, zumindest, was das Vielfliegerprogramm der größten deutschen Fluggesellschaft betrifft. Diese Gesellschaft unterscheidet zwischen vier verschiedenen Vielfliegerstufen:

STANDARD: ab 1 Statusmeile. Vorteile: keine. Man reist also, wie bisher, eingekeilt auf dem Mittelsitz zwischen den beiden dicksten Mitreisenden, kann wählen zwischen Tomatensaft, Tomatensaft und Tomatensaft und wartet mindestens sieben Stunden auf seinen – selbstverständlich beschädigten – Koffer, der maximal 20 Kilo wiegen darf.

FREQUENT TRAVELLER: ab 35 000 Statusmeilen. Vorteile: u.a. Wartelistenpriorität, Freigepäckmenge 40 Kilo. Schon besser. 40 Kilo entsprechen vier proppenvollen Reisetaschen, acht Trolleys oder dem Schminkköfferchen von Lady Gaga.

SENATOR: ab 130 000 Statusmeilen. Der Senator-Status ermöglicht zwar nicht den Eintritt in den amerikanischen Kongress, wohl aber den Aufenthalt in den komfortablen Senator Lounges internationaler Flughäfen. Außerdem genießt man als Senator u. a. hohe Wartelistenpriorität und kann 60 Kilo Freigepäck mitnehmen, also beispielsweise den Reiseproviant von Reiner Calmund.

HON CIRCLE MEMBER: ab 600 000 HON-Circle-Meilen. Der Himmel auf Erden. Und auch der Himmel im *Himmel*: höchste Wartelistenpriorität, Limousinen-Service

24

von und zum Flugzeug, Zugang zu den First-Class-Lounges, Buchungsgarantie bis 24 Stunden vor Abflug. Toll. Und wenn der eigene Koffer verloren geht, darf man sich wahrscheinlich einfach irgendeinen anderen vom Band nehmen. HON ist definitiv der privilegierteste Status von allen – wobei mir rätselhaft bleibt, wie man 600 000 Meilen zurücklegen kann, ohne in einem Airbus zu *wohnen*.

Sollte Ihnen auf dem Flughafen also jemand »HONDA« zurufen, dann kann es zwar sein, dass er Ihnen einfach nur sein neues Motorrad zeigen will. Wahrscheinlicher ist es aber, dass er Sie auf einen dieser privilegierten Überflieger aufmerksam machen möchte, der 50 Meter weiter ohne Bodenkontakt über den eigens für ihn ausgerollten roten Teppich schwebt. Ganz ehrlich: Ich beneide die HONs nicht. Sie müssen zwar nur mit ihrer schwarzen HON Circle Member Card wedeln, und alle Türen stehen ihnen offen. Aber wer braucht schon offene Türen – in 10 000 Metern Reiseflughöhe?

Während meine Frau und mein Sohn dann fröhlich in den warmen Wellen vor Mauritius plantschten, kümmerte ich mich um die Post für die Lieben daheim. Warum auch nicht? Ist ja einfach geworden. Ich erinnere mich noch an andere Zeiten: Früher setzte man sich am Urlaubsort in ein Café, breitete ungefähr 45 jungfräuliche Ansichtskarten vor sich aus, hatte aber leider keine Idee, was man schreiben sollte. Dann dachte man drei Stunden und elf Latte Macchiato lang fieberhaft über originelle und individuelle Grußbotschaften nach und schrieb dann 45-mal: »Wetter schön, viele Grüße.« Heute geht das viel flotter, denn die gute alte Post-

karte ist längst von der guten alten SMS verdrängt worden.
Das Schöne daran: Man darf nicht mehr als 160 Zeichen
verwenden. Die Folge: Man muss wieder einmal Abkürzungen benutzen, und die Oma daheim versteht kein Wort.

GUT ZU WISSEN

Die erste SMS der Welt wurde am 3. Dezember 1992 vom US-Ingenieur Neil Papworth verschickt. Der Text lautete: »Merry Christmas«
und war an einen Kollegen gerichtet, der sich
gerade auf einer Weihnachtsfeier befand.

Vier Jahre später, 1996, wurden in Deutschland bereits 100 Millionen SMS pro Jahr verschickt. 2011 waren es 46 Milliarden. Allein die Hälfte davon dürfte
Lothar Matthäus versendet haben – an verschiedene
Nummern, aber immer mit dem gleichen Text: »Willst
du mich heiraten?«

Für die Generation der Kids, die mit mobilen Handtelefonen aufgewachsen ist, sind Kürzel kein Problem. Im Gegenteil: Die jungen Leute können sich fast *nur* noch per SMS verständigen. Ein Riesengeschäft für die Anbieter, und das, obwohl sich die Schreiber so kurz wie möglich halten. Denn sie wissen: Ein einzelner Buchstabe kann teuer werden. 161 Zeichen kosten nämlich tatsächlich doppelt so viel wie 160 Zeichen. Darum heißt es längst nicht mehr »Zeit ist Geld«, sondern »Zeichen ist Geld«. Von meinem schwäbischen Vater habe ich gelernt, dass es löblich ist, seine Kohle beisammen zu halten, andererseits frage ich mich: Was bringt die ganze Sparerei, wenn einen niemand mehr versteht?

WIE GEIL IST DAS DENN?

»My smmr hols wr CWOT. B4, we used 2go2 NY 2C my bro, his GF & thr 3 :- FTF. ILNY, it's a gr8 plc.«
Diese 97 kryptischen Zeichen, die eine 13-jährige Schülerin aus England ihrer Lehrerin schickte, lösten bei der Empfängerin pure Ratlosigkeit aus: Die Pädagogin verstand rein *gar* nichts. Der komplette, insgesamt 199 teure Zeichen umfassende Text hätte gelautet: »My summer holidays were a complete waste of time. Before, we used to go to New York to see my brother, his girlfriend and their three screaming kids face to face. I love New York, it's a great place.« (»Meine Sommerferien waren die reinste Zeitverschwendung. Früher sind wir nach New York gefahren, um meinen Bruder, seine Freundin und deren drei schreiende Kinder zu besuchen. Ich liebe New York, es ist ein großartiger Ort.«)

Ich persönlich komme mit der aktuellen Kurzsprache nicht so gut klar. Als ich das erste Mal unter einer dringenden SMS-Anfrage meines Managements die Formel »Antwort ASAP« las, dachte ich noch: »Da hat jemand vergessen, die Tastensperre zu aktivieren, und sich dann auf sein Handy gesetzt.« Als ich ein halbes Jahr später meine Neugierde stillen wollte, wurde ich ausgelacht: *ASAP* bedeutet natürlich »as soon as possible« (so schnell wie möglich). Tja, schade eigentlich. Hätte ich das vorher gewusst, würde ich jetzt *Wetten dass …?* moderieren.

Damit mir so etwas nicht noch einmal passiert, habe ich die wichtigsten SMS-Akronyme auswendig gelernt. Beim Business-Kurztalk bin ich inzwischen auf einem guten Weg, jedoch weit davon entfernt, den Abkürzungfundus der Jugend zu verstehen, die auf dem besten Weg ist, sich sprachlich auf eine Stufe mit Pantoffeltierchen zu stellen.

GUT ZU WISSEN

SMS-Abkürzungen, die noch nicht jeder kennt:

SMS	Schreib mir schnell
FIB	Flugzeuge im Bauch
BIDUNOWA	Bist du noch wach?
HASE	Habe Sehnsucht
DUWIPA	Du wirst Papa!
WIDUMIHEI	Willst du mich heiraten?
FANTA	Fahre noch tanken
FKK	Fahre Kaugummis kaufen
HUND	Habe unten nichts drunter

| KAMASUTRA | Knackiger, attraktiver Mann sucht Traumfrau |
| UNIMOG | Unglaublich nettes, intelligentes Mädchen ohnegleichen |

Ohne SMS geht nix mehr. Vor allem, wenn man unangenehme Nachrichten übermitteln möchte, ist sie oft erste Wahl. So soll der ehemalige Verteidigungsminister ~~Dr.~~ Karl-Theodor zu Guttenberg Bundeskanzlerin Angela Merkel per SMS von seinem Rücktritt informiert haben. Da die Kurzmitteilung von seinem Privathandy aus verschickt wurde, bleibt zu hoffen, dass er wenigstens *die* selbst geschrieben hat. Und auch in Liebesdingen kann eine Kurzmitteilung Brücken einreißen: Die wunderbare Liaison zwischen der begabten Schmuck-Designerin Sandy Meyer-Wölden und dem Teilzeit-Mercedes-Händler Boris Becker soll von ihr aus mit einer schlichten Kurzmitteilung beendet worden sein. Oder vielleicht hat Boris da auch nur etwas falsch verstanden. Wie auch immer. Den Inhalt – »Schluss mit Sandy!« – kürzte sie vermutlich mit »SMS!« ab.

Natürlich wurde aber auch schon zu meiner Schulzeit abgekürzt. Und damit meine ich nicht, dass einige Klassenkameraden ihre Schulzeit abkürzten, indem sie entweder eine Klasse übersprangen oder aber sich nach drei Ehrenrunden frühzeitig ins wahre Leben verabschiedeten. Ich meine die Abkürzungen, die mir im Religionsunterricht begegneten: Die Bibel ist eines der dicksten Bücher der Welt, und das, obwohl es darin von deutlich abgekürzten Worten nur so wimmelt.

Das wohl berühmteste Akronym der Bibel ist die Inschrift am Kreuze Jesu Christi: INRI. Dabei handelt es sich bekanntlich um die Anfangsbuchstaben der lateinischen Bezeichnung »Iesus Nazarenus Rex Iudaeorum«, also: »Jesus von Nazareth, König der Juden«. Die Inschrift nannte den Betrachtern den Grund für die Bestrafung (causa poena) und sollte sie so davon abhalten, sich ein Vorbild an der bestraften Person zu nehmen. Bisweilen ist die Inschrift jedoch missverstanden worden als Vorname. So etwa von dem Typen, den ich einmal auf einem Kölner Flohmarkt beobachtete: Er interessierte sich für ein zum Verkauf angebotenes Kruzifix und fragte den Händler in breitestem Kölsch: »Hürens, Sportsfreund – watt kütt dä Inri?« (Hör mal, Sportsfreund: Was kostet der INRI?)

Eine weitere religiös motivierte Aneinanderreihung von Großbuchstaben brachte meinen Freund Ralf in Schwierigkeiten. Er war erst kurz zuvor aus dem recht säkularen Berlin nach Köln gezogen. Eines Tages rief er aufgeregt bei mir an: »Guido, ich muss hier wieder ausziehen! Das ist ein totales Asi-Viertel! Gestern Abend klingelte es bei mir an der Haustür. Da standen drei Jugendliche in merkwürdigen Klamotten und wollten Kohle von mir. Als die drei Figuren dann endlich wieder abzogen, schmierten die mir auch noch Graffitis über die Haustür! Ich glaub, es hackt!«

»Was hat die Gang denn über die Tür geschrieben?«, fragte ich.

Er schaute kurz nach und berichtete mir dann: »C+M+B und die Jahreszahl!«

»Ralf, nächstes Mal behandelst du die Sternsinger aber bitte etwas respektvoller.«

GUT ZU WISSEN

Die Sternsinger sind meist jugendliche Vertreter der örtlichen Pfarrgemeinden, die zwischen dem 25. Dezember und dem 6. Januar, als die Heiligen Drei Könige verkleidet, von Haus zu Haus ziehen, um Geld für wohltätige Zwecke zu sammeln. Dabei schreiben sie mit Kreide die Buchstabenkombination *C+M+B* sowie die jeweilige Jahreszahl an die Haustüren.

Die weitverbreitete Ansicht, die drei Buchstaben stünden für die Namen der Heiligen Drei Könige – also Caspar, Melchior und Balthasar – ist allerdings falsch. Tatsächlich bedeuten sie: »Christus Mansionem Benedicat«, also »Christus möge dieses Haus segnen«. Steht an einer Tür hingegen *B+A+R*, bedeutet das: »Hier gibt es was zu trinken, und vielleicht tanzen sogar nackte Frauen.«

Den größten religiösen Abkürzungssalat meiner Schulzeit verdanke ich dem Apostel Paulus. Er schrieb laut Bibel vierzehn Briefe an allerlei Adressaten: an die Römer, an die Philipper, an die Korinther und an viele andere. Man hat fast das Gefühl, jeder hätte einen Brief von Paulus erhalten. Heute nennt man das Spam. Unsere Aufgabe in der Schule war es nun, die Abfolge der Paulus-Briefe auswendig zu lernen. Zu diesem Zweck bastelten wir uns aus den offiziellen Kürzeln der Briefe einen rhythmischen Merkspruch. Der Spruch war so eingängig, dass ich ihn heute noch fehlerfrei aufsagen kann:

RÖ-KOR-KOR-GAL-EPH-PHIL-KOL
THESS-THESS-TIM-TIM-TIT-PHIL-HEB.

Vierzehn Silben für die Ewigkeit – meine persönliche Ausbeute aus vielen Jahren Religionsunterricht.

WIE GEIL IST DAS DENN?

Einige Paulus-Briefe und was heute drin stände:

RÖ – Brief an die Römer: »Überraschungs-Transfer! Miro Klose wechselt zu Lazio!«

GAL – Brief an die Galater: »Liebe *Gala*, wann bringt ihr wieder mal Caroline von Monaco auf dem Titel?«

PHIL – Brief an die Philipper: »Überraschung, Freunde: Nach euch wird eine TV-Serie mit einem Delfin benannt!«

TIM – Brief an Timotheus: »Sag mal, Timotheus: Ist dein Hund Struppius in der Nähe?«

KOR – Brief an die Korinther: »Müsli alle – schickt Rosinen!«

Von den vierzehn Briefen ist laut Bibelforschung übrigens höchstens die Hälfte von Paulus selbst verfasst worden. Immerhin ein größerer Eigenanteil als bei einer durchschnittlichen Doktorarbeit.

Apropos Doktorarbeit: Obwohl ich in Köln BWL ... Entschuldigung, ich meinte *Betriebswirtschaftslehre*, studierte, habe ich weit vor einer möglichen Dissertation das Handtuch geworfen. Denn bei BWL musste ich mich permanent mit BGB, HGB, OHG, KG und GbR auseinandersetzen, so dass ich irgendwann meine Sachen packte und zum Abschied sagte: LMAA. Eine einzige Erkenntnis fürs Leben habe ich in sechs Semestern BWL gewonnen: GmbH bedeutet »Gesellschaft mit beschränkter Haftung« – und nicht »Geh mal Bier holen«.

Den absoluten Abkürzungs-GAU meines Lebens habe ich aber in der Zeit vom 1. Juli 1990 bis zum 30. Juni 1991 durchlebt: zwölf Monate Dienst am Vaterland. Und die ersten drei Monate davon in der General-Delius-Kaserne zu Mayen-Kürrenberg. Dort hatte ich mit neuen Herausforderungen wie der AGA (Allgemeine Grundausbildung) in der FmAkp3 (Fernmeldeausbildungskompanie Nummer drei – eine der wenigen Bezeichnungen, die selbst *ich* abgekürzt hätte!) zu tun. Und als wäre die Sprachverwirrung noch nicht groß genug gewesen, sollten wir angehenden Funker auch noch das NATO-Alphabet lernen. Ich dachte nur: »NATO-Alphabet? Wozu? Seit wann können Unteroffiziere schreiben?« Dummerweise hatte ich laut gedacht: Mein Vorgesetzter bekam alles mit. Das nächste Wochenende durfte ich dann allein in der Eifel-Kaserne verbringen, mit jeder Menge Zeit, intensiv über das NATO-Alphabet nachzudenken. Hier das Ergebnis:

GUT ZU WISSEN

Das NATO-Alphabet und die Interpretation des Gefreiten Cantz:

A	Alpha	italienischer Sportwagen, hätte ich damals lieber gefahren als meinen 81er Escort
B	Bravo	hat nichts mit der Bundeswehr zu tun – hier wurden andere Gazetten bevorzugt

---

C	Charlie	Neffe von *Charlies Tante*
D	Delta	Nichte von Deltas Tante
E	Echo	hörte ich oft im Innenohr, wenn mein Vorgesetzter mich anschrie
F	Foxtrot	getanzt wurde eher wenig
G	Golf	wir haben zwar Löcher gegraben, aber nicht auf dem Golfplatz, sondern im Wald – als Alarmstellung
H	Hotel	das Gegenteil von Kaserne
I	India	die ersten drei Silben von »Indianerreservat«
J	Juliett	Freundin von Romeo
K	Kilo	habe ich bei der Bundeswehr einige verloren
L	Lima	gefühlt sind wir öfter bis Peru marschiert
M	Mike	mein Stubennachbar
N	November	Zeit, sich über Weihnachtsgeschenke Gedanken zu machen
O	Oscar	mein anderer Stubennachbar
P	Papa	war so sehr Schwabe – der hat sich sogar den Wehrdienst gespart
Q	Quebec	Wort mit Q
R	Romeo	Juliets Stubennachbar
S	Sierra	brachte unsere Fahrgemeinschaft am Wochenende nach Hause
T	Tango	siehe Foxtrot
U	Uniform	findet man im Zivil-Leben unter K wie Klamotten
V	Victor	mein dritter Stubennachbar

W	Whiskey	im Spind, oberes Fach, ganz hinten rechts
X	X-Ray	strahlt wie ein Soldat bei der Entlassung
Y	Yankee	weit weg
Z	Zulu	noch weiter weg

Ganz ohne Hilfe des NATO-Alphabets wurde übrigens meine Bundeswehrzeit abgekürzt. Angetreten war ich noch zu fünfzehn Monaten Wehrdienst. Dann kam die deutsche Einheit, und mir wurden rückwirkend drei Monate geschenkt. Das war übrigens das letzte Mal, dass ich vom Staat etwas geschenkt bekam.

Schon nach zwölf Monaten war für mich die Zeit des Uniformtragens also vorbei, aber trotzdem habe ich das ganze Jahr lang auf eine ganz bestimmte Abkürzung gewartet. Leider habe ich sie nie hören dürfen. Sie lautet: »KZH bis DZE«. Für alle Zivilisten: »Krank zu Hause bis Dienstzeitende.«

Am Anfang des Kapitels sagte ich, dass ich mir nie hätte vorstellen können, ein Kapitel über Abkürzungen zu schreiben. Jetzt sind es fast 20 Seiten geworden. Immerhin bin ich meiner Chronistenpflicht nachgekommen: Sie wissen jetzt, wie viel Verwirrung durch Abkürzungen ausgelöst werden kann. Ich für meinen Teil werde in Zukunft, wenn es eben geht, auf Abkürzungen verzichten. Ich frage Sie, liebe Leser: Werden Sie es genauso machen?

u.A.w.g.

Das Beste von Gott

Ich war ein sehr gläubiges Kind. Nie wäre ich auf die Idee gekommen, mein Morgen- oder Abendgebet an IHN zu versäumen. Ich verehrte IHN mit Haut und Haar. Jedes Wochenende traf ich mich mit anderen Jüngern, um IHM zu huldigen. Ich kritzelte SEINEN Namen in meine Schulhefte, SEINE Bildnisse hingen an den Wänden meines Zimmers, sogar meine Bettwäsche erinnerte an IHN. Und heute? Heute sehe ich das Ganze ein wenig nüchterner. Das liegt zum einen daran, dass ich älter und reifer geworden bin. Hinzu kommt, dass ich IHN mittlerweile persönlich kennengelernt habe, und ich muss sagen: Hansi Müller ist total normal geblieben.

GUT ZU WISSEN

Das große Fußball-Idol meiner Kindheit und Jugend, Europameister Hansi Müller vom VfB Stuttgart, spielte von 1982 bis 1984 bei Inter Mailand. Während dieser Zeit veröffentlichte er gemeinsam mit dem Orchestra Spettacolo Raoul Casadei die italienische Single *Calcio di rigore* (*Elfmeter*). Hätte ich diese Scheibe bereits 1982 gehört, hätte ich mich vermutlich damals schon von meiner VfB-Stuttgart-Bettwäsche getrennt.

Als Deutschland 1980 mit Hansi Müller Europameister wurde, war ich acht Jahre, neun Monate und drei Tage alt (bis zum Teenager-Alter spielen exakte Altersangaben noch eine Rolle. Später verliert sich das. Normalerweise. Ich habe vor ein paar Jahren mal in einer Vormittagstalkshow eine ältere Frau gesehen, die der Überzeugung war, jünger auszusehen, als sie war. Nachdem sie sich lange zierte, verriet sie dem Publikum endlich stolz ihr wahres Alter: »Ich bin achtundfünfzigeinhalb!« Damit war sie der wahrscheinlich älteste gefühlte Teenie der Welt). Die Aufstellung der Mannschaft, die im Finale von Rom die Elf aus Belgien mit 2:1 bezwang, kann ich heute noch auswendig aufsagen: Hansi Müller natürlich, dann Toni Schumacher im Tor, Horst Hrubesch hat die beiden Buden gemacht, dann noch ... äh ... Kaltz und ... noch sieben andere. Manche Götter verblassen mit der Zeit dann doch.

Und trotzdem war es für mich etwas sehr Besonderes, Hansi Müller 25 Jahre später persönlich zu treffen. Wie gesagt, der Hansi ist ein prima Kerl, und er ist Gott sei Dank (früher hätte ich gesagt »Hansi sei Dank«) mit beiden Beinen fest im Hier und Jetzt verankert. Wir haben sogar schon gegeneinander gekickt. Ein unvergessliches Erlebnis. Noch Wochen später dachte ich jeden Morgen beim Aufstehen zuerst an meine sportliche Begegnung mit Hansi Müller – und das lag nicht nur an der Adduktoren-Zerrung, die ich mir dabei zugezogen hatte.

Ich schaue immer noch gern Fußball und nehme immer noch lebhaft am Schicksal des VfB Stuttgart Anteil. Ich bin sogar Vereinsmitglied Nummer 33663, aber ich weiß mittlerweile zwischen dem Herrn Müller und dem Herrgott zu unterscheiden. Aber beides, Fußball und Religion, fasziniert mich gleichermaßen. Schon seit meiner Kindheit. Ob als VfB-Fan oder als Messdiener, ich fand beides toll – Hauptsache, ich konnte diese todschicken rot-weißen Vereinsklamotten anziehen. Und auch sonst habe ich viele Gemeinsamkeiten zwischen Fußballspielen und Gottesdiensten entdeckt: die gemeinsame Hoffnung, die verbindenden Gesänge, der in den Himmel gereckte Pokal. Es gibt natürlich auch Unterschiede: So riecht der Rauch in der Kirche nicht nach Feuerwerkskörpern, sondern nach Myrrhe. Außerdem gibt es keinen Abpfiff, sondern ein »Gehet hin in Frieden«. Und es werden Wein und Wasser statt Bier und Bratwurst gereicht.

Ob im Fußball oder in der Religion: Der Mensch braucht Orientierung. Das war schon immer so. Auch in Zeiten, als es noch kein Navi gab. Irgendjemand muss einem ja sagen, wo es langgeht. Die meisten Menschen glauben deshalb an eine höhere Macht, die sie leitet, die auf sie aufpasst und in deren Hände sie ihr Schicksal legen können. Ob in Europa, im hintersten Kirgisien, auf den Seychellen oder in der afrikanischen Savanne: Überall auf der Welt glauben wir an Kräfte, die uns Schutz, Geborgenheit und Halt bieten. Und wir geben diesen Kräften Namen: Gott, Manitu, Jahwe, Allah, Shiva oder Herr Kaiser von der Hamburg-Mannheimer. Der deutsche Schriftsteller und Nobelpreisträger Heinrich Böll fand sogar eine glaubensübergreifende Allzweckbezeichnung für diese überirdische Instanz, mit der *alle* leben können.

WIE GEIL IST DAS DENN?

In Heinrich Bölls satirischer Kurzgeschichte *Doktor Murkes gesammeltes Schweigen* muss Rundfunkmitarbeiter Dr. Murke aus zwei Radiovorträgen eines bekannten Buchautors achtundzwanzigmal das Wort »Gott« herausschneiden und durch die Formulierung »jenes höhere Wesen, das wir verehren« ersetzen, da dem Autor über Nacht »religiöse Bedenken« gekommen sind.

Nachdem fünfzehnmal »jenes höhere Wesen, das wir

verehren« (zehn Nominative, fünf Akkusative), siebenmal »jenes höheren Wesens, das wir verehren« (Genitiv) und fünfmal »jenem höheren Wesen, das wir verehren« (Dativ) zum Einsatz kamen, löst Dr. Murke auch das letzte Problem: Der Vokativ »O du höheres Wesen, das wir verehren« ersetzt das vormals schlichte »O Gott«.

Bölls schöne Erzählung wurde 1964 verfilmt. Die Hauptrolle spielte der Kabarettist Dieter Hildebrandt. Leider finden sich auf dem Soundtrack weder das Lied *Biene Maja* des tschechischen Schlagersängers Karel Jenes höhere Wesen, das wir verehren, noch *I Jenes höhere Wesen, das wir verehren, you, Babe* von Sonny and Cher oder *Still Jenes höhere Wesen, das wir verehren, the Blues* von Gary Moore.

Bei uns zu Hause sprach niemand von einem »höheren Wesen, das wir verehren«. Bei uns gab es ganz klassisch einfach nur: Gott. Den lieben Gott mit dem Rauschebart und dem weißen Umhang. So, wie ich ihn mir als Kind vorgestellt habe. Mit ihm wurde mir die Welt erklärt. Einem Achtjährigen kann man zwar schon mit Urknall, Eiszeit und Kontinentalplatten-Verschiebung kommen. Aber uns Menschen interessieren ja nicht nur die Fakten, sondern vor allem das Mysterium dahinter. Die Schöpfungsgeschichte fand ich schon immer spannend: Tag und Nacht, Himmel und Erde, das Meer, die Pflanzen, Sonne, Mond und Sterne, die Tiere und die Menschen – das alles hat Gott erschaffen! In nur sechs Tagen! Als Ein-Mann-Betrieb! Dafür müsste man heute zig Fachwerkstätten beauftragen, und die wären trotzdem nicht so schnell. Sie würden wahrscheinlich zwar auch behaupten, dass sie nur sechs Tage brauchen, aber noch Wochen später sagen: »*Morgen* werden wir fertig.«

Ich habe mich als Kind oft gefragt: Wie hat Gott das hinbekommen, in so kurzer Zeit eine ganze Welt zu erschaffen? Wenn mein Papa schon drei Wochen brauchte, um mein Kettcar zu reparieren? Gut, Gott wollte wahrscheinlich unbedingt bis Samstagnachmittag fertig sein, weil er sonst die *Sportschau* verpasst hätte, aber trotzdem blieb die Frage: Wie machte er das? Und dann bin ich drauf gekommen: Er musste in den Baumarkt gegangen sein – frei nach dem Motto »Urbi et OBI«. Und ich stellte mir vor, wie der liebe Gott den Baumarkt im Kölner Stadtteil Porz betritt, an der Info-Theke einen kompetenten Mitarbeiter findet (hey, ich hab nie behauptet, dass die Geschichte realistisch ist) und sagt:

»Mein Freund, ich brauche Lampen. Aber nicht so Energiespar-Scheiß, sondern richtig helle!«

Der Mitarbeiter weiß Rat: »Wir haben da einen Baustrahler im Angebot, 500 Watt, 19,90.«

»Nee«, sagt Gott, »das reicht nicht. Ich brauche was Helleres. So hell wie möglich.«

»So hell wie möglich? Was wollen Sie denn damit machen?«

»Licht!«

Der Mitarbeiter überlegt: »Da muss ich mal im Lager gucken!«

Er verschwindet und ist fünf Minuten später wieder da: »Sie haben Glück, wir haben noch eine Sonne da. Ich mache Ihnen sogar einen Spezialpreis, die hat nämlich Flecken. Was brauchen Sie noch, Meister?«

»Blumenerde.«

»Wie viel?«

»So viel wie möglich.« ...

Und so geht das immer weiter: Sand, Pflanzen, Tiere, Gartenteiche ... Gott stellt sich im Baumarkt die komplette Schöpfung zusammen. Als er zahlen will, fällt ihm auf, dass er etwas vergessen hat:

»Ich brauche noch Lehm! Ich muss ja noch Mann und Frau machen!«

Der Mitarbeiter stutzt: »Mann versteh ich ja, aber wofür brauchen Sie denn eine Frau?«

Und Gott sagt: »Irgendeiner muss den ganzen Krempel doch ins Auto tragen!«

GUT ZU WISSEN

Die ältere der beiden biblischen Schöpfungs-geschichten, die Paradiesgeschichte (Genesis 2–3), beschreibt Gott bei allerlei interessanten Tätigkeiten. So schafft er den Menschen aus dem »Staub vom Erdboden«, also im Klartext: Gott töpfert. Und das ohne vorherigen Kreativkurs in der Toscana. Hut ab!

Dann beweist Gott, dass er einen grünen Daumen hat und legt einen Garten für die Menschen an.

Schließlich näht er für Adam und Eva Kleider aus Fellen. Töpfern, Gärtnern, Nähen – das klingt verdächtig nach *Brigitte*-Abonnent, oder? Da frage ich mich, ob die feministische Theologie vielleicht doch recht hat mit ihrer These, dass Gott eine Frau ist.

Neben der Bibel verweisen auch andere schlaue Bücher auf einen Zusammenhang zwischen Schöpfung und Handwerk. Der griechische Philosoph Platon bezeichnete um 360 v. Chr. in seinem naturphilosophi-

Gott als Handwerker, der die Schöpfung zu SEINEM Pro-
jekt macht – so also sah mein ganz persönliches Bild von
der Entstehung der Welt aus. Ich war überzeugt: Genau
so muss es gewesen sein. Endlich wusste ich, wie alles angefangen hatte. Aber kaum war diese Frage beantwortet,
stellte ich mir schon die nächste. Und die hat mir niemand
beantwortet, bis heute nicht. Die Frage lautete: Wenn Gott
den Menschen und die Welt erschaffen hat – wer hat dann
Gott erschaffen? Der klassische Handwerksmeister würde
jetzt sagen: »Dat waren wir nit, so wat machen wir auch
jar nit – dat muss 'ne andere Firma jewesen sein.« Das hilft
mir aber auch nicht weiter.

Mittlerweile bin ich Anfang vierzig und immer noch von
derselben heiligen Einfalt wie damals: Ich habe bis heute
nicht herausgefunden, wer Gott gemacht hat. Dabei habe
ich alles versucht, um es in Erfahrung zu bringen: Zum Beispiel habe ich mich in die Kreise begeben, in denen ich
am ehesten Menschen vermutete, die es wissen könnten:
Ich war acht Jahre lang in unserer Pfarrgemeinde aktiv, als
Messdiener. Die Zeit als Ministrant war eine gute Zeit, und

ich habe eine Menge gelernt. Zum Beispiel die drei Regeln, die uns unser Pastor jedes Mal vor der Messe einbläute. Und man braucht in der Kirche Regeln. Völlig klar. Jeder, der öfter einen Gottesdienst besucht hat, weiß das: Kein Kirchgänger möchte zu früh »Amen« sagen, sich hinknien, wenn alle anderen aufstehen, oder lauthals die erste Zeile eines Liedes wiederholen, während alle anderen weitersingen. Das ist peinlich, erst recht für den Ministranten, der auf dem Präsentierteller sitzt, von hunderten Augenpaaren (ja, damals waren die Kirchen noch gut besucht) angestarrt wird und somit eine Vorbildfunktion hat. Umso wichtiger, dass der Pastor uns Messdiener vor dem Gottesdienst zur Seite nahm und auf uns einredete wie ein Trainer kurz vorm Anpfiff auf sein Team:

»Regel Nummer 1, Jungs: Der Messdiener steht immer dann auf, wenn alle andern auch aufstehen. Verstanden?« Verstanden. Ist ja auch einfach. Aufstehen, wenn die anderen aufstehen. Quasi wie bei einer La-Ola-Welle.

»Regel Nummer 2: Wenn alle sich hinsetzen, setzt ihr euch auch hin. Kapiert?« Klar, logisch. Darum heißt das beliebte Kinderspiel ja auch schön kirchlich »Reise nach Jerusalem«, und nicht atheistisch »Reise nach Chemnitz«.

GUT ZU WISSEN

Verschiedene Bezeichnungen für »Reise nach Jerusalem«:

Dänemark, Holland, Portugal: Stuhltanz, Stuhlpolonaise
England, Frankreich, USA, Thailand: die tanzenden Stühle
Russland, Schweden: Stürmische See
Rumänien: Vöglein, such dein Nest
Österreich: Reise nach Rom
Israel: musikalische Stühle
Philippinen, Deutschland: Reise nach Jerusalem

Eigentlich würde sich für ein Spiel, bei dem es weniger Sitzplätze als Teilnehmer gibt, folgender Titel besser eignen: »Reise mit der deutschen Bahn«.

Regel Nummer 3 war besonders für mich interessant, denn ich war der Einzige, der sie immer wieder ignorierte. Für alle Nicht-Messdiener muss ich etwas ausholen: Zum liturgischen Equipment, für das wir Ministranten die Verantwortung trugen, gehörten zwei Kännchen. In einem war Wasser, im anderen Wein. Bei der Wandlung schüttete der Priester die beiden Flüssigkeiten zusammen und trank sie. Unmittelbar davor wurden ihm vom Messdiener die Finger gewaschen. Mit dem Wasser. Außer, wenn der Messdiener Guido Cantz hieß. Dann geschah das mit dem Wein. Riesling Spätlese. Lieblich. Klebrig. Kännchen vertauscht. Pech gehabt. Typisch Guido.

Irgendwann nahm mich der Pastor nach der Messe zur Seite und sagte: »Guido, das ist doch nicht so schwer. Die Kännchen sind eindeutig gekennzeichnet.« Auf dem Wasserkännchen stand ein »A« für »Aqua«, das bedeutet Wasser. Und auf dem anderen steht ein »V« für »Vinum«, der Wein. Ich versprach, es nicht zu vergessen, dachte mir eine Eselsbrücke aus und wiederholte sie die ganze Woche, bis ich sie in- und auswendig konnte. Warum es dann immer noch nicht klappte, lag wohl an der Eselsbrücke: »A« stand bei mir für »Alkohol« und »V« für »Vittel«.

Das war nicht das einzige Missverständnis, das auf meinen schlechten Lateinkenntnissen beruhte. »Habemus papam« zum Beispiel bedeutet, wie jeder Leser weiß, »Wir haben einen Papst«, und nicht, wie ich früher dachte: »Ich habe endlich die ›Pappe‹ – also den Führerschein.«

WIE GEIL IST DAS DENN?

Jeder weiß: Wenn im Vatikan weißer Rauch aufsteigt, bedeutet das: »Wir haben einen neuen Papst« (bitte nicht verwechseln mit Sebastian Vettel. Da bedeutet weißer Rauch: »Wir haben einen defekten Kühler«). Solange der neue Kirchenvater jedoch noch nicht gewählt ist, steigt schwarzer Rauch auf. So weit, so bekannt.

Aber wo kommen der schwarze und der weiße Rauch her? Die wahlberechtigten Kardinäle verbrennen nach jedem Wahlgang ihre Stimmzettel. Solange keine Mehrheit zustande kommt, wird den Zetteln Pech beigemischt, und es steigt schwarzer Rauch auf. Sind sich die abstimmenden Kardinäle endlich einig, kommen die Zettel ohne Zusatz in den Ofen, der Rauch färbt sich weiß, und alle freuen sich, trotz Feinstaub!

Apropos Feinstaub: Findige Umweltfreunde haben festgestellt, dass Weihrauch unter die Feinstaubverordnung fällt (ein Weihrauch-Fass erzeugt 220 Mikrogramm Feinstaub pro Kubikmeter Luft, der Grenzwert liegt bei 50 Mikrogramm) und daher eigentlich verboten werden müsste. Wir Messdiener wissen: zu Recht. Jeder, der schon mal bei der Weihnachtsmesse das Fass schwenken musste, hätte stattdessen lieber eine Stunde lang in einer geschlossenen Garage neben einem alten Mercedes 200 D mit laufendem Motor gestanden. Das wäre vermutlich sogar gesünder gewesen.

In anderen Belangen muss sich die Kirche allerdings den modernen EU-Regeln beugen: Seit 1999 ist es gesetzlich vorgeschrieben, Hostienverpackungen mit einem Verfallsdatum zu versehen. So ein Quatsch. Was soll denn da stehen? »Mindestens haltbar bis: in alle Ewigkeit. Amen«?

Unter anderem wegen meiner (trotz meines großen Latinums) unzureichenden Lateinkenntnisse blieb mir eine große Kirchen-Karriere verwehrt. Da ich den rheinischen Dialekt besser beherrsche, setzte ich meine berufliche Laufbahn sicherheitshalber im Kölner Karneval fort.

Zum Glück ist nicht alles, was das Christentum und seine Rituale betrifft, so kompliziert wie Latein. Der heilige Sonntag zum Beispiel ist sogar ganz einfach zu verstehen. Der ist für uns Christen frei. Sonst nichts. Am Sonntag muss der Christ nicht arbeiten. Er kann machen, was er will. Wasser-Ski fahren zum Beispiel. Oder auch Wein-Ski, wenn er das falsche Kännchen erwischt hat. Völlig egal. Vielleicht denken Sie, das war doch schon immer so – aber den freien Sonntag verdanken wir einem echten Kaiser. Konstantin I. erhob im Jahre 321 den Sonntag zum Ruhetag. Vorher war es ein ganz normaler Werktag. Gut, auch heute ist er noch Werktag. Für Messdiener. Und für Museumsaufseher,

Pfarrer, Busfahrer, Krankenschwestern, Polizisten, Notärzte, Küster, Tatort-Kommissare, Feuerwehrmänner, Stewardessen, Rettungsschwimmer, Schlüsseldienst-Mitarbeiter, Ausflugsdampfer-Kapitäne, Altenpfleger, Zweitliga-Schiedsrichter, Gefängniswärter und Günther Jauch.

WIE GEIL IST DAS DENN?

Der schottische Missionar und Leichtathlet Eric Liddell weigerte sich bei den Olympischen Spielen 1924 in Paris, in seiner Paradedisziplin, dem 100-Meter-Lauf, anzutreten: Der Wettkampf fiel auf einen Sonntag, und sonntags mochte Liddell als Christ nicht arbeiten. Er wich stattdessen auf den Montag und die für ihn neue 400-Meter-Strecke aus – und wurde überraschend Olympiasieger.

Wenn ich mir heute die Sonntagsspiele der Altherren-Mannschaft meines Vereins anschaue, des SSV Troisdorf, und den Bewegungsradius der Akteure betrachte, dann denke ich oft: So wenig, wie da passiert, müssen verdammt viele Christen auf dem Platz stehen.

Auch die Bibel ist nicht so schwer verständlich, wie manche vielleicht meinen. Auf viele Fragen hat sie sogar verblüffend einfache Antworten. Letztens habe ich mich an einem freien Tag (komischerweise war das ein Dienstag – Kaiser Konstantin hatte wohl nicht an uns Freiberufler gedacht) mit dem Buch der Bücher beschäftigt, und ich war erstaunt, was da alles drinsteht. Zwar kann auch die Bibel mir nicht meine Frage »Wer hat Gott gemacht?« beantworten, aber immerhin weiß sie die Antwort auf die Frage: »Wie heißt Gott?« Die wenigsten kennen seinen Namen und sagen darum einfach »Gott«. Das reicht ihnen. So wie sie im Restaurant auch »Kellner« rufen, statt den armen Mann nach seinem Namen zu fragen, um dann zu sagen: »Herr Ziemann, die Rechnung bitte.« Gott hat einen Namen. Jeder, der möchte, kann ihn in der Bibel nachschlagen. Und zwar im Alten Testament, Exodus 3,14. Dort zeigt sich Gott dem staunenden Moses im brennenden Dornbusch, und weil Gott höflich ist, stellt er sich erst mal vor: »Ich bin der ›Ich-bin-da‹.« Im Ernst: Gott heißt »Ich-bin-da«! So steht es in der Bibel. Hätte Hape Kerkeling eine Jakobsweg-*Trilogie* geschrieben, hätte der dritte Band auch so heißen können. Band 1: *Ich bin dann mal weg.* Band 2: *Ich bin dann mal unterwegs.* Band 3: *Ich-bin-da.*

GUT ZU WISSEN

In der Bibel werden gleich zwei der erfolgreichsten Pop-Gruppen aller Zeiten namentlich genannt: Die eine ist bekanntermaßen die Band Genesis. Wir haben gelernt: Genesis heißt in der Bibel die Schöpfungsgeschichte, in der Adam und Eva vorkommen (aber nicht Phil Collins und Peter Gabriel). Aber wer weiß schon, dass auch ABBA in der Heiligen Schrift erwähnt wird?

In der Ölberg-Szene des Markus-Evangeliums wird Gott von Jesus »Abba« genannt. »Abba« bedeutet in Jesu Muttersprache (und das ist weder Latein noch Hebräisch, sondern Aramäisch) so viel wie »lieber Papa«. Denkt man an die tollen Songs der schwedischen Pop-Gruppe, hätte man auch denken können, »Abba« hieße nicht »lieber Papa«, sondern »mein lieber Herr Gesangsverein«.

Man kann also eine Menge bei der Lektüre des meistgelesenen Buchs der Welt lernen – das gilt nicht nur für Anhänger von »Ich-bin-da« oder ABBA. Denn die Bibel gibt uns allen eine Menge ganz handfester Lebenstipps, ob wir nun gläubig sind oder nicht. Neben Geboten, deren Befolgung den meisten von uns vergleichsweise leichtfällt (»Du sollst nicht töten«, »Du sollst nicht stehlen«), und jenen, bei denen sich der eine oder andere ein wenig schwerer tut (»Du sollst nicht ehebrechen«), liefert die Bibel im sogenannten *Hohelied* ungewöhnliche Beispiele dafür, wie man seinem oder seiner Angebeteten Komplimente macht. Im *Hohelied* besingen sich zwei Liebende. Von Gläubigen wurde und wird der Text allegorisch ausgelegt: Die beiden Partner stehen für »Christus« und »Kirche« (beziehungsweise im Judentum für »Gott« und »Israel«). Spätestens im 18. Jahrhundert aber glaubten die Aufklärer, im *Hohelied* ein ganz und gar weltliches Liebeslied mit durchaus erotischen Komponenten zu erkennen. Und auch ich muss sagen: Wenn ich Zeilen lese, wie:

»Mein Geliebter streckte die Hand durch die Öffnung;
da bebte mir seinetwegen das Innerste;
ich erhob mich, meinem Geliebten zu öffnen;
meine Hände tropften von Myrrhe,
meine Finger von Myrrhe,
die über die Griffe des Riegels rann«,

dann denke ich auch eher an meine Frau als an Kardinal Meisner. Wenn man so will, ist Charlotte Roches *Feuchtgebiete* im Vergleich zum *Hohelied* ein niedliches, harmloses Kinderbuch! Aber egal, welche Erkenntnisse der Leser aus dem *Hohelied* gewinnt, es enthält einige Formulierungen, die einfach wunderschön sind. Ob sie sich allerdings als Flirt-Tipps für das 21. Jahrhundert eignen, wage ich zu bezweifeln. Sie können leicht missverstanden werden, wie folgende Liste beweist:

WIE GEIL IST DAS DENN?

Komplimente aus dem Hohelied und wie sie missverstanden werden können:

Er sagt: »Deine Zähne gleichen der Herde von frisch geschorenen Schafen.«
Sie versteht: »Normalerweise hast du Haare auf den Zähnen.«

Er sagt: »Der Duft deiner Kleider gleicht dem Dufte des Libanon.«
Sie versteht: »Du solltest dir dringend mal was Frisches anziehen.«

Er sagt: »Dein Leib gleicht einem Weizenhaufen.«
Sie versteht: »Iss nicht so viel Müsli.«

Er sagt: »Lieblich ist dein Plaudermund.«
Sie versteht: »Du quatschst zu viel.«

Er sagt: »Deine zwei Brüste sind wie Zwillinge einer Gazelle.«
Sie versteht: »Nicht so schön, aber so behaart.«

Er sagt: »Von deinen Lippen, o Braut, träuft Honigseim.«
Sie versteht: »Du sabberst.«

Er sagt: »Deine Augen sind Tauben.«
Sie versteht: »Deine Augen sind eine Plage. Und wehe, sie kacken auf mein Auto!«

Er sagt: »Dein Haar gleicht einer Herde von Ziegen.«
Sie versteht: »Du siehst aus wie Bob Marley.«

Er sagt: »Deine Brüste sollen nun sein wie Trauben des Weinstocks.«
Sie versteht: »Und wenn du noch länger in der Sonne liegst, werden sie bald sein wie Rosinen.«

Er sagt: »Meiner Stute an den pharaonischen Wagen vergleiche ich dich, meine Freundin.«
Sie versteht: »Ich will dir den Hengst machen.«
Sie sagt: »Mein Geliebter ist weiß und rot. Er ragt hervor aus Zehntausend.«

Er versteht: »Wie peinlich: Ich bin hier in Bremen der einzige VfB-Stuttgart-Fan weit und breit!«
Sie sagt: »Seine Backen sind Schreine voll Würzwerk.«

Er versteht: »Ich habe Pfeffer im Arsch.«

Bei allen Bedenken wegen des möglicherweise zweideutigen Textes: Das *Hohelied* ist einer der größten Hits der Weltgeschichte. Kein Wunder bei der Zielgruppe: Über eine Milliarde Katholiken gibt es weltweit. Dazu kommen noch die 13,5 Millionen Anhänger der jüdischen Religion, denn das *Hohelied* ist nicht nur in der Bibel überliefert, es ist auch Teil des Tanach, der Heiligen Schrift des Judentums. So viele Fans hatten nicht einmal die Beatles, auch wenn John Lennon das 1966 bekanntlich anders sah und behauptete, die Beatles seien beliebter als Jesus Christus. Das ist natürlich ein völlig unzulässiger und auch unfairer Vergleich – die Beatles waren immerhin zu viert. Andererseits bekommt auch Jesus Schützenhilfe aus seinem Umfeld. Zu Lebzeiten standen ihm seine zwölf Jünger zur Seite.

Heute sind die Bedürfnisse der Gläubigen auf die Schultern unzähliger Schutzpatrone verteilt. So ist der heilige Nikolaus der Schutzpatron der Kinder, der heilige Ambrosius hat ein waches Auge auf Bienen und andere Haustiere, und die heilige Anna kümmert sich gemeinsam mit der ebenfalls heiligen Barbara um die Belange der Bergmän-

ner. Von den vier Heiligen wird der eine oder andere vielleicht schon einmal gehört haben, vor allem, wenn es sich um einen siebenjährigen Imker aus Essen-Borbeck handelt. Aber wer kennt schon die Damen und Herren, die sich um die modernen Belange unserer heutigen Zeit kümmern?

GUT ZU WISSEN

Schutzpatrone für moderne Angelegenheiten:

Flugbegleiter: Bona von Pisa
Radiosprecher: Erzengel Gabriel
Sozialarbeiter: Franz von Assisi
Steuerberater: Mammas
Taxifahrer: Fiacrius
Internet: Isidor von Sevilla, Thekla
Telegrafie und Rundfunk: Jeanne d'Arc
Autofahrer: Christophorus, Franziska von Rom (warum zwei? Fahrer und Beifahrer?)
Fernsehen: Klara von Assisi. Papst Pius XII. veranlasste das im Jahre 1958. Da gab es allerdings noch kein Privatfernsehen. Zum Schutzpatron von RTL, SAT 1 und Co. erkläre ich darum hiermit bis auf Weiteres Hugo Egon Balder.

Wenn es eine Milliarde Katholiken und insgesamt ungefähr 2,3 Milliarden Christen auf der Welt gibt, dann bedeutet das im Umkehrschluss: 4,7 Milliarden Menschen glauben an etwas anderes. Auch diese sind natürlich potenzielle Leser meines Buches. Und um die nicht zu vergraulen, habe ich einmal über den Tellerrand geschaut, um zu gucken, wie es andere Glaubensrichtungen halten. Und ich habe festgestellt: Gott (beziehungsweise Allah, Jahwe, Manitu etc.), ist das kompliziert! Darum richte ich nun ein Wort an alle meine nicht-christlichen Leser: Liebe Buddhisten, Muslime, Juden, Hindus, Zeugen Jehovas, Spiritisten, Sikhs, Konfuzianer und so weiter sowie alle Anhänger chinesischer Religionen, afrikanischer und indischer Stammesreligionen, liebe Atheisten und alle, die ich vergessen habe: Eure Religionen sind toll. Echt. Aber ich steige da einfach nicht durch. Allein der Hinduismus. Er ist die drittgrößte Religion der Welt mit 900 Millionen Anhängern. Das bedeutet: 900 Millionen Menschen haben den Hinduismus offensichtlich kapiert. Ich gehöre nicht dazu. Ich wüsste nämlich gar nicht, an wen ich meine Gebete richten sollte, wenn ich zu euch gehörte. Es gibt Menschen, die sagen, es gebe im Hinduismus über 300 Millionen verschiedene Götter. Eine unvorstellbare Zahl. Das sind mehr als ADAC-Mitglieder! Manche Hindus sprechen von einem Gott, andere von vielen, wieder andere von gar keinem. Manche Götter haben zwei Arme, andere vier, wahrscheinlich gibt es auch welche mit sieben. (Oder waren das die Kerzenhalter bei den Juden? Ich komme völlig durcheinander.) Wer soll sich das alles merken? Da *muss* man ja ein paar Mal wiedergeboren werden, weil man sich in *einem* Leben unmöglich einen Überblick verschaffen kann! Vishnu, Bhrama, Shiva, Ganesha … da ist es leichter, sich die Namen der koreanischen Frauen-Nationalmannschaft zu merken!

GUT ZU WISSEN

Ganesha ist eine der populärsten Formen des Göttlichen, nicht nur bei den Hindus: Auch bei Andersgläubigen ziert der mit Menschenkörper und Elefantenkopf versehene Ganesha viele Wohnzimmer, Fensterbänke und Bücherborde. Es könnte der Eindruck entstehen, er sei der Schutzheilige der Deko-Freunde, aber dem ist nicht so: Ganesha soll vielmehr Glück bringen und steht für Neuanfang, Intelligenz und Weisheit.

Nicht verwechseln sollte man Ganesha übrigens mit Ganeshida. Dabei handelt es sich nämlich um eine Rippenquallen-Gattung, die erstmals im Jahre 1908 von der Schweizer Zoologin Fanny Moser beschrieben wurde. Übrigens: Da dieses Buch keine Doktorarbeit ist, kommt diese Quallenangabe ohne Quellenangabe aus.

Ich verzichte hier also ganz bewusst darauf, die großen Weltreligionen im Detail zu erklären. Stattdessen will ich einen Blick auf die Götterwelt der griechischen und römischen Antike werfen. Ein Thema, das in meiner Schulzeit nicht umfassend behandelt wurde. Zumindest nicht in den Schulstunden, in denen ich anwesend war. Ich dachte immer: Mythologie? Das brauche ich nie. Aber ein immer wiederkehrender Alptraum zwang mich, diese Wissenslücke zu schließen.

Mein Alptraum geht so: Ich sitze bei *Wer wird Millionär*, ich bin nervös, es läuft nicht gut: Publikumsjoker weg. 50:50-Joker weg. Telefonjoker weg. Günther Jauch sagt: »So, Guido, dann kommen wir jetzt zur 200-Euro-Frage. Es geht um das Thema Mythologie: Wer ist Euros?«

Das Nächste, was ich sehe, ist der Sanitäter, der sich über mich beugt, mir Luft zufächelt und fragt: »Herr Cantz, können Sie mich hören?« Hätte ich gewusst, wer Euros ist, dann hätte *ich* Euros bekommen, und zwar jede Menge. Denn ab der 500-Euro-Frage dreht sich (in meinem Traum) alles nur noch um den VfB Stuttgart. Die Eine-Million-Euro-Frage wäre gewesen: »Wie hieß die italienische Single, die Hansi Müller 1982 gemeinsam mit dem Orchestra Spettacolo Raoul Casadei aufgenommen hat?« Ich hätte nie wieder arbeiten müssen!

Darum habe ich mich hingesetzt, mir die alten Griechen und Römer zu Gemüte geführt und dabei unter anderem erfahren: In der griechischen Mythologie ist Euros der Ostwind, der warmen Regen bringt. Warmer Regen? Euros? Das klingt nach dem, was die heutigen Griechen dringend zur Staatssanierung brauchen: einen warmen Geldregen.

GUT ZU WISSEN

10 wichtige griechische Götter:

Aphrodite – Göttin der Liebe und der Begierde
Apollon – Gott des Lichts, der Jugend, der Dichtung, der Musik und der Weissagung
Ares – Gott des Krieges
Artemis – Göttin der Jagd und des Mondes, Schutzgöttin der Geburt, der Kinder und der wilden Tiere
Athene – Göttin der Weisheit, der Strategie und des Kampfes, Schutzgöttin der Stadt Athen
Hades – Gott der Unterwelt
Hephaistos – Gott des Feuers und der Schmiedekunst

Hera – Gemahlin des Zeus, Schutzgöttin der Ehe
Hermes – Götterbote, Gott der Reisenden und der Diebe
Zeus – oberster griechischer Gott, Herr über Blitz und
   Donner

… und 10 Gewerbe, die nach antiken Göttern benannt sind:

Optiker (Apollo)
Paketversand (Hermes)
Glücksspielautomaten (Merkur)
Versicherung (Concordia)
Blasinstrumente (Pan)
Schokoriegel (Mars)
Zigaretten (Juno)
Fußballvereine (Fortuna)
Küchenmaschinen (Jupiter)
Sex-Messe (Venus)

Aber auch die Geschichten der Kolleginnen und Kollegen von Euros können sich sehen lassen. In der antiken Mythologie geht es hoch her: Mord, Totschlag, List, Betrug, Verrat, Sex mit Verwandten – Zustände wie in der *Lindenstraße*! Und weil es verdammt viele Gottheiten gibt, gibt es auch verdammt viele spannende Storys:

Nehmen wir nur einmal Zeus, den obersten Gott in der griechischen Mythologie. Seine Erlebnisse wären für die BILD-Zeitung ein gefundenes Fressen. Allein die ersten Lebenswochen von Zeus wären der Boulevard-Presse unzählige Schlagzeilen wert gewesen. Doch der Reihe nach:

Zeus ist der Sohn von Rheia und Kronos. Da Vater Kronos die schlechte Angewohnheit hat, seine Kinder gleich nach der Geburt zu verschlingen (»Hellas-Horror! Gott Kronos verschlingt eigenen Sohn!«), bringt Rheia ihren Jungen in Sicherheit (»Alle lieben Rheia – Super-Mama rettet Super-Baby!«) und verfüttert ihrem Gatten stattdessen einen in eine Windel eingewickelten Stein (»Kronos dick wie Calmund – Kummerspeck oder Stein verschluckt?«). Der Klumpen liegt Kronos so schwer im Magen, dass er sich ein Brechmittel geben lässt und den Stein wieder ausspeit – mitsamt allen bis dahin verschlungenen Geschwistern des Zeus (»Raben-Vater Kronos findet seine Kinder zum Kotzen!«).

Zeus besiegt seinen Vater Kronos, wirft ihn in den Tartaros (»Olymp plemplem – Vater vom eigenen Sohn in Abgrund gestürzt«) und teilt sich mit seinen Brüdern Poseidon und Hades die Weltherrschaft (»Poseidon neuer Meeres-Chef, Hades jetzt Unterwelt-Boss – bekommt Zeus Aldi Süd?«).

Noch wilder gestaltet sich das Liebesleben des Zeus. Zeus nimmt sich Metis zur Frau, die ihm die Tochter Athene gebären soll (»Metis platzt aus allen Nähten – Wohlfühl-Bäuchlein oder Mini-Gott?«). Doch Zeus versenkt Metis in seinem Leib und gebiert Athene aus seinem eigenen Kopf (»Die spinnen, die Griechen: Kopfgeburt bei Obergott!«).

Danach ist Zeus nicht mehr zu halten: Laut Hesiod zeugt er mit 9 verschiedenen Frauen 28 Kinder (»Klein-Zeus Nr. 28 – geschah »es« auf der Weihnachtsfeier?«). Unter den Müttern befinden sich auch seine eigenen Schwestern Demeter und Hera (»Der widerliche Inzest-Gott – Schwestern sprechen exklusiv in ›BILD‹!«). Nebenbei gönnt sich Zeus unzählige Liebschaften (»Jetzt spricht Lausemädchen 231!«), wobei er auch Männer nicht von der Bettkante schubst (»Zeus und der hübsche Ganymed: mehr als nur Kumpels?«). Außerdem ist Zeus der Herr über Blitz und

Donner. Wetterfrosch und Frauenheld – eine Kombination, die auch heute noch eifrige Nachahmer findet.

Ich bin sicher: Hätten die alten Griechen ihre Götter und mythologischen Gestalten zu Geld gemacht (T-Shirts, Musicals, Sammelbildchen, Themenparks), hätten sie heute nicht so viele Schulden. Denn nicht nur Obergott Zeus war für unzählige Anekdoten gut. Auch die vielen mythologischen Figuren in der zweiten Reihe sorgten für jede Menge Gesprächsstoff:

Zum Beispiel Amykos, der Sohn des Poseidon, der jeden, der in sein Land kam, zum Faustkampf aufforderte und ihn dann erschlug – was sich mit Sicherheit negativ auf den Fremdenverkehr auswirkte.

Oder die Graien, drei Schwestern, die von Geburt an grau waren, die zusammen nur ein Auge und einen Zahn hatten und somit ideale Kandidatinnen für den täglichen Vormittagstalk à la *Vera am Mittag* oder *Brit* gewesen wären.

Oder auch Hermes, der berühmte Götterbote und Namensgeber eines bekannten Paketzustellers: Denn der war nicht nur der Götterbote mit geflügelten Schuhen, sondern auch gemeiner Viehdieb und Reptilienschänder. Noch am Tag seiner Geburt fand er eine Schildkröte und bastelte sich aus ihrem Panzer ein Musikinstrument. Zugegeben, damals standen Schildkröten noch nicht unter Naturschutz, trotzdem gibt es für einen Säugling sicherlich altersgerechtere Tätigkeiten, als ein Meeresreptil zu filetieren. Doch damit nicht genug. Am selben Tag stahl er auch noch die Rinderherde seines Bruders Apollon, aß sie auf und legte sich danach heimlich wieder in seine Babywiege, als wenn nichts gewesen wäre. Vielleicht ist das einer der Gründe dafür, dass der Dienstleister Hermes nur sehr selten beauftragt wird, wenn es um Viehtransporte geht.

Bei den alten Griechen ging es also so richtig zur Sache. Und die römischen Gottheiten haben es ähnlich wild getrieben wie ihre antiken griechischen Kollegen – vor allem, wenn man Silvio Berlusconi zu den römischen Göttern zählt, aber wer tut das schon … außer ihm selbst?

GUT ZU WISSEN

10 wichtige römische Götter der Antike:

Apollo – Gott der Poesie, Weissagung und des Lichts

Bacchus – Gott des Weins und des Genusses

Concordia – Göttin der Eintracht und des Zusammenhalts

Diana – Göttin des Mondes und der Jagd

Fortuna – Göttin des Glücks und des Schicksals

Janus – Gott der Türen und der Tore

Juno – Gemahlin Jupiters, Göttin der Ehe und Geburt

Jupiter – Göttervater, Gott des Lichts und des Himmels

Mars – Gott des Krieges, Schutzgott des römischen Staates

Venus – Göttin der Liebe, der Anmut und des Liebreizes

… und 5 wichtige römische Götter der Gegenwart:

Parkplatznotus – Gott der dämlichen Rom-Besucher, die sich mit dem Auto in die Innenstadt wagen

Abzoccia – Göttin der Touristen-Gastronomie

Smoggus – Gott der Feinstaubbelastung

Camerafutschia – Göttin der Taschendiebe

Bestecchus – Gott der Behörden

Vieles aus der römischen Mythologie ist uns vertraut, und dennoch finden sich auch hier interessante Aspekte, die nicht jeder kennt. Die Gottheit Venus hatte beispielsweise ein Vorleben, das so gar nicht zu ihrem heutigen Spezialgebiet Liebe, Leidenschaft und Erotik passen mag. Bevor sie mit ihrer griechischen Kollegin Aphrodite gleichgesetzt wurde, war sie als »Venus Mefitis« tagtäglich von Schwefeldämpfen umgeben und besaß unter dem Namen »Cloacina« ein Heiligtum am stinkenden Hauptabzugskanal des alten Rom.

Janus, jener doppelgesichtige römische Gott, hat nicht nur dem »Januskopf« und dem Monat Januar seinen Namen gegeben, sondern auch einem der kuriosesten deutschen Fahrzeuge der Nachkriegszeit: Im Kleinwagen Zündapp Janus saßen die Insassen Rücken an Rücken.

Und Mars, der berühmte Kriegsgott und heute noch allgegenwärtige Namenspatron eines Planeten und eines Schokoriegels, überrascht mit einem der heiligen Tiere, die ihm zugeordnet sind: Der Stier passt zu seinem starken, kriegerischen Wesen; auch der Wolf ist für mich nachvollziehbar, schließlich gilt Mars als Vater des Romulus, der bekanntlich von einer Wölfin aufgezogen wurde; aber ein Specht? Es ist jedoch tatsächlich wahr: Der Specht zählt zu den heiligen Tieren von Mars. Aber was in aller Welt hat ein Kriegsgott mit einem Specht zu tun? Man klopft doch nicht an, bevor man den Feind überfällt!

Wer also Freude an *Sex and Crime* und anderen kuriosen Storys hat, dem lege ich das weitere Studium der antiken Mythologie nahe. Es lohnt sich: Man erfährt mehr Abgründiges als an einem ganzen Vormittag bei RTL II.

Ich habe dieses Kapitel mit Hansi Müller begonnen, dem Fußballgott meiner Kindheit, und ich will es mit drei ganz und gar diesseitigen Göttergeschichten beschließen, mit drei Geschichten über als »göttlich« bezeichnete Ikonen der Neuzeit.

Im Zentrum der ersten Göttergeschichte steht Greta Garbo (1905–1990). Die schwedische Schauspielerin war einer der ganz großen Filmstars der 20er und 30er Jahre des letzten Jahrhunderts und trug den Beinamen »Die Göttliche«. Doch der erste gesprochene Filmsatz ihrer Karriere war so gar nicht »göttlich«. Nachdem die Schwedin in etlichen Stummfilmen mitgespielt hatte, sprach sie 1930 im Tonfilm *Anna Christie* den allerersten Dialogsatz ihrer Karriere: »Gimme a whiskey, ginger ale on the side and don't be stingy, baby« (in der deutschen Version: »Whiskey – aber nicht zu knapp!«). Ein Satz, den ich eher Clint Eastwood als »der Göttlichen« zugeordnet hätte. Bei anderen Menschen sind als erste Äußerungen »Mama«, »Papa« oder »AA« überliefert – die Garbo tut es nicht unter 40%.

WIE GEIL IST DAS DENN?

Den zweiten Filmauftritt ihres Lebens hatte die damals siebzehnjährige Greta Garbo in dem Streifen *Konsumtionsföreningen Stockholm med Omned*, was Schwedisch ist. Schade, denn sonst hätten auch diejenigen Leser ohne Schwedisch-Kenntnisse erfahren, dass »die Göttliche« ihr junges, hübsches Gesicht einem profanen Reklamefilm für die Backwarenabteilung der Konsumentenvereinigung von Stockholm und Umgebung zur Verfügung gestellt hatte.

Dass Greta Garbo nicht nur Talent, sondern auch Humor hatte, belegt die Tatsache, dass die notorisch kontaktscheue Mimin eine persönliche Einladung von Queen Elisabeth II. ausschlug, die sie zum gemeinsamen Tee-Nachmittag gebeten hatte. Garbo sagte ab mit der lapidaren Begründung: »Ich habe nichts zum Anziehen.« Was hätte sie wohl gesagt, wenn sie von Playboy-Chef Hugh Hefner eingeladen worden wäre? »Ich habe nichts zum Ausziehen …«?

Eine weitere als »Göttin« bezeichnete Ikone des 20. Jahrhunderts kommt aus Frankreich und wurde im Jahre 2009 von Designern zum schönsten Auto aller Zeiten gewählt: Der legendäre Citroën DS, gebaut von 1955 bis 1976, trägt das göttliche Moment schon im Namen, denn das Buchstabenkürzel »DS« klingt für französische Ohren wie »Déesse«, was »Göttin« bedeutet. »Göttin« wohlgemerkt, und nicht »Gott«, denn in Frankreich ist das Auto weiblich. Darum heißt es ja auch: »Lieber 'arald, kannst du nicht schicken *die* kleine Silber-Auto.«

DAS GEHT JA GAR NICHT!

Der französische Autobauer Citroën schuf in seiner langen Geschichte zahlreiche Klassiker der Automobilgeschichte. Ein frühes Beispiel ist der – stets gelb lackierte – Vorkriegswagen 5 HP von 1921. Das Fahrzeug wurde drei Jahre später frech vom deutschen Konkurrenten Opel kopiert, mit grüner Karosserie versehen und als eigenes Modell »Laubfrosch« verkauft. Trotz des offensichtlichen Ideenklaus gewann Opel die Plagiatsprozesse und kann für sich in Anspruch nehmen, eine heute noch bekannte Redewendung mitgeprägt zu haben. Viele Sprachforscher vermuten, dass der Ausspruch »Das ist das Gleiche in Grün« unmittelbar auf den damaligen Urheberrechtsstreit zurückzuführen ist.

Zahlreiche Autofreunde schwärmten (und schwärmen) von der revolutionären Technik und dem völlig andersartigen Design des Wagens und huldigten ihm wie einer echten Göttin. Der französische Strukturalist Roland Barthes schrieb 1957 in seinem berühmten Band *Mythen des Alltags* sogar, die DS sei »offenkundig vom Himmel gefallen«.

Bleiben wir sachlich: Natürlich war die DS keine Göttin. Aber sie war ein Schutzengel, zumindest für den damaligen französischen Präsidenten Charles de Gaulle: Am 22. August 1962 geriet der Präsident in seiner DS in der Nähe von Paris in einen Hinterhalt der Untergrundbewegung OAS und wurde beschossen – und vielleicht hätte der General ohne seinen Citroën das Attentat nicht überlebt. Denn trotz zerfetztem Hinterreifen ermöglichte der Wagen die Flucht auf drei Rädern. Möglich machte das die hydropneumatische Federung des Autos. Es war das letzte Mal, dass man einen europäischen Spitzenpolitiker auf einem Dreirad sah.

Die dritte »göttliche Geschichte« dreht sich um den weltbekannten Blues-Gitarristen Eric Clapton. Der Engländer hatte sich in der britischen Blues- und Rock-Szene längst einen Namen gemacht, als ein unbekannter Fan 1967 in der Londoner U-Bahn-Station Islington eins der berühmtesten Graffitis überhaupt an die Wand sprühte: »Clapton is god« (»Clapton ist Gott«). Ich halte das zwar für übertrieben und meine, es hätte gereicht zu sprühen: »Clapton is good« (»Clapton ist gut«), aber auch wenn der Fan etwas übers Ziel hinausgeschossen ist, so legte er doch zumindest das Fundament für einen herrlichen Witz, der sich seit der Sprühaktion – vor allem in Musikerkreisen – großer Beliebtheit erfreut:

Im Musikerhimmel streiten sich Jimi Hendrix und Keith Richards darüber, wer von ihnen beiden auf Erden der größere Gitarrist war. »Ich war der größte«, sagt Jimi Hendrix. »Woher willst du das wissen?«, fragt Richards. »Gott hat es gesagt«, meint Hendrix. Darauf kommt Eric Clapton vorbei und fragt: »Was soll ich gesagt haben?«

Amen.

Käfer, Enten und andere Traumwagen

Ob ich mich an mein erstes Auto erinnern kann? Aber sicher doch! Ich war 21 Jahre alt, hatte mir auf den Karnevalsbühnen in Köln und Umgebung schon ein bisschen was dazuverdient und legte nun mein ganzes Geld auf den Tisch, um es automobilmäßig so richtig krachen zu lassen. Ich war zu jung, um kompromissbereit zu sein.

Werfen Sie doch einmal gemeinsam mit mir einen Blick auf den Parkplatz der Geschichte, in das Jahr, in dem ich meinen ersten eigenen Wagen erwarb: Dort glänzt ein nagelneuer Porsche 964 Carrera in der Sonne, anthrazitmetallic, Lederinterieur mit Sitzheizung, 3,6-Liter-Motor, 250 PS, Schiebedach, alle Extras, 260 Spitze, in 5,7 Sekunden auf 100, Neupreis 122 340 D-Mark. Ein absolutes Traumauto.

Direkt daneben, der silberfarbene 81er Ford Escort, das ist meiner. Vier Vorbesitzer. Kantenrost. Die Wischwasser-Anlage geht nicht mehr. Die Tür auf der Fahrerseite war schon vor dem Kauf eingedellt. Aber ansonsten: ein Top-Fahrzeug! Zumindest für einen 21-jährigen jungen Mann, der bis zu dem Zeitpunkt immer noch seine Mama um ihren Wagen anbetteln musste.

Dafür, dass ein Auto nichts anderes als eine seelenlose Maschine ist, löst es bei den meisten Menschen erstaunlich viele Emotionen aus. Ich wette mit Ihnen: Sie können sich noch genau an Ihr erstes Auto erinnern. Beim ersten Kühlschrank oder ersten Staubsauger bin ich mir da nicht so sicher. Vielleicht werden Ihre Augen beim Gedanken an Ihren ersten eigenen Wagen genauso feucht, wie es der Kofferraum meines 81er Escort war. Es ist wie mit dem ersten Kuss: Es war vielleicht nicht der beste, aber mit ziemlicher Sicherheit der aufregendste ihres Lebens. Das fand sicher auch Bertha B. bei der Jungfernfahrt mit ihrem ersten

Auto – und das war in doppeltem Sinne ein historischer Moment.

WIE GEIL IST DAS DENN?

Was glauben Sie: Wer fährt nach dem frisch getätigten Autokauf den Neuwagen vom Hof des Händlers? Der Mann oder die Frau? Ich wage mal die Prognose, dass selbst im ach so emanzipierten 21. Jahrhundert in den meisten Fällen der Mann das »ius primae excursionis« (sozusagen das Recht des ersten Ausflugs) für sich in Anspruch nimmt. Als die erste Überlandfahrt der Automobilgeschichte stattfand, saß allerdings eine Frau am Steuer: Bertha Benz, die Ehefrau des Automobil-Konstrukteurs Carl Benz, brach am 5. August 1888 im Benz-Patent-Motorwagen Nummer 3, DRP-37435, gemeinsam mit ihren beiden Söhnen Eugen und Richard zu ihrer Reise von Mannheim nach Pforzheim auf.

Das wirft die Frage auf: War Carl Benz emanzipierter als wir Männer des 21. Jahrhunderts? Ich kann Sie beruhigen: Dem war nicht so. Der gute Herr Benz wusste schlicht und ergreifend nichts vom Ausflug seiner Frau! Sie startete den Wagen heimlich und telegrafierte erst 12 Stunden und 57 Minuten später, nach erfolgreicher Ankunft:

»Lieber Carl! Erste Fernfahrt ist gelungen. Sind gut in Pforzheim angekommen.«

Andere Männer wären bei einer solchen Nachricht sofort tot vom Stuhl gerutscht. Nicht so Carl Benz. Der geniale Konstrukteur starb erst knapp 40 Jahre nach dem Telegramm: am 4. April 1929.

Ewig gestrige Machos werden jetzt sagen: 1888?

Das war doch die ideale Zeit, um eine Frau mit dem Auto auf die Straße zu lassen: kein Gegenverkehr, keine Vorfahrtsregeln, keine engen Parklücken! Bei Bertha Benz wären ihre Vorurteile jedoch am Straßenrand versauert, denn sie war ebenso patent wie der von ihr gesteuerte Patent-Wagen: Als ihr nach einigen Stunden Fahrt der Sprit ausging, besorgte sie sich in der nächsten Apotheke einfach zwei Liter des Waschbenzins Ligroin, um weiterfahren zu können. Damit war die Stadtapotheke Wiesloch die erste Tankstelle der Welt. Das erklärt auch, warum an Tankstellen immer noch Preise verlangt werden wie beim Apotheker.

Das erste Auto von Bertha Benz trug nur ihren Namen (und den ihres Mannes), war allerdings kein *Daimler*-Benz. Denn erstens hatten Daimler und Benz zu dem Zeitpunkt noch nicht fusioniert, und zweitens schrieb sich Gottlieb Daimler damals noch *Däumler*. Aber das nur am Rande.

Mein erstes Auto war bekanntermaßen weder ein Daimler noch ein Däumler, sondern nur ein einfacher silberfarbener Ford Escort. Na und? Ich fand ihn damals toll! Ich habe ihn geliebt. Ich habe ihn gepflegt. Ich habe ihn mit Namen angesprochen: »Escort«. Und wenn mal was dran war, dann fuhr ich ihn nicht profan in eine Werkstatt, nein – dann hieß es: Auf zum Escort-Service! Aber das war selten nötig. Meistens sprang er sogar an, wenn man den Zündschlüssel drehte.

Mein Escort war kein unzuverlässiger Wackelkandidat wie der Käfer meines großen Bruders. Ich habe meinen Bruder und sein Auto so oft angeschoben, dass ich jahrelang glaubte, Käfer würden ganz *regulär* so gestartet.

BOUTIQUE

Als ich zum ersten Mal auf dem Parkplatz vor einem Supermarkt einen Käfer sah, der einfach so ansprang, habe ich mich flach auf den Boden geworfen, weil ich dachte, der explodiert gleich. Aber mein Bruder war total vernarrt in seinen fahrbaren Untersatz. Er besaß sogar einen zweiten Wagen als Ersatzteillager. Was völlig legitim gewesen wäre, wenn er ihn nicht ausgerechnet vor der Garage meiner Eltern abgestellt hätte, von wo ich ihn dreimal am Tag wegschieben musste. Zwei Käfer in einer Familie. Das heißt: schieben, bis der Arzt kommt. Niemand hat so viele Käfer zum Rollen gebracht wie ich. Einen Großteil meiner Jugend habe ich durch die Heckscheibe des VW 1300 meines Bruders gestarrt. Aber von außen nach innen. Beim Schieben. Fragen Sie mich nicht, wie ein Käfer von vorne aussieht. Keine Ahnung. Das Heck eines Käfers ist mir hingegen vertrauter als mein eigenes Gesicht. Ja, der Käfer gehörte zur Familie. Er war wie ein weiterer Bruder für mich. Ein Bruder, der nicht ansprang. Und natürlich drehe ich mich heute noch um, wenn ich auf der Straße das vertraute Tuckern des 4-Zylinder-Boxermotors höre. Denn der Käfer meines Bruders war schon etwas Besonderes. Dank der praktischen Kombination aus undichtem Schiebedach und fehlender Heizung hatte er zum Beispiel ein exklusives Winter-Extra, von dem heutige Autobesitzer nur träumen können: Ich spreche vom legendären gefrorenen Fahrersitz!

Und sparsam war der Käfer auch noch.

GUT ZU WISSEN

Sparsame Autos mit Benzin-Motor:

Daihatsu Copen	6,0 Liter/100 km
Mini Cooper Cabrio	5,7 Liter/100 km
Fiat 500 C 1.2. V 8	
Start & Stop	5,0 Liter/100 km
Smart Fortwo Cabrio mhd	4,5 Liter/100 km
VW 1300 von	
Jochen Cantz	1 schiebender Bruder/100 km

Das durstigste Auto der Welt stammt übrigens auch aus dem Hause Volkswagen, und zwar von der VW-Tochter Bugatti: Wenn man die Leistung des Supersportwagens Bugatti Veyron 16.4 voll ausschöpft (sein Spitzentempo liegt bei sagenhaften 407 km/h!), verbraucht der Flitzer locker 100 Liter auf ebenso viele Kilometer. Das bedeutet: Obwohl der Tank des Bugatti sagenhafte einhundert Liter fasst, muss alle 15 Minuten nachgetankt werden. Nicht ganz billig, vor allem, wenn man jedes Mal an der Tanke noch eine Cola und was Süßes zu den üblichen Wucherpreisen einkauft. Aber wer in der Lage ist, mehr als 1,3 Millionen Euro für ein Auto auszugeben, der zahlt auch ohne mit der Wimper zu zucken 3 Euro 50 für einen Schokoriegel.

Der VW Käfer zählt nicht gerade zu den Luxuslimousinen der Automobilgeschichte. Und trotzdem hatte mein Bruder im innerfamiliären Wettstreit um das komfortabelste Fahrzeug lange Zeit die Nase vorn. Denn meine Eltern gaben sich mit *noch* weniger zufrieden. Sie fuhren Ente. Jeder eine. Die meines Vaters war blau. (Wir nannten sie »Renn-Ente«, denn sie hatte einen Motor, der eine Nuance stärker war als üblich. Das heißt: Zu Fuß konnte man sie nur mit Mühe abhängen.) Die Ente meiner Mutter war weiß. Zusammen hatten die beiden Wagen ungefähr so viel PS wie ein unfrisiertes Mofa.

WIE GEIL IST DAS DENN?

Spitznamen für Citroën 2CV und VW 1300
Citroën 2CV:

»Ente«:
Ente (Deutschland)
»Das häßliche Entlein«:
De lelijke Eend (Niederlande)
Ugly duckling (England)
»Zwei Pferde«:
Deux chevaux (Frankreich)

Döschwo (Schweiz)
Dos caballos (Spanien)

Spitznamen für den VW 1300:

»Käfer«:
Käfer (Deutschland)
Beetle (England)
Bug (Amerika)
Maggiolino (Italien)
Escarabajo (Spanien)
Andere:
Volky (Puerto Rico)
Schrottkiste (Guido Cantz immer dann, wenn er schieben musste.)

Gegen einen Citroën 2CV wirkt der Käfer wie ein Fahrzeug der gediegenen und üppig ausgestatteten Oberklasse. Bei Enten wird im Vergleich zum VW auf wirklich jeden überflüssigen Schnickschnack wie Fensterkurbeln oder Türverkleidungen verzichtet; bei frühen Modellen gab es noch nicht mal einen Scheibenwischermotor. Außerdem sucht man in den meisten der kleinen Citroëns vergeblich nach einem Radio. Was aber nicht schlimm ist, denn spätestens ab Tempo 40 ist es im Innenraum so laut, dass man eh nichts mehr hört. Aber um mit einem 2CV überhaupt Tempo 40 zu erreichen, muss man schon Glück haben – sprich: Rückenwind, eine abschüssige Straße und Glatteis.

Auch mit einem voll versenkbaren Metalldach, wie man es heute bei Cabrios gewohnt ist, darf man bei einem so spartanischen Kfz nicht rechnen. Stattdessen hat die Ente ein einfaches, an eine Picknickdecke erinnerndes Stoffdach, das vorne lediglich mit zwei Klips in die Karosserie eingehakt ist. Der Vorteil: Im Sommer kann man das Dach in wenigen Sekunden bis nach hinten wegrollen. Der Nachteil: Wenn man den Wagen, wie mein Vater es leichtsinnigerweise getan hat, in eine Waschanlage fährt, dann kann es passieren, dass die obere Bürste das Dach öffnet, als sei es der Deckel einer Sardinendose.

DAS GEHT JA GAR NICHT!

Der damalige Citroën-Direktor Pierres-Jules Boulanger bat 1934 seine Ingenieure, einen radikal minimalistischen Kleinwagen zu entwickeln. Nach dieser Vorgabe entstand 1939 der Prototyp der Ente, der sogenannte TPV (»Toute petite voiture« – »ganz kleines Auto«). Der TPV hatte nicht einmal einen Anlasser und konnte nur per Handkurbel gestartet werden. Angeblich soll Boulanger auf die Frage, warum kein Anlasser eingebaut wurde, geantwortet haben: »Das Auto ist für Bauern gedacht, und die sind alle verheiratet und haben eine Frau, die die Kurbel betätigen kann.«

Später bekam die Ente dann doch noch einen Anlasser spendiert. Gut so, sonst hieße die beliebte RTL-Sendung nämlich nicht *Bauer sucht Frau*, sondern *Bauer sucht Anlasser*.

Die Ente ist selbstverständlich, ebenso wie der Käfer, ein hochsympathisches Auto, aber ich kann mir beim besten Willen nicht mehr vorstellen, wie es uns damals gelungen ist, als vierköpfige Familie und mit Gepäck für vier Wochen nach England zu fahren – in einer Ente! Auf dem

Rücksitz lagen mehrere Paletten Konserven, darüber Schlafsäcke und Bettzeug, und ganz oben thronten mein Bruder und ich. Heutzutage ganz undenkbar: Mit Kindern unterwegs sein, in einem normalen Auto? Ohne Sitzgurte? Nicht im 21. Jahrhundert!

Ich habe das vor ein paar Jahren im Freundeskreis beobachtet, bei einem bis dahin kinderlosen Paar. *Er* gehörte immer zu den Männern, die die Meinung vertraten: »Wer im Auto Lärm von hinten haben will, braucht keine Kinder auf dem Rücksitz, sondern einen Porsche mit Heckmotor.« Aber kaum fielen ihre Tage einmal aus, rannte er gleich zum nächsten Autohaus und bestellte einen Van. Ich fand das total übertrieben. »Was bestellst du denn dann, wenn es Zwillinge werden?«, fragte ich ihn. »Einen Sattelschlepper?«

Mittlerweile bin ich selbst Vater. Und natürlich habe auch ich mich vor der Geburt meines Sohnes nach einem passenden Familienauto umgeschaut. Und ich kann Ihnen versichern, es geht auch ohne Van – wenn man sich ein bisschen einschränkt und alles Überflüssige zu Hause lässt: den Laufstall, die Bauklötze, die Schwiegermutter.

Im Ernst, ich habe mir einmal so einen Familien-Van angeguckt. Die erste Frage, die ich mir gestellt habe, war: Brauche ich für eine drei- bis vierköpfige Familie tatsächlich drei Sitzreihen? Ich bin doch kein Linienbus. Ich hätte ständig Angst, dass an der nächsten Ampel jemand einsteigt und meinem Sohn auf dem Rücksitz zuraunzt: »Den Fahrschein bitte!« Außerdem: Was soll ich mit 140 verschiedenen Ablagemöglichkeiten? Die Aussichten, da seine Sonnenbrille wiederzufinden, liegt praktisch bei null.

Und richtig schön sind die rollenden Kindergärten auch nicht. Es hat einen Grund, warum es diese eckigen Metallkisten Vaneo, Sharan und Co. nicht als Cabrio gibt: Die Passanten würden die Dinger nämlich sonst mit Containern verwechseln und ihren Bauschutt reinwerfen.

Ein weiterer Nachteil der Familien-Vans: das Rangieren in Parkhäusern. Mit ausgeklappten Seitenspiegeln misst zum Beispiel ein Renault Espace zwei Meter in der Breite. In vielen Parkhäusern ist es aber so eng, dass selbst Kate Moss Platzprobleme bekommt. Und zwar ohne Auto.

Andererseits ist für junge Familien ein großer Kofferraum von Vorteil. Auch wir haben mittlerweile einen geräumigen Kombi, denn sonst stößt man schon mit einem normalen Kinderwagen an seine Grenzen. Letztens habe ich eine andere Mutter vor dem Kindergarten mit ihrem Fahrzeug hantieren sehen und sprach sie an: »Oh, ihr habt jetzt einen Smart? Aber da passt doch kein Kinderwagen rein!« Sie sagte daraufhin nur: »Guido, das ist kein Smart – das ist der Kinderwagen!«

Es ist unglaublich: Kinderwagen sind mittlerweile so riesig, dass man den Nachwuchs damit noch achtzehn Jahre später zum Abi-Ball schieben könnte. Und die Dinger sind richtig teuer. Für einen Kinderwagen kann man ohne Probleme 1000 Euro ausgeben. Wahnsinn! Für 1000 Euro bekam man vor zwanzig Jahren noch vier gebrauchte 81er Ford Escorts.

Aber selbst, wenn man einen preiswerten Kinderwagen mit weniger Volumen sein Eigen nennt: Kindergepäck braucht Platz. Da wir »nur« einen Kombi haben, müssen wir also gut planen, um Kinderwagen, Windelvorrat, Reisebettchen, Spielzeug, Laufstall, Mobile und Baby-Badewanne zu verstauen. Es ist mühsam, aber es geht. Man muss sich halt viel Zeit nehmen. Im Grunde ist es ähnlich wie beim Beladen der Spülmaschine – das will ja auch genau geplant sein. Sonst ist der Wagen irgendwann voll, und der einzige noch freie Platz für Papa ist die Skibox auf dem Dach. Es gibt übrigens ein Computer-Lernprogramm, mit dem man das perfekte Beladen eines Familienautos üben kann. Das Programm heißt *Tetris*.

Aber egal, wie schlau man packt, das Auto ist letztendlich *immer* proppenvoll. Dabei ist es vollkommen egal, wie lang man verreist.

»Oh, vollgepackt bis unters Dach und auch noch was auf dem Gepäckträger – wandert ihr aus?«

»Nö, wir fahren mit dem Kleinen zum Nachmittagskaffee zu Oma!«

Eine Familienkutsche ist eben kein Sportwagen. Obwohl die modernen Kindersitze heutzutage alle serienmäßig mit sportlichen Hosenträgergurten ausgestattet sind, ist ein cooler Kick-Start an der Ampel quasi unmöglich. Und wenn etwas quietscht, dann sind es auch nicht die Reifen, sondern Mama, die sich aus Versehen auf die Gummiente ihres Sohnes gesetzt hat. Aber ich habe eh immer zu den eher defensiven Fahrern gehört. Andere Autofahrer geben Gas, sobald die Ampel auf Grün springt. Ich vergewissere mich erst mal, ob die Ampel der anderen Verkehrsteilnehmer nicht vielleicht *noch* grüner ist als meine. Bei mir geht Sicherheit immer vor. Und seit ich Vater bin, fahre ich sogar noch vorsichtiger. Vor allem, wenn der Kleine mit an Bord ist. Man ist ja verantwortlich für das Kind, und außerdem will ich ein gutes Vorbild sein. Auf jeden Fall ein besseres als die junge Mutter, die letztens neben mir an der Ampel stand: Sie saß in ihrem Faradayschen Käfig und rauchte bei geschlossenen Fenstern eine filterlose Zigarette, während ihr Kleines im Kindersitz auf der Rückbank einen Hustenanfall bekam. So ähnlich wird damals auch Amy

Winehouse zum Kindergarten gebracht worden sein. Allerdings hatte da das *Kind* die Kippe im Mund.

Mein Sohn braucht sich jedenfalls keine Sorgen zu machen, dass ich ihn unnötig gefährde. Ich halte mich pedantisch an Geschwindigkeitsbeschränkungen, ich fahre nur noch stocknüchtern, ich telefoniere nicht mehr am Steuer, ich fluche nicht mehr, und ich halte mich an Überholverbote. Das Schöne daran: Ich spare so jede Menge Geld. Ein Beispiel: Wenn ich in Deutschland betrunken und telefonierend mit 50 km/h zu schnell über eine rote Ampel fahre, dann kostet mich das 1100 Euro – mehr als ein Kinderwagen! Und im Ausland kann es schnell noch kostspieliger werden.

GUT ZU WISSEN

Der große Bußgeld-Vergleich

Alkohol am Steuer:

Serbien	€	45
Malta	€	465
Deutschland	€	500
Estland	€	1150
Dänemark	1 Monatsverdienst	

Sonderfall Malta: Taxifahrer dürfen selbst dann noch fahren, wenn sie bis zu vier Malteser intus haben – drei hinten und einen auf dem Beifahrersitz.

50 km/h zu schnell:

Mazedonien	€	45
Türkei	€	60

Deutschland   €   240
Norwegen   € 1500
Österreich   € 2180

Sonderfall Türkei: Raser müssen zwar € 60 Strafe zahlen, bekommen aber gleichzeitig € 60 Belohnung – weil es so schwierig ist, in der Türkei *überhaupt* einen Straßenabschnitt ohne Schlaglöcher zu finden, auf dem man so schnell fahren kann!

Bei Rot über die Ampel fahren:

Bulgarien   €   30
Italien €   160 (nachts 30% mehr)
Deutschland   €   320
Ungarn   €   370
Finnland   10 Tagessätze

Sonderfall Italien: Der einzige Rotlichtverstoß, der nicht geahndet wird, ist, wenn Silvio Berlusconi den Puff verlässt, ohne zu bezahlen.

Handy am Steuer:

Schweden   kein Verbot
Deutschland   € 40
Griechenland € 100
Niederlande   € 180
Spanien   € 200

Sonderfall Schweden: Vorsicht! Auch hier kann das Telefonieren im Auto teuer werden – nämlich dann, wenn man stundenlang mit einer Telefonsexhotline telefoniert.

Ich habe das mal durchgerechnet. Wenn Sie als Verkehrs-Rowdy richtig Kohle verprassen wollen, dann ist das der teuerste Spaß:

Man fährt in England betrunken (€ 5820) und 50 km/h zu schnell (€ 2900), reist weiter nach Norwegen und fährt dort über Rot (€ 670), nachdem man ein Überholverbot missachtet hat (ebenfalls € 670). Dann geht es weiter nach Spanien, wo man sich am Steuer telefonierend erwischen lässt (€ 200) und dann auch noch sein Auto im Parkverbot abstellt (€ 200). Drei Länder, sechs Verkehrsverstöße, insgesamt 10 460 Euro. Eindeutig ein Spaß für Besserverdienende.

Es geht aber auch deutlich billiger: Für exakt dieselben Verkehrsverstöße zahlt man bei den Stationen Serbien, Zypern, Montenegro, Malta, Schweden und Bulgarien gerade einmal insgesamt 110 Euro, spart also sensationelle 10 350 Euro! Da sieht man wieder einmal: Es lohnt sich, die Preise zu vergleichen – nicht nur beim Lebensmittel-Discounter. Letztendlich muss aber jeder selbst entscheiden, ob er lieber in Lissabon einmal bei Rot über die Kreuzung fährt oder sich für diese Summe in Litauen zwölfmal mit dem Handy erwischen lässt. Es soll sogar Mitmenschen geben, die von dem Geld lieber ihren Partner schick zum Essen ausführen.

Zumal es in der Tat immer schwerer fällt, überhaupt Straßen zu finden, auf denen man das Tempolimit überschreiten kann. Wir haben zwar in Deutschland theoretisch kein generelles Tempolimit, aber praktisch haben wir Stau. Und zwar rund um die Uhr. Um zur Ruhe zu kommen, muss ich daher weder Yoga machen noch in den Wald gehen, ich fahre einfach aufs Kamener Kreuz. Da bewegt sich nichts mehr. Stillstand für die Seele. Das ist Meditation pur.

Für viele ist Stau nichts anderes als Polonaise ohne Musik. Für mich ist es mehr. Stau ist gelebte Gleichberechtigung. Ob Mann oder Frau, Polo oder Porsche, Hartz IV oder Benedikt XVI., hier wird niemand bevorzugt behandelt. Den vordersten Platz kann man sich nicht kaufen. Wer in einem Stau die Pole Position haben will, muss schon ohne Vorwarnung bei voller Fahrt auf die Bremse treten. Und das ist auch nicht schön.

Ich genieße jeden einzelnen Stau total intensiv. Endlich mal nichts entscheiden müssen! Man gibt die Verantwortung aus der Hand, ergibt sich willenlos seinem Schicksal und kann einfach die Seele baumeln lassen. Noch. Denn ich bin sicher, bald wird es vorbei sein mit der Ruhe. Dann wird irgendeine pfiffige Event-Agentur oder irgendein cleverer Privatsender versuchen, Reibach mit dem Stillstand zu machen. Stau als kommerzialisiertes Abenteuer für die ganze Familie. Sponsored by Viagra: »Wer länger steht, hat mehr vom Leben.«

Vorstellbar ist auch eine Live-Übertragung im Radio:

»Stau auf der A 4, Stau auf der A 4!«

»Wir hören gerade, auf der A 4 hat sich was getan, Werner?«

»Das kann man wohl sagen, liebe Autobahnfreunde. Lange hat es hier so ausgesehen, als würde der Verkehr den ganzen Nachmittag so dahinplätschern, und dann war es wieder mal ein Italiener, der das Ding hier umgebogen hat! Ein Fiat Panda und ein übermüdeter Brummi-Fahrer – mehr braucht es nicht für einen herrlichen Stau von gut fünf Kilometern Länge! Aber wie sieht es am Kreuz Breitscheid aus, Manni?«

»Tja, Werner. Ich bin ja schon lange dabei, aber so was hab *ich* noch nie gesehen! Ein Daihatsu Cuore zieht urplötzlich mit 80, 90 Sachen auf die linke Spur, und da eilt auch schon im Rückspiegel des kleinen Japaners pfeilschnell ein Porsche Cayenne heran. Der wiederum lässt sich nicht zweimal bitten und teilt sich mit dem verdutzten Kleinwagenfahrer einfach für ein paar hundert Meter seine wuchtigen 480 Pferdestärken, bevor er ...«

»Tod in Leverkusen! Tod in Leverkusen!«

»Rainer, in Leverkusen hat sich was getan?«

»Allerdings! Was für ein Hammer! Da kracht ein Motorradfahrer völlig unbedrängt mit gut 200 Sachen in die Leitplanke, die ihm natürlich ü-ber-haupt keine Chance lässt! Und dann wurde auch noch gezaubert: Wenige Sekunden später verkeilten sich sage und schreibe 24 Fahrzeuge ineinander! Rauch, Flammen, Blaulicht! Tolle Bilder! Für mich ein klarer Favorit für den Stau des Monats. Wird bei dir noch gestaut, Harry?«

»Nein, hier, am Autobahndreieck Heumar hat sich der Stau vor wenigen Sekunden aufgelöst! Zurück in die angeschlossenen Funkhäuser!«

Ich hatte übrigens nicht immer ein so entspanntes Verhältnis zum Phänomen Stau. Heute fahre ich ein modernes Auto, das allen Komfort- und Sicherheitsansprüchen genügt. Das macht es einfach. Aber damals, als ich noch in meinem 81er Escort unterwegs war, bekam ich es immer mit der Angst zu tun, sobald der Verkehr zum Stillstand kam:

Was, wenn der Motor ausgeht und nicht mehr anspringt? Wenn das Kühlwasser zu kochen beginnt?

Wenn ich das Radio anmache und höre, dass Ford alle 81er Escorts *sofort* und *dringend* in die Fachwerkstätten zurückruft, weil sich herausgestellt hat, dass sich a) die Türen bei stehendem Fahrzeug nicht mehr öffnen lassen und sich b) der Wagen in 30 Sekunden von selbst zerstört?

Natürlich ist nie etwas passiert, aber seitdem rufe ich alle zwei Tage den Hersteller meines jeweiligen Autos an und frage von mir aus, ob alles in Ordnung ist.

WIE GEIL IST DAS DENN?

Die kuriosesten Rückrufaktionen:

In den USA wurden 2010 insgesamt 27 nagelneue Fahrzeuge des Typs VW Beetle zurückgerufen, weil sie die aktuellen Crashtest-Anforderungen für Neuwagen nicht erfüllten. Die Kunden erhielten stattdessen ein älteres Modell, das zwar auch nicht sicherer war, aber noch *vor* der neuen Vorschrift die Fabrik verlassen hatte. Das macht Sinn: Wenn man sich schon totfährt, dann aber bitteschön ohne dass irgendwas dagegen spricht!

Alle Besitzer eines Jeep Cherokee, Baujahr 2002 und 2003, wurden gebeten, ihren Wagen in die Fachwerkstatt zu bringen, da aufgrund einer defekten Temperaturregelung die Sitzheizung extreme Hitze erzeugen konnte. Die betroffenen Kunden reagierten blitzschnell. Dass die Gefahr eines Fahrzeugbrands bestand, hätten die meisten Fahrer noch in Kauf genommen, aber dass ihr Wagen auf Knopfdruck zum Eierkocher werden und sie zeugungsunfähig machen konnte, war ihnen unheimlich.

Eine höchst kuriose Rückrufaktion startete Mazda im Jahre 2011: Der japanische Hersteller musste in den USA sein Mittelklasse-Modell Mazda 6 in großem Stil in die Werkstätten zurückbeordern. Es hatte sich herausgestellt, dass die bis dahin kaum beachtete Dornfingerspinne (oder auch »gelbe Sackspinne«) einen neuen Lieblingsplatz für ihren Netzbau ausgemacht hatte: Ausgerechnet die Tankentlüftung des Mazda wurde zur bevorzugten Wahlheimat unserer achtbeinigen Freunde. Die Folge waren verstopfte Ventile. Wie Mazda dieses Problem beheben konnte, entzieht sich meiner Kenntnis – vielleicht haben sie die Tiere hinter die Sonnenblenden umgesiedelt.

Am allerschlimmsten aber traf es den Hersteller der Luxusmarke Bentley: Die Nobel-Firma musste ihre Edelboliden Arnage, Azure und Brooklands zurückrufen. Aber nicht wegen so profaner Mängel wie poröser Bremsschläuche oder defekter Achsen. Nein, bei Bentley war das Problem viel, viel gravierender: Die Kühlerfigur rostete! Eine Katastrophe, die uns alle kalt erwischte. Wir Menschen haben das 3-D-Fernsehen erfunden, wir können zum Mond fliegen und Analog-Käse herstellen, wir dachten, wir haben alles im Griff – und dann *das*!

Der Rost war aber nicht nur ein optisches Problem (was fatal genug gewesen wäre): Es war auch nicht mehr gewährleistet, dass sich das Emblem bei einem Unfall automatisch in der Karosserie versenkte. Es bestand also akute Lebensgefahr – wenn auch nur für die Kühlerfigur.

Ein Mechanismus, um die Kühlerfigur abzusenken, gehört sicherlich zu den Extras, die in keinem Fahrzeug mit Kühlerfigur fehlen sollten. Mein 81er Escort hatte übrigens Dutzende Kühlerfiguren – wenn man die toten Motten vorne an den Scheinwerfern als solche bezeichnen möchte. Die wurden allerdings versengt, statt versenkt.

Manchmal steige ich berufsbedingt in Autos ein, die ich mir als Nachfahre sparsamer Schwaben niemals in die Garage stellen würde: große, schwere und vor allem teure Limousinen im Wert eines Einfamilienhauses. Dann sitze ich auf der ledergepolsterten Rückbank und staune über das Potpourri an Ausstattungs-Extras. In der Türverkleidung einer gut ausgestatteten S-Klasse gibt es nämlich mehr Knöpfe als an einem handelsüblichen Akkordeon: Bedienelemente für das TV in der Kopfstütze, die Sitzheizung, die Massage-Einheit, die Fensterheber, das elektrisch verstellbare Sonnenrollo und das Radio sowie jede Menge Schiebeschalter: Klima an/Klima aus, Licht an/Licht aus, Tür auf/Tür zu. Vermutlich gibt es sogar einen für Einatmen/Ausatmen. Meine Lieblingsfunktion aber ist der elektrisch in der Höhe, Tiefe und Neigung verstellbare

Rücksitz: So viel hin- und hergerutscht bin ich in einem Auto zuletzt 1977, als ich mal ganz dringend aufs Klo musste, die nächste Raststätte aber noch 35 Kilometer entfernt war.

Was die Ausstattung meines eigenen Autos betrifft, bin ich als Sohn eines Schwaben recht bescheiden. Ein CD-Player, ein Becherhalter, ein Duftbäumchen am Spiegel – viel mehr brauche ich nicht, um glücklich zu sein. Ich gebe zu, dass ich viele Ausstattungsmerkmale für wenig sinnvoll halte. Dem Autofahrer wird immer mehr abgenommen und immer weniger zugetraut, beinahe fürchtet man, dass der Fahrer bald überflüssig wird. Und ich fahre doch ganz gerne noch selbst. Immerhin bin ich im Vollbesitz einer gültigen Fahrerlaubnis und mehrerer für das selbständige Steuern eines Kraftfahrzeugs relevanter Sinne. Wozu also Navigationsgerät, Bremsassistent, Einparkhilfe, Reifendrucksensor, Stau-Warner, Spurassistent und automatischer Abstandhalter? Das Einzige, was der Autofahrer bei so einer Ausstattung noch selbst machen muss, ist dem Drängler im Rückspiegel den Stinkefinger zu zeigen.

GUT ZU WISSEN

Beleidigungen am Steuer können teuer werden: Der klassische Stinkefinger kostet zwischen € 600 und € 4000 Strafe, und auch Tiernamen wie »alte Sau« oder »blöder Esel« sind mit Strafen von bis zu € 2500 kein Schnäppchen. Zu den wenigen Menschen, die man ungestraft mit Tiernamen anreden darf, zählen die Politiker Hans-Jochen Vogel und Burkhard Hirsch sowie TV-Pfarrer Fliege und Promi-Wirt Michael Käfer.

Am kuriosesten finde ich den Regensensor: Wenn es regnet, geht automatisch der Scheibenwischer an. Hallo? Wofür? Es kann sicherlich hilfreich sein, wenn bei der Einfahrt in einen Tunnel das Abblendlicht automatisch angeht. Denn das kann man schon mal vergessen. Wenn ich allerdings nicht mehr mitbekomme, dass ich durch eine Gewitterfront fahre, dann sollte man mich sofort mit Gewalt aus dem Wagen zerren, mir für immer den Lappen wegnehmen und mich ins Heim rollen. Gern auch automatisch!

Sonderausstattungen sind nicht nur eine Frage des Geschmacks, sie sind auch eine Frage des Geldbeutels: Eine fabrikneue Reliefmatte für den Fußraum eines deutschen Kleinwagens für 26 Euro wird sich mancher noch leisten können. Und auch der iPod-Anschluss für 150 Euro im japanischen Mittelklassewagen gilt unter Freunden der Komfortausstattung als echtes Schnäppchen. Aber spätestens ab dem Panoramaglashubschiebedach für eine französische Limousine (900 Euro, dafür bekommt man aber auch ein Extra mit 26 Buchstaben) kommt der ein oder andere Sparfuchs ins Grübeln. Jenseits von Gut und Böse befindet sich die teuerste Sonderausstattung eines Serienfahrzeugs: Die Firma Maybach verlangt für die Ruhe-Version des vielfach verstellbaren Beifahrersitzes im Maybach 57 satte 29 750 Euro Aufpreis. So steht es im Katalog. Aber ich bin sicher, an dem Preis kann man noch was machen. Zum Beispiel kommt noch die Mehrwertsteuer drauf.

WIE GEIL IST DAS DENN?

Extras in Autos von Prominenten:

Ex-Nationalkicker Torsten Frings ließ sich in die Ledersitze seines Wiesmann Roadster MF 3 die römische Zahl XXII (22) sticken. Frings und eine seiner beiden Töchter haben an einem 22. Geburtstag. Außerdem spielte er damals bei Werder Bremen mit der Rückennummer 22.

Bei Lothar Matthäus stände dort logischerweise ein X, also die römische 10. Denn die 10 war seine Rückennummer. Außerdem unterschreibt Lothar mit »X« seine Eheverträge.

Hobby-Jäger Erich Honecker ließ 1985 vom Berliner Karosserie-Spezialisten Friedrich Rometsch einen lindgrünen Range Rover zum Jagdfahrzeug umrüsten. Der Preis: stolze 330 627 Mark 80. Dafür hätte er 30 Trabis bekommen. Theoretisch. Denn bei den üblichen 13 Jahren Wartezeit wären die Trabis erst 1998 ausgeliefert worden. Da war Erich schon vier Jahre tot.

Das Dach eines 600er Pullmann-Landaulets von Mercedes-Benz wiederum wurde um sieben Zentimeter erhöht, um ausreichende Kopffreiheit für Papst Paul VI. zu gewährleisten. Zu wenig – der Heilige Vater musste trotzdem während der Fahrt die Tiara abnehmen.

Altkanzler Helmut Kohl benötigte aufgrund seiner Körperfülle in seiner gepanzerten Mercedes-S-Klasse, Modellreihe W 140, einen extra für ihn verlängerten

Sicherheitsgurt. Dafür konnte er auf den Airbag verzichten, denn den hatte er ja bereits unterm Hemd.

Beatles-Sänger John Lennon gönnte sich 1965 einen Rolls-Royce Phantom V. Der Sänger ließ den über sechs Meter langen und knapp drei Tonnen schweren Wagen mit allerlei Extras ausstatten, wie etwa einem Kühlschrank, einer zum Doppelbett umklappbaren Rückbank und einem Radio-Telefon. Wer's nicht glaubt, kann ja anrufen. Lennons originale Autotelefon-Nummer lautet 939 273 343 466 76.

Für jeden, der sich kostspielige Extras nicht leisten kann oder will, gibt es eine günstige Alternative, seinem Auto einen individuellen Touch zu geben: Ich spreche vom Wunschkennzeichen. Für lächerliche 12 Euro 80 (10,20 Gebühren plus 2,60 für die Reservierung) kann jeder aus seinem Auto ein unverwechselbares Gefährt machen. Angeblich entscheiden sich 80 Prozent aller Deutschen für ein Wunschkennzeichen. Was für die Straßenverkehrsbehörde ein lukratives Geschäft sein dürfte: Allein 2010 wurden zum Beispiel 2,92 Millionen Fahrzeuge neu zugelassen. Bei 80 Prozent Quote macht das 2,336 Millionen Wunschkennzeichen, und die bringen immerhin 29,9 Millionen Euro. Mehr Geld schafft auch die fleißigste Politesse Kölns nicht ran.

Besonders oft werden bei Wunschkennzeichen die eigenen Initialen gewählt. Dabei muss man allerdings aufpassen, in welchem Verwaltungsbezirk das Fahrzeug zugelassen wird. Heißt der Fahrer zum Beispiel Michael Müller und wohnt in Duisburg, steht auf seinem Autokennzeichen demnach wenig schmeichelhaft: »DU-MM«. Nicht viel besser hätten es Tanja Zimmermann aus Koblenz (»KO-TZ«) und Anna Uhrmeister aus Stuttgart (»S-AU«) getroffen. Selbst Prominente müssen höllisch aufpassen. So darf Ottfried Fischer nie nach Dortmund ziehen (»DO-OF«), Calvin Klein sollte nicht mal mit dem Gedanken spielen, sein Domizil in Karlsruhe aufzuschlagen (»KA-CK«), und Paul Panzer ist in der Kölner Südstadt garantiert besser aufgehoben als in Dessau (»DE-PP«).

Auch sehr beliebt auf Wunschkennzeichen sind die eigenen Geburtsdaten, gerade bei Frauen. Denn Wunschkennzeichen bieten die einmalige Gelegenheit, sich auf einem offiziellen Dokument jünger zu machen, als man ist – und es ist noch nicht einmal Urkundenfälschung!

WIE GEIL IST DAS DENN?

Auf dem berühmten Cover des Beatles-Albums *Abbey Road* von 1969 (auf dem die vier Beatles über den Zebrastreifen gehen) ist ein VW Käfer zu sehen, dessen Nummernschild eine wichtige Rolle in einer Verschwörungstheorie namens »Paul is dead« spielt. Die Anhänger dieser Theorie gehen davon aus, dass Paul McCartney zum Zeitpunkt der Veröffentlichung nicht mehr unter den Lebenden weilte. Das *Abbey Road*-Cover soll versteckte Hinweise auf diesen Umstand geben, einer davon: Paul ist der Einzige mit nackten Füßen. So wird das Käfer-Nummernschild »LMW 28 IF« folgendermaßen entziffert: »LMW« steht für »Linda McCartney Weeps« (»Linda McCartney weint«) oder »Linda McCartney Widow« (»Linda McCartney: Witwe«). Und »28 IF« bedeutet, dass McCartney 28 Jahre alt wäre, falls (»if«)

er noch leben würde. Die Theorie ist hübsch, hat allerdings drei Haken:

Haken 1: Damals bestand in Großbritannien die Zeichenkombination auf Nummernschildern üblicherweise aus drei Buchstaben, drei Zahlen und einem weiteren abschließenden Buchstaben. Richtig gelesen lautet die Beschriftung des Nummernschilds also nicht »LMW 28 IF«, sondern »LMW 281 F«.

Haken 2: Paul McCartney wurde am 18. Juni 1942 geboren. Er war zum Zeitpunkt der Platten-Veröffentlichung (26. September 1969) also nicht 28, sondern erst 27 Jahre alt.

Haken 3: Paul McCartney trat viele Jahre nach *Abbey Road*, nämlich 1987, 1993, 1999 und 2001, bei *Wetten dass …?* auf. Und da wirkte er quicklebendig – nicht nur für ZDF-Verhältnisse.

Als Carl Benz 1886 seinen ersten Patent-Wagen zum Laufen brachte, dachte er sicher im Traum nicht daran, dass über 100 Jahre später allein in Deutschland 42 Millionen Autos unterwegs sein würden. Was die Zahl weltweit betrifft, variieren die Schätzungen zwischen 600 und 900 Millionen Fahrzeugen. Egal, wie viele es wirklich sind, es werden täglich mehr. Allein 2010 wurden in den USA 5,6 Millionen Neuzulassungen gezählt, Japan brachte 4,2 Millionen Neuwagen auf seine Straßen, und in Russland freuten sich immerhin 1,9 Millionen Menschen über ein neues Auto. Den Vogel aber schoss China ab: Unglaubliche 13 757 794 Zulassungen zählte das Land der Mitte 2010. Wo sollen die nur alle parken? In der Mongolei?

Obwohl die Gesamtzahl der Neuwagen immer weiter ansteigt, scheint die Menschheit an vielen Altfahrzeugen sehr zu hängen – umso mehr, wenn sie historische Bedeutung haben: So kann man im Henry-Ford-Museum in Dearborn bei Detroit den dunkelblauen 1961er Lincoln Continental X-100 bewundern, in dem John F. Kennedy 1963 erschossen wurde. Der ehemalige Golf von Joseph Ratzinger alias Papst Benedikt XVI. wurde 2005 für fast 190 000 Euro versteigert und fand eine neue Heimat im amerikanischen Casino Golden Palace. Und Michael Schumachers erster Weltmeister-Bolide von 1994 ist ebenfalls nicht der Abwrackprämie zum Opfer gefallen: 2010 wurde der Benetton Ford B 194-8 für schlappe 1,5 Millionen Euro zum Kauf angeboten.

Andere legendäre Fahrzeuge sind hingegen für immer verschwunden: Ich denke zum Beispiel an den originalen Benz-Patent-Wagen Nummer 1 von 1886. Natürlich an den Porsche 550 Spyder, in dem James Dean 1955 tödlich verunglückte. Und nicht zuletzt an meinen schönen silberfarbenen 81er Ford Escort.

Möge er in Frieden ruhen.

Von griechischem Wein
und ein bisschen Frieden

Wie heißt die Hauptstadt von Aserbaidschan? Richtig: Baku. Das weiß schließlich jedes Kind. Es gibt drei Gründe, warum Sie diese höchst diffizile geographische Frage wie aus der Pistole geschossen beantworten können.

Grund 1: Sie waren in der Schule ein echter Erdkunde-Crack und hatten deswegen jede Menge Zeit. Während die Schulkameraden auf der Deutschlandkarte noch verzweifelt die Rhön, die Elbe und Juist zu orten versuchten, merkten Sie sich bereits, dass der Roe River in Montana mit nur 61 Metern Länge der kürzeste Fluss der Welt ist, dass Köln-Porz 18 Quadratkilometer größer ist als San Marino – und auch die Hauptstadt von Aserbaidschan hatten Sie natürlich längst im Blick.

Grund 2: Ihr Geografielehrer besaß einen vorderasiatischen Migrationshintergrund. Da er dort noch Verwandtschaft hatte, widmete er dem Land besondere Aufmerksamkeit. Sie und Ihre Klassenkameraden wussten daher zwar alles über Aserbaidschan, hielten aber im Gegenzug Helgoland lange Zeit für einen Freizeitpark. Sie waren auch felsenfest davon überzeugt, dass Kykladen dank gründlicher Körperhygiene gar nicht erst entstehen und der Offenbach direkt in die Münster fließt.

Grund 3: Sie haben 2011 den Eurovision Song Contest (ESC) verfolgt, um den haushohen Sieg unserer Volksheldin Lena Meyer-Landrut mitzuerleben, dann aber geschockt dabei zusehen müssen, wie das Ihnen vollkommen unbekannte aserbaidschanische Duo Ell & Nikki mit *Running scared* Platz 1 holte. Sie mussten sich zerknirscht eingestehen, dass der ESC 2012 nicht erneut in Düsseldorf ausgetragen wird, sondern in – genau: Baku.

Zugegeben: Bevor der Eurovision Song Contest Baku ins Zentrum der europäischen Musikwelt rückte, wusste ich nichts über diese hübsche Stadt am Kaspischen Meer, deren Altstadt im Jahr 2000 zum UNESCO-Weltkulturerbe ernannt wurde. Dabei besitzt sie gegenüber anderen, wesentlich bekannteren europäischen Hauptstädten eine Menge Vorteile: Baku hat zum Beispiel mehr Einwohner als die sogenannte »Goldene Stadt« Prag (nämlich über zwei Millionen), sie hat mehr Buchstaben als »die Ewige Stadt« Rom (nämlich vier), und sie hat mehr befreundete Städte als »die Stadt mit den zehn Partnerstädten« Brüssel (nämlich elf).

GUT ZU WISSEN

Die befreundeten Städte von Baku:

Basra (Irak)
Bordeaux (Frankreich)
Dakar (Senegal)
Houston (USA)
Istanbul (Türkei)
Izmir (Türkei)
Neapel (Italien)
Sarajevo (Bosnien und Herzegowina)
Vũng Tàu (Vietnam)
Täbris (Iran)
Mainz (ZDF)

Mainz und Baku sind also Städte-Freunde. Jetzt fragt man sich natürlich völlig zu Recht: Wie passen ausgerechnet diese beiden Städte zusammen? Auf der einen Seite dieser fremd anmutende, weit abgelegene Ort, dessen Bewohner seltsame Rituale pflegen und in einer für Außenstehende völlig unverständlichen Sprache kommunizieren – und auf der anderen Seite Baku? Dies kann ich leider nicht erklären, schließlich gibt es nicht auf alles eine Antwort. Genauso ist es mir ein Rätsel, warum Berti Vogts ausgerechnet Nationaltrainer von Aserbaidschan geworden ist. Gut, der Mann kommt aus Korschenbroich bei Mönchengladbach, er ist es also gewohnt, dass ihn niemand besuchen kommt. Trotzdem finde ich es erstaunlich, dass sich der ehemalige Bundes-Berti im Jahre 2008 gemeinsam mit seinen Co-Trainern Olaf Janssen und Torwart-Coach Uli Stein auf den weiten Weg in den Kaukasus gemacht hat, um in einem Land, dessen Hauptsportarten bis dahin Gewichtheben, Schach und Ringen waren, den Fußballsport aufzupeppen. Von Mönchengladbach nach Baku sind es immerhin 5624 Kilometer. Und so kommt man hin: Von der Fliethstraße in Gladbachs Zentrum fährt man nach Westen Richtung Berliner Platz, dann auf die Speicker Straße. Nach 650 Metern links abbiegen auf die Aachener Straße – und ab da müsste Baku eigentlich schon ausgeschildert sein.

Sehr bald schon feierte Berti Vogts dort große Erfolge mit der Nationalmannschaft von Aserbaidschan. Bereits im zweiten Spiel unter seiner Leitung gelang der erste Sieg gegen den Angstgegner und FIFA-Weltranglisten-184. Andorra (2:1). Seitdem schmettert der »Terrier« die aserbaidschanische Nationalhymne (die übrigens *Azərbaycan Marşı* heißt, und nicht etwa *Baku, Baku, Kuchen*) noch lauter als bisher. Damit steht Berti Vogts in einer langen Tradition von erfolgreichen deutschen Trainern im Ausland.

WIE GEIL IST DAS DENN?

Der deutsche Trainer Rudi Gutendorf steht als Trainer mit den meisten Auslands-Engagements im Guinness-Buch der Rekorde. Er trainierte zwischen 1972 und 2003 unter anderem die Nationalmannschaften folgender Länder:

Australien
Bolivien
Trinidad und Tobago
China
Fidschi
Tonga
Tansania
Nepal
Ruanda
Chile
Venezuela
Grenada
Antigua
Botswana
Iran (Olympia-Team)
Neu-Kaledonien
Ghana
Simbabwe
Mauritius
Samoa

Außerdem war er, um der exotischen Liste die Krone aufzusetzen, Sportdirektor bei der TuS Koblenz.

Und schon wieder rede ich über Fußball, obwohl das Thema dieses Kapitels doch eigentlich der Eurovision Song Contest ist. Aber ich kann nichts dafür. Warum mussten sich die Veranstalter als Austragungsort für das 56. ESC-Finale 2011 auch unbedingt ein Fußballstadion aussuchen? Ich war live dabei, um das zu erleben, und es war gigantisch! Sofort habe ich mich wie zu Hause gefühlt, denn dort, wo sonst immer schon … Entschuldigung, wir reden ja von Düsseldorf. Also noch mal: Dort, wo sonst immer wieder Bundesliga-Fußball gespielt wird, liegt automatisch Spannung in der Luft.

Natürlich kenne ich mich mit Fußball viel besser aus als mit der Welt von Nicole, der Gruppe Wind und Mary Roos: Ich weiß zum Beispiel, wie oft Lothar Matthäus von seinen Partnerinnen ausgewechselt wurde (nämlich öfter als in seiner gesamten Karriere auf dem Fußballplatz), habe aber keine Ahnung, ob Katja Ebstein (immerhin dreifache Teilnehmerin des Schlager-Grand-Prix) überhaupt verheiratet ist. Aber ich habe festgestellt, dass Fußball und ESC bei allen Unterschieden auch einiges gemeinsam haben:

Bei beiden Veranstaltungen schauen viele Millionen Zuschauer zu.

Es nehmen die unterschiedlichsten Nationen teil.

Es wird viel, aber nicht immer schön, gesungen.

Am Ende hat der gewonnen, der die meisten Punkte hat.

Die Fußball-Welt könnte natürlich zusätzlich vom ESC das ein oder andere übernehmen, zum Beispiel das Länder-Voting. Es wäre nämlich auch in der Bundesliga eine feine Sache, wenn es am Ende der Saison hieße: »Here are the results of the Italian jury: Arminia Bielefeld – one point …!« Auch die UEFA Champions League würde spannender, wenn nicht immer nur Teams aus Spanien, Italien oder England gewinnen würden, sondern auch mal die anderen, so wie es der ESC vormacht: Das Land mit den meisten ESC-Titeln, nämlich sieben, ist Irland (im internationalen Fußball sowohl auf Vereins- wie auch auf Nationalmannschaftsebene ohne einen einzigen Titel). Auf dem zweiten Platz liegt dann schon Luxemburg mit immerhin fünf Siegen. Fünf Siege, oder wie luxemburgische Fußball-Fans sagen würden: Fantasy! Das Nationalteam Luxemburgs ist halt nicht sehr erfolgsverwöhnt. Zwischen 1980 und 1985 schafften die Kicker sogar 35 Niederlagen in Folge. Das ist nicht einmal Berti Vogts gelungen.

DAS GEHT JA GAR NICHT!

Norwegen belegte häufiger als jedes andere Land den letzten Platz beim Eurovision Song Contest. Zehnmal hielten seine Vertreter am Ende der Abstimmung die rote Laterne in der Hand: 1963, 1969, 1974, 1976, 1978, 1981, 1990, 1997, 2001 und 2004.

Dafür belegte Norwegen von 2001 bis 2009 in der Jahreswertung des HDI (Human Development Index) siebenmal Platz 1, wenn es um den weltweit höchsten Lebensstandard ging. Das beweist: Man kann es sich richtig gut gehen lassen, obwohl die nationale Schlagerwelt am Boden liegt. Das macht mir als Deutschem Mut für die kommenden Jahrzehnte.

Der ESC ist offensichtlich in der Lage, auch kleinen Nationen wie Luxemburg oder Irland Erfolgserlebnisse zu verschaffen. Warum auch nicht? Lieber einen europäischen Schlagerwettbewerb gewinnen als einen europäischen

Schläger-Wettbewerb, wie er wohl bei der Fußball-Europameisterschaft 2012 in Polen und der Ukraine ausgetragen wird. Ich habe einen TV-Bericht über die Hooligan-Szene dieser beiden sympathischen Länder gesehen und dabei die Hände über dem Kopf zusammengeschlagen. Wer einmal beobachten musste, wie sich angebliche Fußball-Fans der beiden Gastgeberländer mit einem IQ deutlich unter Zimmertemperatur gegenseitig die hohlen Rüben einschlagen, der macht es wie ich und schaut sich statt der EM lieber »Rosamunde Pilcher«-Filme an – oder den nächsten ESC.

Was ist nun aber mit Baku, dem Austragungsort des Eurovision-Song-Contest-Finales 2012? Deutsche Fans mussten dafür, wie damals Berti Vogts, die 5624 Kilometer lange Anreise in Kauf nehmen. Tja, hätte sich Lena mal ein bisschen mehr Mühe gegeben, dann hätten wir auch 2012 wieder schön im Interregio nach Düsseldorf gondeln können. So aber mussten wir ins nicht mehr so ganz europäische Ausland ausweichen. Schade, denn auch wenn wir die Bewerbung für die Olympischen Winterspiele verpatzt haben, die Organisation der Schlager-Olympiade klappte 2011 ganz hervorragend. Allein die Düsseldorfer Videoleinwand hätte vom Stromverbrauch her vermutlich einen großen Teil Aserbaidschans in kollektive Dunkelheit gestürzt – wenn die in Baku *überhaupt* Strom haben. Gut, darüber zerbrach ich mir als Kölner natürlich auch mit Blick auf Düsseldorf den Kopf. Mittlerweile weiß ich: Düsseldorf *hat* Strom!

GUT ZU WISSEN

Länder, die erst einmal den Grand Prix Eurovision de la Chanson/ESC gewonnen haben:

Österreich (1966)
Monaco (1971)
Belgien (1986)
Jugoslawien (1989)
Estland (2001)
Lettland (2002)
Türkei (2003)
Ukraine (2004)
Griechenland (2005)

Finnland (2006)
Serbien (2007)
Russland (2008)
Aserbaidschan (2011)
Seit 2000 hat fast jedes Jahr ein Neuling gewonnen. Wenn das so weitergeht, heißt spätestens 2050 der Sieger Vatikanstadt.

Ich hätte es vorher nicht für möglich gehalten, aber seit Düsseldorf 2011 bin ich komplett ESC-infiziert. Ich bin mir noch nicht einmal sicher, welche Veranstaltung ich aktuell bevorzugen würde: ein Champions-League-Finale, bei dem mein Verein, der VfB Stuttgart, mitspielt, oder eine Tombola-Veranstaltung im Bürgerzentrum Köln-Porz, bei der Kalomira auftritt, jene griechische Sängerin, die 2008 mit *Secret Combination* beim ESC-Finale von Belgrad einen hervorragenden dritten Platz belegte. Natürlich musste ich das mit Kalomira nicht nachschlagen. Denn seit Düsseldorf betreibe ich intensiv das Studium der »Eurovision Song Contestistik« und habe solche Details selbstredend im Kopf. Auch Selbstverständlichkeiten, die die meisten meiner Leser natürlich schon lange wissen: zum Beispiel, dass der ESC bis 1992 gar nicht ESC hieß, sondern GPDEDLC, oder wie Menschen mit mehr Tagesfreizeit sagen würden: »Grand Prix Eurovision de la Chanson«. Ein großartiger Name, der in meinen Ohren nach amour, Côte d'Azur und weiter Welt klingt. Bei uns zu Hause nannte man den Wettbewerb damals etwas prosaischer »Siegel-Festspiele«.

GUT ZU WISSEN

Der deutsche Musikproduzent Ralph Siegel nahm insgesamt zwanzigmal am Grand Prix Eurovision de la Chanson beziehungsweise Eurovision Song Contest teil:

1974: *Bye, Bye I Love You*, gesungen von Ireen Sheer (Luxemburg) (4. Platz)

1976: *Sing Sang Song*, gesungen von The Les Humphries Singers (Deutschland) (15. Platz)

1979: *Dschinghis Khan*, gesungen von Dschinghis Khan (Deutschland) (4. Platz)

1980: *Papa Pingouin*, gesungen von Sophie & Magaly (Luxemburg) (9. Platz)

1980: *Theater*, gesungen von Katja Ebstein (Deutschland) (2. Platz)

1981: *Johnny Blue*, gesungen von Lena Valaitis (Deutschland) (2. Platz)

1982: *Ein bißchen Frieden*, gesungen von Nicole (Deutschland) (1. Platz)

1985: *Children, Kinder, Enfants*, von Margo, Ireen Sheer, Chris Roberts, Macolm Roberts, Franck Oliver und Diane Solomon (Luxemburg) (13. Platz)

1987: *Laß die Sonne in dein Herz*, gesungen von Wind (Deutschland) (2. Platz)

1988: *Lied für einen Freund*, gesungen von Maxi & Chris Garde (Deutschland) (14. Platz)

1990: *Frei zu leben*, gesungen von Chris Kempers & Daniel Kovac (Deutschland) (9. Platz)

1992: *Träume sind für alle da*, gesungen von Wind (Deutschland) (16. Platz)

1994: *Wir geben 'ne Party*, gesungen von Mekado (Deutschland) (3. Platz)
1997: *Zeit*, gesungen von Bianca Shomburg (Deutschland) (18. Platz)
1999: *Reise nach Jerusalem*, gesungen von Sürpriz (Deutschland) (3. Platz)
2002: *I Can't Live Without Music*, gesungen von Corinna May (Deutschland) (21. Platz)
2003: *Let's Get Happy*, gesungen von Lou (Deutschland) (12. Platz)
2004: *On Again … Off Again*, gesungen von Julie & Ludwig (Malta) (12. Platz) (als Produzent, nicht als Komponist)
2006: *If We All Give a Little*, gesungen von six4one (Schweiz) (17. Platz)
2009: *Just Get Out of My Life*, gesungen von Andrea Demirović (Montenegro) (11. Platz im 1. Halbfinale)

Ein erster Platz in 35 Jahren für Ralph Siegel – immerhin einer mehr als Bayer 04 Leverkusen bisher errungen hat!

Nicht jeder Fan kann es sich leisten, die weite Reise zum jeweiligen ESC-Finale zu bezahlen. Aber es gibt ja auch sehr günstige Möglichkeiten, dorthin zu gelangen: laufen, trampen oder als Künstler teilnehmen. Letztere Möglichkeit ist sicherlich die attraktivste, aber um das zu schaffen, muss man gewisse Voraussetzungen erfüllen (zusätzlich zur Gnade Stefan Raabs):

GUT ZU WISSEN:

Voraussetzungen für eine Teilnahme am Eurovision Song Contest:

Mindestalter: 16 Jahre.

Das heißt: Die aktuelle Freundin von Lothar Matthäus muss laufen oder trampen.

Es dürfen nicht mehr als sechs Personen auf der Bühne stehen.

Prima, dann wird es so schnell kein Comeback der Kelly Family geben.

Das Lied muss live gesungen werden und darf keine politischen Botschaften enthalten.

Gut so. Das erspart uns ein Revival von Milli Vanilli mit »Die Internationale«.

Es dürfen keine Tiere beim Auftritt mitwirken.

Wir können froh sein, dass Guildo Horn 1998 in Birmingham überhaupt an den Start gehen durfte. Sowohl seine Frisur als auch der Text (»... piep piep piep ...«) hätten bei genauerer Betrachtung als Hund oder Vogel gewertet werden können.

Jeder Interpret darf in einem Jahr nur für ein Land antreten.

Das klingt vernünftig. Lukas Podolski spielt beim Länderspiel Deutschland gegen Polen ja auch nicht in der ersten Hälfte mit dem Bundesadler auf der Brust und in der zweiten Hälfte für sein Geburtsland Polen.

Bei den Liedern muss es sich um Original-Kompositionen handeln.

Neue, unbekannte Melodien sind also gefordert. Da frage ich mich, wie es Dieter Bohlen bei diesen Voraussetzungen geschafft hat, 1998 als Komponist mit gleich zwei Songs (Deutschland und Österreich) durchzukommen.

Ich bin mit dem Flugzeug zum ESC-Finale 2012 gereist. Die Kosten hielten sich in Grenzen. Zum einen hatte ich unmittelbar, nachdem Aserbaidschan als Ausrichter feststand, völlig begeistert und direkt aus der Düsseldorfer Arena meine Flüge mit Frühbucherrabatt gebucht. Zum anderen hat mir Berti Vogts sein Gästebettchen zur Verfügung gestellt. Ich musste also nicht im Hotel schlafen. Dafür aber mit angezogenen Knien.

Nach zwei persönlichen Finalteilnahmen in Folge (wenn auch nur als Zuschauer) bin ich mittlerweile davon überzeugt, dass der Eurovision Song Contest eine Riesensache von historischer Tragweite ist. Ab sofort ist es für mich selbstverständlich, sämtliche Strapazen in Kauf zu nehmen – Hauptsache, ich bin live dabei! Für alle, die sich noch nicht so ganz sicher sind, ob auch sie die beschwerliche Reise antreten sollen, habe ich als Überzeugungshilfe die skurrilsten Fakten (und somit unverzichtbares Partywissen) aus der Welt des ESC zusammengestellt, die es Ihnen erlauben, sofort mit einer unbekannten gutaussehenden Person anderen Geschlechts ins Gespräch zu kommen:

Schon die Premiere des Grand Prix Eurovision de la Chanson, 1956 in Lugano, war etwas Besonderes. Denn die Schweizerin Lys Assia war unendlich glücklich über das Endergebnis, obwohl sie mit ihrem Lied *Das alte Karussell* nur Platz 10 (von 14) belegt hatte. Sie war nämlich bei dem Wettbewerb gleich zweimal vertreten – und gewann mit ihrem anderen Beitrag *Refrain*. Kurios. Das wäre so, als würde Formel-1-Star Sebastian Vettel zwei Autos gleichzeitig fahren und sich beim Boxenstopp selbst überholen.

Im Jahr darauf war Deutschland erstmals Austragungsort des Grand Prix Eurovision de la Chanson. In Frankfurt am Main erlebten die Fans den kürzesten Beitrag der Geschichte dieses Wettbewerbs: Die Britin Patricia Bredin brauchte für ihren Song *All* gerade einmal 112 Sekunden. Immerhin länger, als Boris Becker für die Zeugung der kleinen Anna Ermakova benötigte.

In London landete der Holländer Rudolf Wijbrand Kesselaar 1960 mit dem Song *Wat een Geluk* (*Welch ein Glück*) auf dem vorletzten Platz. Wat een Geluk, dass der 25-jährige trotzdem weiterhin an sein Showtalent glaubte. So wurde er einer der erfolgreichsten TV-Entertainer Deutschlands, allerdings unter dem Namen Rudi Carrell.

1963 war London erneut Ausrichter des Grand Prix, diesmal mit einer besonderen Premiere: Die Griechin Nana Mouskouri startete für Luxemburg und trat als erste Frau in der Geschichte des Wettbewerbs mit Brille auf. Sie belegte zwar nur den achten Platz, machte dann aber eine große Karriere. Was viele nicht wissen: Nana Mouskouri ist mit über 250 Millionen verkauften Tonträgern die zweiterfolgreichste Sängerin aller Zeiten! Nur Madonna hat mehr Platten verkauft. Ob Madonna das allerdings geschafft hätte, wenn sie auch so ein überdimensioniertes Kassengestell auf der Nase gehabt hätte wie ihre griechische Kollegin, wage ich zu bezweifeln.

Im Jahre 1965 fand der Wettbewerb in Neapel statt. Gastgeberland Italien bekam von den siebzehn anderen Teilnehmern kein einziges Mal die höchste Punktzahl. Zehn Länder verteilten sogar überhaupt keine Punkte an Italien, was die zehn versenkten Juroren im Hafen von Neapel eindrucksvoll belegen. Es gewann die Französin France Gall, die für Luxemburg antrat, mit dem Song *Poupée de cire, poupée de son*, was Französisch ist und auf Japanisch so viel heißt wie: 夢みるシャンソン人形.

Aber der Grand Prix von Neapel wird noch aus einem anderen Grund in den Geschichtsbüchern erwähnt: Es war das erste Mal, dass der Wettbewerb in der Sowjetunion ausgestrahlt wurde. Wahrscheinlich gefiel dem damaligen Parteiführer Leonid Breschnjew der finnische Beitrag am

besten. Der Titel *Aurinko laskee länteen* bedeutet nämlich übersetzt: »Im Westen geht die Sonne unter.« Das freut den Russen natürlich: Ein Kapitalist singt ein Lied, in dem die Wörter »Westen« und »Untergang« vorkommen.

Vier Jahre später kam es in Madrid zu einer weiteren Premiere: 1969 gab es sage und schreibe vier (!) Sieger – gut, ABBA waren auch vier Sieger, aber sie sangen immerhin *zusammen.* 1969 hingegen erhielten gleich vier verschiedene Beiträge die höchste Punktzahl: die spanische Sängerin Salomé mit *Vivo cantando,* die für Großbritannien und Nordirland angetretene Schottin Lulu mit *Boom Bang-a-Bang,* die Holländerin Lenny Kuhr mit *De troubadour* und Frankreichs Kandidatin Frida Boccara mit *Un jour, un enfant.* Vier Songs mit 18 Punkten: Da es für diesen unwahrscheinlichen Fall des finalen Gleichstands kein Reglement gab, gewannen halt alle. Warum auch nicht? Das war garantiert gerechter, als die vier Damen zum Elfmeterschießen zu bitten (vor allem für Lulu, die als Vertreterin Englands beim Elfmeterschießen traditionell versagt hätte).

Wir sehen also: Der europäische Sängerwettstreit wartet fast jedes Jahr mit besonderen Geschichten und unglaublichen Vorfällen auf.

WIE GEIL IST DAS DENN?/ DAS GEHT JA GAR NICHT!

Weitere besondere Ereignisse in der Geschichte des ESC:

1973 durften die Zuschauer beim Klatschen nicht aufstehen, weil sonst die Gefahr bestanden hätte, dass sie für Terroristen gehalten und erschossen worden wären.

1982 gewann ein deutscher Teenager ohne Nachnamen, dafür aber mit dem Vornamen »Nicole« und einer weißen Riesengitarre, den Wettbewerb und stürmte mit der englischen Version ihres Siegertitels, *A Little Peace*, sogar auf Platz 1 der englischen Charts.

1986 schummelte eine Sängerin, indem sie sich heimlich älter machte (statt, wie sonst bei Schlagersängerinnen üblich, jünger). Der Grund: Mit ihren 13 Jahren wäre die isländische Sängerin Sandra Kim überhaupt nicht teilnahmeberechtigt gewesen.

114

1995 war ganz Deutschland in den Inselstaat Malta verliebt. Denn Malta hatte dem deutschen Beitrag *Verliebt in dich* des Duos Stone + Stone mehr Punkte gegeben als alle anderen Nationen – nämlich einen.

1998 zeigte Guildo Horn mit seinem Song *Guildo hat euch lieb*, dass Deutschland über sich selbst lachen kann, wobei ich sagen muss, dass mein älterer Bruder mit seinen Kumpels schon 1982 über Nicole lachen musste.

Und 2000 bewies Stefan Raab mit *Watte hadde dudde da* und Platz 5, dass auch nachdenklichere Texte als *Ein bißchen Frieden* echte Chancen haben.

2007 traten insgesamt 42 (!) Nationen beim Eurovision Song Contest an. Ja, liebe Leser: So viele Länder gibt es in Europa. Und da sind Phantasialand, Legoland und Lala-Land noch nicht mitgerechnet.

So, mehr Werbung kann ich für den Eurovision Song Contest beim besten Willen nicht machen. Wer jetzt immer noch kein Hotel gebucht hat, der ist selber schuld!

Reisende soll man nicht aufhalten

Jahrelang wurde ich komisch angeguckt, wenn ich durch Kölns Straßen fuhr. Und das nur, weil an meinem Auto dauerhaft ein Deutschlandfähnchen wehte, weil ich von Januar bis Dezember dauerhupte wie ein Verrückter und weil ich dabei »So ein Tag, so wunderschön wie heute« sang. Als Einziger. Dabei hätten alle mitmachen können. Schließlich waren wir Weltmeister. Wenn schon nicht im Fußballspielen, dann doch wenigstens im Reisen. Und für mich ist das Reise-Championat fast noch wichtiger als die Kicker-Titel von 1954, 1974 und 1990. Denn anders als beim Fußball habe ich persönlich dazu beigetragen, dass Deutschland Reiseweltmeister geworden ist – mit meinen Urlauben: »Cantz müsste reisen, Cantz reist, und … aus! Aus! Aus! Aus! Aus! Aus! Der Urlaub ist aus! Deutschland ist Reiseweltmeister!«

Gewesen. Denn 2011 wurden wir nach Jahrzehnten der Vorherrschaft abgelöst. Ausgerechnet von China. Die Chinesen haben nämlich endlich genug Geld und Zeit, um sich den Rest der Welt anzuschauen. Und das bedeutet: Den Weltmeister-Titel sind wir Deutschen auf Dauer los. Denn 1,4 Milliarden reiselustige Asiaten machen definitiv mehr Kilometer als wir 82 Millionen Teutonen.

GUT ZU WISSEN

Noch 2010 waren die Deutschen mit 72,6 Millionen Auslandsreisen im Jahr das expeditionsfreudigste Volk der Welt. Auf noch mehr Auslandsreisen kam nur der Vatikan zu Zeiten von Johannes Paul II.

Auch wenn wir nur noch Vizemeister sind: Wir Deutschen lieben es nach wie vor, unterwegs zu sein. 40 Millionen Deutsche machen jedes Jahr mindestens eine längere Urlaubsreise; hinzu kommen 31 Millionen Landsmänner und -frauen, die Kurzreisen unternehmen. Wir geben allein für Auslandsreisen pro Jahr 51 Milliarden Euro aus – da ist der jährliche Betriebsausflug der Versicherung in den Puff von Budapest allerdings schon mitgerechnet.

Noch ein wenig mehr Statistik gefällig? Bitte schön: Der Durchschnittsdeutsche fährt besonders gern nach Bayern (liebstes Ziel in Deutschland), Italien (Nummer 1 der europäischen Urlaubsländer) oder in die USA (begehrteste Übersee-Destination), übernachtet im Ausland bevorzugt in Hotels oder in Deutschland in Ferienwohnungen und legt pro Reise durchschnittlich etwas über 2000 Euro (in Deutschland 1229 €, in Europa 1801 €, bei Fernreisen 3015 €) auf den Tisch. Das klingt immer noch beeindruckend, wie ich finde. Und bevor die Chinesen nicht ebenso selbstbewusst und unbedarft mit Bierbauch, Tennissocken, Sandalen und Gürteltasche durchs Ausland stapfen wie wir Deutschen, sind wir – zumindest für mich – immer noch die Reiseweltmeister der Herzen!

Aber im bunten Mosaik der weltumspannenden Reiselust ist selbst eine Nation von Fernweh-Freunden nur ein Steinchen unter vielen. Überall auf dem Planeten sind die Menschen unterwegs. Jedes Jahr werden weltweit fast 10 Milliarden Reisen unternommen. Und das Schönste: Ein Großteil dieser Reisen kann heutzutage vollkommen individuell gestaltet werden. Das war vor ein paar tausend Jahren noch anders. Damals ging es nicht darum, ob *er* lieber in die Berge oder *sie* lieber ans Meer wollte, sondern darum, wohin die Feuerwalze, die Flutwelle oder der Lavastrom einen trieb. Das Zeichen zum Aufbruch gaben Wassermangel und Naturkatastrophen – und nicht Freizeitvorlieben und Ferienzeiten. Wenn der Vulkan ausbrach, galt für alle in der Umgebung dasselbe Motto: »Last minute« ist die Reiseart der Wahl!

Erst mit der Antike begann das selbstbestimmte Reisen. Aber auch die damals üblichen Handelsreisen und Wallfahrten waren noch limitiert, was die generellen Möglichkeiten betraf. Denn stark eingeschränkte geografische Kenntnisse sowie eine gewisse Schlichtheit der Verkehrsmittel machten die ganz großen Sprünge unmöglich: Wo will man schon hin, wenn man nur einen Esel zur Verfügung hat und außerdem mit der Angst lebt, dass man kurz hinter Wuppertal von der Erdscheibe purzelt?

Die Entdeckungsfahrten der Renaissance legten schließlich die Grundlagen für den heutigen Ferntourismus. Aber diese frühen Überseefahrten waren extrem gefährlich, dauerten ewig und waren zudem anfangs noch stark fehlerbehaftet: Der berühmteste aller Entdecker, der Genueser Seefahrer Christoph Kolumbus, wollte bekanntlich einen westlichen Seeweg nach Indien finden und entdeckte dabei versehentlich Amerika. Schön für ihn. Ich für meinen Teil weiß nicht, ob ich so begeistert davon gewesen wäre, wenn ich bei meinem sündhaft teuren Malediven-Urlaub nach der Hälfte der Zeit hätte feststellen müssen: Eigentlich bin ich auf Borkum.

DAS GEHT JA GAR NICHT!

Obwohl Christoph Kolumbus (der als Italiener eigentlich Cristoforo Colombo hieß) als Entdecker Amerikas gefeiert wird, war er selbst zeit seines Lebens fest davon überzeugt, dass er am 12. Oktober 1492 nicht die Bahamas, sondern indischen Boden betreten hatte: Kolumbus glaubte, den Seeweg nach »Hinterindien« (nicht zu verwechseln mit Hintertupfingen) gefunden zu haben. So kam es, dass der neue Kontinent nicht nach ihm, sondern nach dem Florentiner Kaufmann und Seefahrer Amerigo Vespucci benannt wurde, der 1497 (oder 1499) erstmals in der Gegend unterwegs war und im Gegensatz zu seinem Genueser Kollegen erkannte, dass er einen neuen Kontinent betreten hatte. Hätte Kolumbus schneller geschaltet, wäre Barack Obama heute Präsident der Vereinigten Staaten von Cristofora, und der 5,71 Meter lange Cadillac Eldorado V8 wäre kein Ami-, sondern ein typischer Crissi-Schlitten.

Es sollte noch einige Jahrhunderte dauern, bis die Zeit reif war für die Form von Massentourismus, wie wir ihn heute kennen und praktizieren. In der Zeit dazwischen entdeckten erst die Adligen und später auch das Bürgertum sogenannte Bildungs- und Kavaliers-Reisen innerhalb Europas. Noch bevor auf der Schwelle vom 18. zum 19. Jahrhundert das Fernweh bei jungen Menschen zur Modekrankheit wurde, unternahm Johann Wolfgang von Goethe eine der wohl berühmtesten Bildungsreisen überhaupt: Seine legendäre italienische Reise dauerte von 1786 bis 1788. Und Goethe bildete sich in den anderthalb Jahren garantiert erheblich weiter. Ich bin sicher, die am häufigsten benutzten Vokabeln seiner Bildungsreise hat er bis zu seinem Tod nicht mehr vergessen: »Chianti«, »Frascati« und »Pinot Grigio«.

Erst mit der Industriellen Revolution des 19. Jahrhunderts und der Erfindung von Eisenbahn und Dampfschiff wurde das Reisen dann langsam, aber sicher zum Volkssport. Und so richtig auf den Geschmack wurden die Deutschen schließlich von Josef Neckermann gebracht: 1963 vertickte der Versandhandelskönig seine ersten Flugreisen. Damit wurde in Deutschland ein Reise-Boom losgetreten, der bis heute unvermindert anhält.

WIE GEIL IST DAS DENN?

Der Brite Thomas Cook führte am 5. Juli 1841 eine Art ersten Vorläufer der Pauschalreise durch: Bei einem von ihm organisierten Ausflug fuhren 570 Menschen zum Sonderpreis von einem Shilling im Zug von Leicester nach Loughborough. Und das war inklusive:

Hin- und Rückfahrt in offenen Waggons ohne
    Sitzplätze,
ein Schinkenbrot,
eine Tasse Tee.

Immerhin mehr, als die meisten Billigflieger anbieten.

In den unbeschwerten Jahren meiner Kindheit sind sich Familie Cantz und Familie Neckermann nie begegnet. Wir fuhren zwar regelmäßig in Urlaub, aber meine Eltern bevorzugten kein pauschales, sondern ein ganz individuelles Verkehrsmittel: das Auto. Mein schwäbischer Vater war sich sicher, so auf besonders kostensparende Art von A nach B zu kommen. Und meine Mutter glaubte, eine Autofahrt sei mit zwei kleinen Jungs die entspannteste Art zu reisen. Gut, mein Bruder und ich konnten nicht weglaufen, keine Notbremse ziehen und nicht ins Wasser fallen, aber ich frage mich, wie entspannt es für meine Eltern *wirklich* war, von Köln nach Österreich zu fahren. In einer Ente. Mit einer Höchstgeschwindigkeit von 65 km/h, zwei unausgeglichenen Jungs auf dem Rücksitz – und weit und breit kein MP3-Player, kein Gameboy und keine Juniortüte. Heute wäre das unvorstellbar. Aber damals waren die Ansprüche noch andere: Da reichte uns WDR 3, ein hartgekochtes Ei und Autoquartett – dann war Ruhe von Köln bis Innsbruck. Das einzige zusätzliche Bordprogramm waren die vier Packungen Lord Extra meiner Eltern. Passivrauchen gab es noch nicht. Wir waren *aktiv* dabei!

Mein Bruder beließ es allerdings nicht beim Husten. Ihm wurde vom Zigarettenrauch nämlich regelmäßig speiübel. Spätestens in dem Moment, als mein Vater auf die Autobahn-Auffahrt fuhr, begann er zu würgen, und meine Mutter, die schon wusste, was kam, brüllte: »Fenster auf! Kopf raus!« Wie Sie sicherlich wissen, verfügt der Citroën 2CV in den hinteren Türen über keinerlei Fenster, die man öffnen konnte ... Es sollte die letzte Urlaubsreise sein, die wir in dem sympathischen französischen Kleinwagen machten. Seitdem fuhren wir Autos, bei denen sich auch in den rückwärtigen Türen die Fenster öffnen ließen.

Ich erinnere mich an eine Fahrt, die uns vier in den Winterurlaub führte: Die Außentemperatur betrug minus 4°C, und mein Bruder hing von den insgesamt 755 Kilometern nach Pfalzen in Südtirol die ersten 320 Kilometer mit dem Kopf außerhalb der Fahrgastzelle. Es war so kalt im Auto, dass meinen Eltern beinahe die Zigaretten an den Lippen festgefroren wären. Mein Bruder hielt sich wacker im Fahrtwind. Auf der Höhe von Nürnberg-Feucht bildete sich leichter Gefrierbrand auf seinen Wangen. Ich hatte Glück. Ich vertrug den Zigarettenrauch meiner Eltern besser als er. Mir wurde erst schlecht, wenn meine Mutter mir ihre Allzweckwaffe unter die Nase hielt: Erfrischungstücher! So erging es uns auf jeder längeren Autofahrt: Mindestens einem Kind war immer schlecht. Im engen Innenraum unseres Kleinwagens hätte es eigentlich permanent leicht bitter nach Kinderkotze riechen müssen. Tat es aber nicht. Es roch stattdessen nach Kölnisch Wasser und einem riesengroßen erkalteten Aschenbecher.

GUT ZU WISSEN

Die beliebtesten Verkehrsmittel für Urlaubsreisen 2000–2011:

Auto	52,8%
Flugzeug	36,1%
Bus	5,3%
Schiff	3,9%
Zug	3,5%

Die unbeliebtesten Verkehrsmittel für Urlaubsreisen 2000–2011:

Panzer	0,4%
Esel	0,2%
Einrad	0,1%
Hüpfball	0,01%
Igel	0,00001%

Wer heute mit Kindern Autoreisen unternimmt, ist natürlich ungleich besser ausgestattet als wir damals. Die Sicherheits-Standards haben sich zum Beispiel verändert. Wer heute seinen Nachwuchs im Auto ohne Kindersitz, Airbags und Seitenaufprallschutz auch nur zum Eiscafé an der Ecke fährt, der hat sofort das Jugendamt am Hals und wird schon am nächsten Tag bei RTL von der Super Nanny öffentlich auf die stille Treppe gesetzt. Ein modernes Familienfahrzeug, das den aktuellen Sicherheitsanforderungen genügt, ist also Voraussetzung. Und auch das Unterhaltungsangebot für die Kleinen sollte auf der Höhe der Zeit sein: Kein Kind gibt sich mehr mit »Ich sehe was, was du nicht siehst« zufrieden, während es mit seinen Eltern vier Stunden lang im Brenner-Tunnel im Stau steht.

Im Prinzip ist es ganz einfach: Wer auf alle Eventualitäten vorbereitet sein will, muss an alles denken. Und das klappt nicht immer. Mein Bruder hat das letztens leidvoll erfahren. Er wollte mit Frau und Tochter Marie in den Urlaub fahren, hatte alles genau geplant und sogar eine Checkliste erarbeitet, mit der er alles noch einmal kontrollierte: Reifendruck, vollgetankt, Kinderwagen, Proviant, Spielzeug, Ersatzhose, Kotztüte, Bügeleisen aus- bzw. Klopapier eingesteckt, Navi programmiert, Kellerfenster zu, Katze gefüttert, alles eingepackt, verstaut, vertäut und abgehakt – wunderbar. Endlich ging es los. Doch nach 300 Kilometern schlug sich mein Bruder mit der Hand vor die Stirn und sagte: »Du, Schatz! Ich glaube, ich habe das Wickelzeug für unsere Tochter vergessen.« Darauf meinte seine Frau: »Nicht so schlimm. Ich habe auch was vergessen – die Marie.«

Immer noch besser als das, was einem Kumpel von mir passiert ist. Seine Frau wollte mit vier Freundinnen ein Wellness-Wochenende im Sauerland verbringen: drei Tage Entspannung pur mit der Frottee-Flotte. Er plante, in der Zeit mit den beiden gemeinsamen Kindern nach Holland zum Zelten zu fahren. So wie früher: dreckig werden, Gemeinschaftsdusche und Dosenravioli – gerne auch kalt. Leider kam es ganz anders: Beiden Kindern wurde schlecht, der Junge bekam plötzlich Fieber, das Mädchen klemmte sich die Haare im Fenster ein, und es gab eine fiese Schlägerei auf der Rückbank, bei der insgesamt drei Milchzähne und ein Nasenbein dran glauben mussten. Außerdem versickerte eine 2-Liter-Flasche Orangensaft in den Polstern, er kriegte noch einen rechtsdrehenden Fruchtjoghurt und ein flüssig gewordenes Überraschungs-Ei in den Nacken gesteckt, und als Krönung hängte sich die selbstgebrannte CD mit den Kinderliedern auf und dudelte in permanenter Dauerschleife: »Schnappi, das – Schnappi, das – Schnappi, das ...« Als er mir das Horrorszenario beschrieb, fragte ich ihn: »Wie konntest du bei dem Chaos überhaupt auf den Verkehr achten?« Da sagte er: »Was für ein Verkehr? Wir standen noch in der Garage!«

Das Reisen mit dem Auto hat also nicht nur Vorteile. Die Deutsche Bahn wäre eine Alternative, aber viele Menschen haben nur sechs Wochen Ferien, und je nach Verspätung ist so ein Urlaub schnell vorbei. Nach dem Motto: »Genießen Sie die schönsten Wochen des Jahres auf Gleis 8!« Und auch sonst muss die Bahn noch was an ihrem Service tun. »Tag der offenen Tür« ist ja schön und gut, aber doch nicht während der Fahrt! Eine Klimaanlage sollte bei heißen Temperaturen eigentlich dafür sorgen, dass es *im* Zug kälter ist als *draußen* – und nicht umgekehrt. Ich habe im letzten Sommer zu den Leidtragenden gehört, die im ICE mit dem inoffiziellen Spitznamen *Finnen-Sauna* bei 65 °C Innentemperatur gut die Hälfte ihres Körpergewichts verloren haben. Ich hätte mich nicht gewundert, wenn der Zugführer reingekommen wäre und fröhlich gerufen hätte: »In einer halben

Stunde gibt es Fichtennadel-Aufguss für alle!« Fairerweise muss man sagen, dass die Temperatur in den Waggons der Deutschen Bahn im Jahresdurchschnitt wieder stimmt – schließlich fallen im Winter regelmäßig alle Heizungen aus.

Ich reise trotz der zahlreichen technischen Probleme und Service-Schwächen der Bahn viel mit dem Zug. Und ich bin nicht der Einzige: Die Bahn begrüßt jeden Tag 7,5 Millionen Fahrgäste. Eine unvorstellbare Menge. Heute wäre ein Roman wie *Mord im Orient Express* überhaupt nicht mehr denkbar. Denn bei der Auswahl an potenziellen Tätern hätte selbst Meisterdetektiv Hercule Poirot nur einen Zufallstreffer landen können.

GUT ZU WISSEN

7,5 Millionen Passagiere pro Tag – die Deutsche Bahn transportiert also in nur 48 Stunden so viele Menschen wie die größte deutsche Fluggesellschaft im ganzen Jahr. Allerdings nur innerhalb Deutschlands. International gesehen hat die Fluggesellschaft wiederum die Nase vorn. Das ist für jeden nachvollziehbar, der schon einmal versucht hat, mit dem Interregio von Hamm/Westfalen nach Honolulu/Hawaii zu fahren.

Der Großteil dieser 7,5 Millionen Bahnfahrer sitzt übrigens immer genau in dem Waggon, in dem ich gerade reise. Das ist zumindest mein Eindruck. Denn die Züge der Deutschen Bahn sind *immer* voll. Egal, ob ich an einem Werktag morgens um fünf im Nahverkehrs-Pendelverkehr von Köln-Süd nach Köln-West möchte oder ob es sich um einen romantischen Wochenend-Trip mit dem TGV nach Paris handelt – ohne Reservierung geht gar nichts. Trotzdem versuchen es zahlreiche Reisende immer wieder ohne und schlagen sich dann um den einzigen noch freien Sitzplatz im ganzen Zug: die Behindertentoilette in Wagen 23.

Als jemand, der viel mit der Bahn unterwegs ist, habe ich selbstverständlich alle Tricks drauf, die eine Reise im deutschen Schienennetz so angenehm wie möglich machen: Ich habe grundsätzlich eine Platzkarte, reise stets ohne sperriges Gepäck und buche immer einen Zug, der fahrplanmäßig eigentlich vier Stunden vor meinem Termin ankommen soll. Dann bin ich nämlich meistens halbwegs pünktlich.

DAS GEHT JA GAR NICHT!

Bei der Deutschen Bahn AG gilt ein Zug dann als pünktlich, wenn er nur bis zu 5 Minuten und 59 Sekunden vom Fahrplan abweicht. Hoffentlich gilt diese 6-Minuten-Toleranz nicht auch für das Bordbistro, denn sonst würde dort ein Frühstücksei schon nach einer Sekunde im heißen Wasser als perfekt gekocht gelten.

Der Faktor Verspätung ist für die Deutsche Bahn das, was Lukas Podolski für den 1. FC Köln ist: Man kann sie sich auf Dauer eigentlich nicht leisten, aber sie gehören trotzdem wie selbstverständlich dazu. Ich ärgere mich natürlich auch, wenn ich in Köln noch auf meinen verspäteten Zug warte, obwohl mein Termin am Zielort schon seit einer guten Stunde vorbei ist. Aber was soll man machen? Das System Deutsche Bahn ist sehr komplex. Da reicht schon eine kleine Irritation, und eine Kette von unvorhersehbaren Ereignissen sorgt dafür, dass es zu deutlichen Verzögerungen kommt. Unter »unvorhersehbaren Ereignissen« versteht die Bahn solche völlig überraschend über uns hereinbrechenden Naturphänomene wie Winter oder Sommer. Sobald das Thermometer über 20 °C oder unter 2 °C anzeigt, geht in der Regel gar nichts mehr. Dann ist maximal noch eine »Langsamfahrt« drin. So bezeichnete ein Zugführer kürzlich einen 45-minütigen Stillstand auf offener Strecke: »Liebe Fahrgäste, wie Sie sicherlich schon bemerkt haben, befinden wir uns auf einer Langsamfahrt.« Nun, ich hatte überhaupt nichts bemerkt, was auch nur im Entferntesten mit Fahrt zu tun hatte. Für mein Empfinden standen wir. Vielleicht standen wir langsam, aber wir standen. Ich frage mich, wie dieser Zugführer zu Hause seine Frau beglückt. Legt er sich bewegungslos neben sie und sagt nach einer Stunde: »Und, Schatz? Wie war ich?«

WIE GEIL IST DAS DENN?

Dass es auch ohne Verspätungen geht, beweisen unsere Freunde aus Japan: Dort sind Verspätungen der Bahn von mehr als 30 Minuten so selten, dass sie, wenn es dann doch einmal dazu kommt, Hauptthema in den Abendnachrichten sind. In Deutschland könnte man hingegen einen aktuellen *Brennpunkt* senden, wenn es ein Regionalzug im Feierabendverkehr ausnahmsweise einmal *pünktlich* schafft.

Die Trödelbahn als News-Sensation? Das stelle ich mir lustig vor: *Tagesthemen*-Moderator Tom Buhrow sagt mit todernster Miene: »Wir schalten jetzt live nach Hannover. Dort bahnt sich eine Katastrophe von unvorstellbarem Ausmaß an: Angeblich hat der ICE *Ricarda Huch* mittlerweile eine Verspätung von 25 Minuten. ARD-Korrespondent Thomas Christes ist vor Ort an Gleis 3. Thomas, wie ist die Lage?«

»Tja, Tom, hier auf Gleis 3 offenbart sich ein Bild des Schreckens. Völlig verzweifelte Fahrgäste wissen nicht mehr, wie es weitergehen soll. Noch fünf Minuten, und die magische 30-Minuten-Verspätung wäre tragische, schreckliche Wirklichkeit. Viele Menschen haben bereits jetzt die Hoffnung aufgegeben und lassen alle Hemmungen fallen. Sie weinen und beten. Ein junger Mann wurde sogar dabei beobachtet, wie er sich außerhalb des markierten Bereichs eine Zigarette anzündete ...«

Die Raucherbereiche auf den Bahnsteigen der Deutschen Bahn sind übrigens mein persönliches Highlight: Da werden Raucher von Nichtrauchern getrennt. Mit einer gelben Linie auf dem Boden. Eine Jahrhundert-Idee. Die pfiffigen Kerle, die diesen tollen Einfall hatten, würden vermutlich auch darauf kommen, im Schwimmbecken mit einer Leine einen Nichtpinkler-Bereich abzusperren.

Wenn man sich – wie ich – einmal mit den Unzulänglichkeiten der Bahn abgefunden hat, dann reist es sich jedoch recht komfortabel. Und wenn es einmal etwas länger dauert, steht dem Fahrgast zum geselligen Zeitvertreib immer noch das gemütliche Bord-Bistro zur Verfügung. Der Bistro-Wagen erfreut sich großer Beliebtheit, da er viele Menschen an ihre letzte Urlaubs-Party im »Oberbayern« erinnert: Es ist eng, heiß, riecht nach Alkohol, und nach vier bis fünf Weizen klingt sogar die Durchsage des Zugführers ein bisschen nach Jürgen Drews. Der Speisewagen erfüllt zwar nicht die Qualitätsstandards meines Stammlokals zu Hause, aber er profitiert von seiner Alternativlosigkeit. Man kann sich bei Tempo 250 zwischen Mannheim und Freiburg halt nicht aussuchen, wo man essen geht. Also murrt kaum ein Reisender darüber, wenn das Chili con Carne wieder mal kälter ist als das Bier.

GUT ZU WISSEN

Getränkeausschank in den Zügen der Deutschen Bahn pro Tag (nach eigenen Angaben):

Kaffee (Tassen)	31 000
Bier (Gläser)	12 874
Wein (Flaschen)	644
Softdrinks (Flaschen)	6054

Bis auf die Softdrinks entsprechen diese Werte ziemlich genau dem Tagesausschank der Kantine im Deutschen Bundestag.

Mit 12 874 Gläsern Bier im Kopf reist es sich per Bahn natürlich ganz entspannt. Es gibt aber auch Menschen, die sagen: »Bahnfahren ist mir zu stressig. Ich fliege lieber.« In meiner Kindheit war das noch undenkbar – zumindest innerhalb von Deutschland. Man reiste in aller Regel bodennah: per Auto, Bus oder Zug. Kurze Strecken wurden von den wenigsten Menschen in der Luft zurückgelegt. Die Ausnahmen bildeten wichtige Geschäftsleute, Politiker und Karlsson vom Dach. Auch innerhalb Europas blieb man gern auf dem Boden der Tatsachen: Für Ferienreisen nach England, Skandinavien, Italien oder Jugoslawien hätte niemand freiwillig einen Flieger bestiegen. Unsere türkischen Mitbürger schreckten noch nicht einmal davor zurück, die 3000 Kilometer von Köln nach Ankara im Auto zurückzulegen. Da die meisten von ihnen kein pfeilschnelles PS-Monster, sondern eher einen alten Ford Transit zur Verfügung hatten, dauerte die Fahrt halt etwas länger. Aber man hatte in den großen Ferien ja sechs Wochen Zeit – das reichte immerhin schon mal für die Hinfahrt.

Mittlerweile ist Fliegen die selbstverständlichste Sache der Welt. Oft ist das Flugzeug sogar die günstigere Alternative, erst recht, wenn man sich bei den sogenannten Billigfliegern umschaut. Allerdings sollte man sich die Angebote schon genau angucken: Eine Offerte wie »Frankfurt–London für 19,99 €« klingt zwar im ersten Moment hochattraktiv, bedeutet allerdings nicht unbedingt, dass man tatsächlich für 19,99 von Frankfurt nach London fliegen kann. Schon der Ort der Abreise entspricht nicht den Tatsachen. Denn man startet nicht direkt von Frankfurt aus, sondern vielmehr vom ehemaligen Militärflughafen Hahn, dessen Bezeichnung »Frankfurt-Hahn« etwas irreführend ist, da Hahn immerhin 100 Kilometer westlich der Bankenmetropole liegt. Würden alle so großzügig mit kommunalen Zuordnungen verfahren, wäre der Status meiner Heimatstadt Köln als Millionenstadt über Jahre hinaus gesichert: Denn dann würden unter anderem Aachen, Bochum, Bonn, Essen, Dortmund, Düsseldorf, Duisburg und Wuppertal mit zum Kölner Stadtgebiet zählen.

Und auch der Zielflughafen mit der Bezeichnung »London« muss nicht unbedingt fußläufig zum Big Ben liegen. Mit ein bisschen Pech liegt er noch nicht einmal in Großbritannien. Andererseits: Wer ein so günstiges Ticket kriegt, der kann sich für *die* 400 Kilometer in die Londoner Innenstadt ja auch mal ein Taxi leisten.

Außerdem sollte man bei Billigangeboten mögliche Extrakosten berücksichtigen: Bei vielen sogenannten »Low-cost Carriern« muss man Zusatzgebühren für Gepäck, Essen oder Sitzplatzreservierung bezahlen. Eine Fluggesellschaft wollte allen Ernstes sogar mal Geld für die Toilettennutzung nehmen. Das geht in meinen Augen ein bisschen zu weit. Wo soll diese Art von Geldmacherei denn noch hinführen? Sauerstoffmaske nur nach Münzeinwurf? Ich stelle mir das schrecklich vor: Während die Maschine rasant an Höhe verliert, fragt man den Sitznachbarn: »Entschuldigung, hätten Sie vielleicht zwei Euro klein?« Und als Antwort kommt nur ein heiser geröcheltes: »Hhhhhhhhhhh …«

DAS GEHT JA GAR NICHT!

Billigflug von Berlin-Schönefeld nach London-Stansted – Angebot und tatsächlicher Preis:

Angebot One-Way-Ticket	€ 19,99
Online-Check-in	€ 6,00
Verwaltungsgebühr	€ 6,00
Sitzplatzreservierung	€ 10,00
Gepäck	€ 30,00
Sandwich	€ 5,00
Kaffee	€ 2,50
Verspätungsgebühr	€ 2,00
Tatsächliche Kosten	€ 81,49

Dazu kommen die Friseurkosten – denn ein solches »Angebot« ist selbstverständlich zum Haareraufen.

Ich möchte nicht, dass hier der Eindruck entsteht, es wäre unmöglich, günstig zu fliegen. Es geht schon. Allerdings nur satt, mit von zu Hause mitgebrachter Schwimmweste und ohne Gepäck auf einem Stehplatz von Grevenbroich-Kapellen nach Oberursel. Von Zwergen-Flughafen zu Zwergen-Flughafen geht immer was. Ich hatte übrigens einmal das zweifelhafte Vergnügen, auf dem Flughafen von Friedrichshafen, der unwesentlich größer ist als eine Doppelgarage, zwei Stunden lang auf einen verspäteten Flieger warten zu müssen. Um nicht vor Langeweile zu sterben, tat ich etwas, das ich sonst nie tue: Ich warf zwei Euro in einen Geldspielautomaten. Natürlich kam es, wie es kommen musste, und ich legte eine Sonderspielserie vom Feinsten hin. Beinahe hätte ich den Flieger verpasst. Als ich dann einsteigen wollte, gab es auch noch Probleme: Denn durch die eimerweise gewonnenen Münzen hatte mein Handgepäck das zulässige Gewicht von fünf Kilo überschritten.

Aber auch auf großen Flughäfen kann man in die Situation kommen, verhältnismäßig viel Zeit totschlagen zu müssen: Ein Freund von mir wollte vor Kurzem von Frankfurt über Rom nach Nairobi fliegen, wo seine Familie bereits Urlaub machte. Als er in Rom seine Anschlussmaschine suchte, war die nicht da. Sie war nicht defekt, verspätet oder entführt worden – sie war einfach nicht vorhanden. Niemand konnte sich erklären, wo sie abgeblieben war. Bari? Bermudadreieck? Bielefeld? Eine Mitarbeiterin der Fluggesellschaft behauptete sogar, der Flug habe nie existiert. Ein Mysterium, ein Fall für *Akte X*. Es hätte wenig gefehlt, und die Dame wäre heiliggesprochen worden, denn es handelte sich offensichtlich um ein Wunder. Und immerhin spielte das Ganze in Rom. Mein armer Freund musste geschlagene zwei Tage warten, bis er weiterfliegen konnte. Mit 50 Stunden Verspätung und einer veritablen Espresso-Vergiftung wurde er schließlich von seiner Familie am Flughafen von Nairobi in Empfang genommen, und er hatte dann doch noch einen schönen Aufenthalt dort. Ein besonderes Highlight des Urlaubs war, dass die fünfjährige Tochter mitten in der Serengeti ihren ersten Milchzahn verlor. Junge Eltern wissen: Das ist ein Fall für die Zahnfee. Die legt nämlich in der Nacht als Entschädigung für den verlorenen Zahn ein kleines Geschenk aufs Fensterbrett. Da die Einkaufsmöglichkeiten in der Wildnis jedoch eher beschränkt sind, kam die Zahnfee erst, als die Familie wieder in der Zivilisation angekommen war. Kommentar der

Fünfjährigen: »Die ist sicher über Rom geflogen!« Bestimmt hatte sie recht. Und der Weihnachtsmann sitzt vermutlich seit 32 Jahren in New York am J.F.K. Airport fest – und mit ihm die Carrera-Bahn, die ich mir mit sieben Jahren gewünscht und nie bekommen habe.

Im Großen und Ganzen laufen Flugreisen allerdings problemlos ab. Der einzige echte Nachteil ist der Platzmangel an Bord. Die Sitzreihen in Flugzeugen scheinen von Jahr zu Jahr enger zusammengerückt zu werden, die Bewegungsfreiheit beschränkt sich damit auf ein Minimum. Pech hat der Sitznachbar von jemandem mit abstehenden Ohren: Kopffreiheit ade. Ein Interkontinentalflug in der Economy Class – und man hat eine abgeschlossene Ausbildung als Schlangenmensch. Mit ein wenig Geschick kann man die Enge an Bord erträglicher gestalten, indem man sich mit seinem Sitznachbarn abstimmt und immer dann einatmet, wenn er gerade ausatmet.

Aber abgesehen vom Platzangebot tun die Fluggesellschaften alles dafür, den Gästen die Reise so komfortabel wie nur eben möglich zu machen: Zum Beispiel erwartet den Reisenden auf längeren Flügen eine größere Filmauswahl als in einem durchschnittlichen Kleinstadtkino. Außerdem gibt es im Halbstundentakt Snacks, Säfte und warme Mahlzeiten, und mit ein bisschen Glück werden sie sogar von Stewardessen verteilt, die mindestens genauso lecker sind wie das von ihnen angereichte Hühnchen-Gericht.

GUT ZU WISSEN

Einstellungsvoraussetzungen für Flugbegleiter und Flugbegleiterinnen (am Beispiel einer Schweizer Fluggesellschaft) und ihre wahre Bedeutung:

Service-Orientierung: Auch wenn der Fluggast Ihnen an den Hintern griff, hat er ein Anrecht auf einen heißen Kaffee – und zwar im Becher, und nicht auf der Hose.

Teamfähigkeit: Sie sind bereit, mit dem Piloten zu schlafen.

Gepflegtes Äußeres: Der Pilot ist bereit, mit Ihnen zu schlafen.

Freundliches Auftreten in Krisensituationen: Kein Problem. Sackt die Maschine nach unten, bleiben die Mundwinkel automatisch oben.

Mindestgröße 1,60 m: Man muss Sie nicht hochheben, damit Sie an die Gepäckfächer kommen.

Angemessenes Körpergewicht: Man *könnte* Sie aber hochheben, damit Sie an die Gepäckfächer kommen.

Mittlere Reife: Damit kennen sich die Schweizer aus, Stichwort »Emmentaler«.

Sprachkenntnisse: Was heißt »Scheiße, Scheiße, Scheiße – wir stürzen ab!« noch mal auf Dänisch?

Flugtauglichkeit: Sie sind ein Engel.

Ich liebe es zu fliegen. Besonders spannend finde ich die Rückreise vom Urlaubsort nach Hause. Beim Einchecken beobachte ich gerne die Mitreisenden – vor allem diejenigen, die versuchen, sperrige Andenken mit nach Hause zu nehmen: Sombreros, groß wie Radioteleskope, Strohesel in Lebensgröße, riesige Totempfähle aus extrem schwerem Tropenholz, exotische Saiteninstrumente mit meterlangen Hälsen, lebensgefährliche Massai-Speere made in China – Souvenirs, die bei aller Unterschiedlichkeit eins gemeinsam haben: Sie haben keine schöne Zukunft. Denn die meisten von ihnen wandern zu Hause sofort in den Keller und zwei Jahre später von dort aus zum Schrottwichteln oder direkt in den Sperrmüll. Ich kenne zumindest kaum jemanden, der seine Mitbringsel regelmäßig hervorholt und an Weihnachten, in seinen peruanischen Poncho gewandet, auf einer hawaiianischen Schildkrötenpanzer-Laute »Stille Nacht, heilige Nacht« zupft, während die Gattin in einer aus dem Rumänien-Urlaub mitgebrachten Bauerntracht gedankenverloren auf einem tibetanischen Gebetsgong den Takt angibt. Was auch daran liegen kann, dass die meisten dieser Andenken eh nicht durch den Zoll kommen. Selbst wenn sie nicht so exotisch sind wie das Mitbringsel eines zypriotischen Mönchs, der an einem griechischen Flugha-

fen mit dem kompletten Skelett einer Nonne erwischt wurde. Angeblich handelte es sich um die Gebeine einer Heiligen. Als sich allerdings herausstellte, dass die Knochen von einer Dame stammten, die erst seit vier Jahren tot war, wurde ihm die seltsame Fracht abgenommen. Der Gottesmann war natürlich blamiert bis auf die Knochen.

WIE GEIL IST DAS DENN?

Verrückte Geschichten vom Düsseldorfer Flughafen:

Eine junge Frau versuchte, sich mit 20 000 Euro in bar über den Düsseldorfer Flughafen ins Ausland abzusetzen. Sie hatte das Geld in die schmutzige Windel ihres Babys gestopft. Da sie die Scheine aber vorher in Alufolie eingewickelt hatte, schlug der Metalldetektor aus, und sie wurde erwischt. Vielleicht das kleinere Übel – die Alternative wäre eine besonders unangenehme Art der Geldwäsche gewesen.

Ebenfalls vom Düsseldorfer Flughafen aus wollte ein Mann mit lebenden Tauben in den Hosenbeinen nach Tripolis fliegen. Sie waren mit Klebeband an seiner Wade befestigt. Nicht legal, aber ein durchaus originelles Mittel gegen schwere Beine.

Eine 80-jährige Dame versuchte, mit einem diamantbesetzten Schlagring die Kontrolle zu passieren. Dem verdutzten Beamten erklärte sie: »Das braucht man in diesen Zeiten.« Ich kann die Dame verstehen. Ältere Menschen werden heutzutage immer wieder körperlich bedroht, sei es durch Schläger, Taschendiebe oder Lieder der Amigos.

Zollbestimmungen sind nicht immer einfach zu verstehen. Gut, jeder Fernreisende sollte eigentlich wissen, dass er keine Elefantenzähne, ausgestopften Nilpferde oder Frikadellen aus Löwenhack mitnehmen darf. Aber weiß auch jeder, dass es zwar erlaubt ist, vier tote Seepferdchen auszuführen, es aber ab dem fünften toten Seepferdchen richtig Ärger geben kann? Das Zauberwort heißt »privater Bedarf«. Man geht also offensichtlich davon aus, dass eine Privatperson durchaus Verwendung für vier tote Seepferdchen hat. Interessant. Ich wüsste auf Anhieb nicht, was ich mit ihnen anstellen könnte. Auch mit bis zu drei Gehäusen der Fechterschnecke erweckt man offensichtlich noch nicht den Verdacht, man plane organisierten Fechterschnecken-gehäuse-Handel. Selbst bis zu vier Produkte aus Krokodilhaut sind erlaubt, wenn sie für den privaten Gebrauch bestimmt sind. Überhaupt nicht nach Deutschland und in die EU einführen darf man hingegen Pflanzenblätter aus Nicht-EU-Ländern. Wer im Herbst aus der Schweiz nach Deutschland einreist, sollte also vorher seine Anorak-Kapuze ausschütteln.

In letzter Zeit erlebt eine Form des Reisens, die für heutige Verhältnisse eigentlich viel zu langsam ist, eine regelrechte Renaissance: Schiffsreisen werden von Jahr zu Jahr beliebter. Laut einer ADAC-Statistik hatten 4,8 % der Deutschen vor, 2011 eine Kreuzfahrt zu machen. Damit hat das Interesse an Schiffsreisen innerhalb weniger Jahre um 95 % zugenommen.

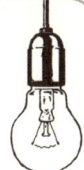

GUT ZU WISSEN

Die drei beliebtesten Regionen für Kreuzfahrten:

Mittelamerika/Karibik   29,6 %
Mittelmeer/Kanaren   29,6 %
Nordkap   29,1 %

Die drei unbeliebtesten Regionen für Kreuzfahrten:

Nordsee   3,3 %
Baggersee   0,2 %
Ostwestfalen   0,00005 %

Die Begeisterung für Kreuzfahrten mag auch deswegen so sprunghaft angestiegen sein, weil Schiffsreisen mittlerweile erschwinglich geworden sind: Zwölftägige Kreuzfahrten gibt es schon für unter 500 Euro. Allerdings nur in der 3 m² kleinen fensterlosen Innenkabine, die unmittelbar an den laut rumpelnden Maschinenraum grenzt. Dafür ist die Reiseroute ein Traum. Sie geht rheinabwärts von Leverkusen nach Duisburg. Aber im Ernst: Es gibt tolle Angebote für attraktive Kreuzfahrten, die sich nicht nur die Superreichen leisten können. Dadurch ist das Vergnügen allerdings nicht mehr ganz so exklusiv wie früher. Die besonders begehrten Schiffe sind hoffnungslos überfüllt: ob *Aida*, *Arosa* oder die Flüchtlingsboote von Tunesien nach Lampedusa. Außerdem besteht in bestimmten Regionen die Gefahr, von Piraten überfallen zu werden. Die Zeiten, in denen man bei *Fluch der Karibik* zuerst an Roberto Blanco dachte, sind vorbei. Auf den Weltmeeren wird jeder überfallen, der nicht bei drei auf den Korallenbäumchen ist. Viele Reeder haben darauf reagiert, indem sie spezielle Mitarbeiter mit an Bord genommen haben, die auf Piraten extrem abschreckend wirken, wie Polizeibeamte, privates Sicherheitspersonal oder Sascha Hehn.

Ich habe vor vielen Jahren auch mal eine Kreuzfahrt gemacht: mit der *Aida* durch die Karibik, gemeinsam mit meinem Kumpel Ralf. Zuerst flogen wir in die Dominikanische Republik und bestiegen dort den Bus, der uns zum Schiff bringen sollte. Im Bus wurden wir von unserem Animateur Dirk begrüßt, der unerträglich gut gelaunt war. Ich bin sicher: Dirk würde selbst bei der Beerdigung seiner Mutter zur Polonaise aufrufen. Dirk liebte es, uns aufzeigen zu lassen wie die Grundschüler: »Wer von euch ist zum ersten Mal in der Karibik? Hände hoch!« Ein paar Leute meldeten sich. »Und wer von euch mag es nicht, aufzuzeigen? Hände hoch! Haha! Brüller! Ihr dürft ruhig klatschen!« In dem Ton ging es weiter. Nach zwei Minuten war der ganze Bus total genervt von ihm. Dirk war das egal, er ließ sich nicht beirren. Er erzählte uns, dass unser Kreuzfahrtschiff schon seit acht Jahren in Dienst gestellt sei, und fragte: »Wer von euch war denn schon mal auf der *Aida*? Hände hoch!« Keiner meldete sich. Dirk fuhr fort: »Wie? Keiner? Was habt ihr denn die letzten acht Jahre gemacht?« Da reichte es meinem Kumpel Ralf. Er meldete sich und rief: »Gespart, du Arsch!«

Zwei Tage später sorgte Dirk dann doch noch für heitere Stimmung unter den Gästen: Es stellte sich nämlich heraus, dass er sehr schnell seekrank wurde. Bereits im zweiten Hafen ging er für immer von Bord. Ralf und ich waren übrigens weniger empfindlich und haben die Schiffsfahrt gut vertragen. Moderne Schiffe sind mit Stabilisatoren ausgestattet, sie schaukeln kaum noch. Und wenn sich doch mal die Wände bewegen, liegt das nicht am Seegang, sondern am vierten Caipirinha.

Ein weiterer großer Vorteil von Kreuzfahrtschiffen ist, dass man zwar viel herumkommt, sein vertrautes Hotelzimmer aber immer mit dabei hat. Ob Antigua, Barbados oder Jamaica: Die Unterkunft ist immer dieselbe. Das entspannt ungemein, denn das Risiko, dass ein aus der Heimat gebuchtes Hotel die Erwartungen nicht erfüllt, ist enorm hoch. Es ist leider keine Ausnahme, dass sich die im Katalog beschriebene Nobelherberge als üble Absteige herausstellt und die versprochenen drei Sterne sich lediglich auf dem Tiefkühlfach der Minibar finden.

DAS GEHT JA GAR NICHT!

Katalogsprache und was sie bedeutet:

Direkt am Meer: Das Hotel liegt entweder oberhalb des Meeres auf einer Klippe oder am Hafen, aber nicht an einem Badestrand. Andernfalls hieße es: »direkt am Strand«.

Kurzer Transfer zum Flughafen: Sie wohnen im Schatten von Startbahn 2.

Idyllische Lage: Das Hotel liegt am Arsch der Welt. Die einzigen Hotelgäste außer Ihnen sind ein Fuchs und ein Dachs.

Aufstrebender Ferienort: Der ganze Ort ist eine einzige Baustelle.

Panoramasicht: Das Hotel liegt ganz oben auf einem Berg und ist ohne Maultier unmöglich zu erreichen.

Meerblick: Allerdings nur, wenn Sie über einen Röntgenblick verfügen und durch die Betonwände der vorgelagerten Bettenburgen schauen können.

Familiäre Atmosphäre: Sie müssen selbst kochen, Ihre Betten alleine machen und abends auf die Kinder des Hotelchefs aufpassen.

Klimatisierbare Zimmer: Es gibt ein Fenster, das sich sogar öffnen lässt.

Internationale Atmosphäre: Man kann nicht zweifelsfrei feststellen, ob Ihre Wertgegenstände von Albanern, Russen, Marokkanern oder Bulgaren entwendet worden sind.

Unaufdringlicher Service: Das Personal bewegt sich nur, wenn Sie es mit vorgehaltener Waffe dazu zwingen.

Ob per Bahn, Flugzeug, Auto oder Schiff: Der Reisemarkt boomt und wartet jedes Jahr mit neuen Rekordzahlen auf. Kein Wunder, dass ein ganzes Heer von Spezialisten damit beschäftigt ist, möglichst frühzeitig die Reisetrends der Zukunft zu erkennen und zu Geld zu machen. Als die Reisebüros zum Beispiel entdeckten, dass sich viele Menschen im Urlaub nicht nur entspannen, sondern auch etwas erleben wollen, eröffnete sich ihnen ein komplett neues Geschäftsfeld: Der Aktivurlaub war geboren. Bis heute sind Erlebnisurlaube, die hohen Körpereinsatz fordern, sehr beliebt. Viele Urlauber quälen sich freiwillig auf Mountainbikes karge Berghänge hoch, andere hangeln sich an Seilen durch Felsschluchten oder stürzen sich auf Snowboards steile Schneepisten hinunter. Wer erholt und entspannt nach Hause kommt, der hat etwas falsch gemacht. Die häufigsten Urlaubsandenken sind Muskelkater, Hautabschürfungen und Knochenbrüche. Viele Menschen sind froh, wenn sie nach drei Wochen endlich wieder ins Büro gehen und sich vom anstrengenden Aktivurlaub ausruhen können.

Ein anderer Reisetrend hat überall in Deutschland künstliche Ferienwelten entstehen lassen: Immer mehr Sonnenfreunde verbringen ihren Strandurlaub in der Eifel, bei Berlin oder in der Lüneburger Heide. Denn unter anderem dort wurden überdachte Ferienanlagen errichtet, mit künstlichem Strand, Palmen und herrlicher Sommerluft, die ganzjährig auf 35 °C hochgeheizt wird und zwölf Monate im Jahr tropisches Traumwetter vorgaukelt. Man hätte auch einfach auf den Klimawandel warten können, aber so viel Zeit lässt sich eine Wachstumsbranche wie der Tourismusmarkt natürlich nicht. So können wir jetzt schon mitten im Dezember Strandurlaub in Brandenburg machen. Warum auch nicht? Die Anreise ist wesentlich bequemer und zeitsparender als die nach Teneriffa, aber ansonsten ist alles genau wie auf den Kanaren: Die Sonne scheint, das Meer rauscht, und überall wird Deutsch gesprochen.

Wie die Reisewelt der Zukunft aussehen wird, lässt sich schwer sagen. Mich würde vor allem interessieren, wann der Menschheitstraum vom Reisen im Weltraum endlich Wirklichkeit wird. Urlaub im All stelle ich mir hinreißend vor: Man ist richtig weit weg von zu Hause, erlebt 15 Sonnenaufgänge am Tag, und wenn man von dort oben auf die Erde hinunterschaut, hat man garantiert Meerblick. Auch wenn Privatreisen zu den Sternen noch Zukunftsmusik sind, nehmen einige Anbieter jetzt schon Buchungen entgegen. Ein zweistündiger Flug kostet allerdings 140 000 Euro. Immerhin sind im Gegensatz zu Billigfliegern der Tomatensaft und die Sitzplatzreservierung bereits im Preis enthalten. Also, geben Sie sich einen Ruck – es sind noch Fensterplätze frei!

Krempel, Kunst und Katzenberger

Irgendwo in einer beliebigen Kulturmetropole unserer Wahl: Madrid, Rom, Köln, Paris, Moskau, London oder New York. An einem beliebigen Wochentag: Dienstag, Mittwoch, Donnerstag, Freitag, Samstag oder Sonntag (jeder Tag außer Montag, dem traditionellen Ruhetag der Museen). Ein Ehepaar steht in einem Museum für moderne Kunst und betrachtet intensiv ein Wandobjekt, neben dem ein Museumswärter seiner Arbeit nachgeht: Er passt auf.

Sie: »Also, mir gibt es unheimlich viel. Die Farbe, das Material, die Oberfläche, alles sehr besonders. Ich sehe Kraft, Leben, Dynamik, aber auch Zweifel und ein Stück weit auch die großen Themen: Liebe, Tod, Eitelkeit, Endlichkeit. Und wie findest du es?«

Er: »Na ja, ich weiß nicht. Ich bin vielleicht ein Banause, aber: *Das* soll Kunst sein?«

Dann spricht er den Museumswärter an: »Sie arbeiten doch hier – wie sehen *Sie* das?«

Museumswärter: »Tja, was soll ich dazu sagen? Sie betrachten seit einer halben Stunde den Feuerlöscher!«

DAS GEHT JA GAR NICHT

Hin und wieder ist es genau anders herum, und es passiert, dass ein Kunstwerk nicht auf den ersten Blick als solches erkannt wird. Der wohl berühmteste Fall betrifft das 1960 geschaffene Werk *unbetitelt (Badewanne)* von Joseph Beuys: Die mit Heftpflaster und Mullbinden bearbeitete Säuglings-Badewanne landete 1973 für eine Sonderausstellung im Leverkusener Museum Morsbroich und wurde dort nach dem Ende der Ausstellung eingelagert. Der SPD-Ortsverein Leverkusen-Alkenrath mietete die Museumsräume für ein Fest. Während der Feier entdeckten zwei Mitglieder des SPD-Ortsvereins Leverkusen-Alkenrath das Objekt im Lager, erkannten es nicht sofort als Kunstwerk und reinigten es, um darin die Gläser des SPD-Ortsvereins Leverkusen-Alkenrath zu spülen. Ein Skandal. Die Folge: Der SPD-Ortsverein Leverkusen-Alkenrath musste dem Eigentümer des Kunstwerks 40 000 Mark Schadensersatz bezahlen, Joseph Beuys bekam die geputzte Wanne zurück, und auf Feiern des SPD-Ortsvereins Leverkusen-Alkenrath werden seitdem nur noch Einweg-Becher ausgegeben.

Immerhin war Beuys' Wanne als museumsreif anerkannt und mit 40 000 Mark taxiert worden. Als der französische Konzeptkünstler Marcel Duchamp im Jahre 1917 auf einer Kunstausstellung jedoch ein signiertes und mit *Fountain* (zu Deutsch »Fontäne«, also Springbrunnen oder Quelle) betiteltes Pissoir einreichte, wurde ihm von der Society of Independent Artists voller Empörung und Unverständnis beschieden, das sei keine Kunst. Heute gilt *Fountain* als Schlüsselwerk der modernen Kunst. Das Originalbecken ist verschollen, aber selbst die von Duchamp autorisierten Repliken sind unbezahlbar. Eine Badewanne im Wert eines Geländewagens und ein Pinkelbecken, das vermutlich teurer ist als ein Einfamilienhaus – vor diesem Hintergrund war die letzte Sanierung meines Badezimmers dann wohl doch ein echtes Schnäppchen!

Wer den Beruf des Künstlers anstrebt, sollte sich darüber
klarwerden, dass das Leben als Kreativer kein Ponyhof ist:
Nicht jeder Betrachter versteht auf Anhieb jedes Werk,
nicht jedes Genie wird sofort erkannt, und viele Menschen
stehen oft einfach ratlos vor der ein oder anderen künstle-
rischen Arbeit und fragen sich: Was soll der Scheiß? Und
trotzdem gehört Kunst untrennbar zu unserem Leben. Menschen lieben Kunst. Das war schon immer so. Seit der Alt-
steinzeit wird gezeichnet, gemalt und modelliert, dass es
nur so eine Freude ist.

Dass er kreatives Tun einzuschätzen wusste, zeigte der
Münchner Komiker Karl Valentin (1882–1948) mit dem
denkwürdigen Satz:

»Kunst ist schön, macht aber viel Arbeit.«

Das Gleiche trifft natürlich auch auf Grillfeste, Mottopar-
tys und Kaninchenhaltung zu, ohne dass Valentin das aber
im Blick hatte. Und wenn der deutsche Schriftsteller Jean
Paul (1763–1825) recht hat, wenn er behauptet:

»Die Kunst ist zwar nicht das Brot, wohl aber der Wein
des Lebens.«

– wenn Kunst also Wein ist –, dann müsste Valentins
Spruch eigentlich heißen: »Kunst ist schön, macht aber viele
Kopfschmerzen.« Jean Pauls Zeitgenosse Johann Wolfgang

von Goethe (1749–1832) gibt natürlich auch seinen Senf dazu:

»Die Kunst ist die Vermittlerin des Unaussprechlichen.«

Glauben wir allerdings dem Literaturwissenschaftler Gero von Wilpert, der in seinem Goethe-Buch *Die 101 wichtigsten Fragen* Goethes Trinkgewohnheiten festhielt und uns überliefert, dass der Dichterfürst täglich schon »um 10 Uhr Süßwein, besonders Madeira« und mittags dann »eine ganze Flasche Rotweins oder alten Rheinweins, zum Dessert gelegentlich ein Glas Champagner und abends Wein, Tee, Punsch oder eine halbe Flasche Champagner, mit Besuchern auch eine Flasche Rheinwein« trank, dann muss ich sagen: Bei einem solchen Konsum dürften im Hause Goethe spätestens ab 14 Uhr selbst einfachste Wörter wie »Ball«, »Papa« oder »Wauwau« unaussprechlich gewesen sein.

Wenn es um Kunst geht, kann jeder alles behaupten. Da lasse ich mich natürlich nicht zweimal bitten!

Die bildende Kunst hat einiges gemeinsam mit einer hochbetagten, schrulligen Hollywood-Diva: Niemand weiß genau, wie alt sie ist. Aber eins ist klar: Sie ist alt. Sehr alt. Älter als Liz Taylor, Doris Day und Marie-Luise Marjan zusammen. Und da sie unvergänglich ist, ist sie zudem schöner anzusehen. So werden sich die französischen Jugendlichen Marcel Ravidat, Jacques Marsal, Georges Agnel und Simon Coencas sicherlich gefreut haben, dass sie in einer Höhle in Lascaux zufällig auf einige der frühesten Malereien der Menschheitsgeschichte stießen und nicht etwa auf eine uralte Oscar-Preisträgerin, die splitternackt dem Aerobic frönt. Das war am 12. September 1940, Liz Taylor war damals gerade mal acht Jahre alt und wahrscheinlich erst zweimal verheiratet, und die Jugendlichen standen vor den steinzeitlichen Zeichnungen wie Louis de Funès vor Nacktbadern in Saint Tropez. Sie werden sich gedacht haben: »Oh! Nein! Monsieur!«, und sind vermutlich nach Hause gelaufen, um ihren Eltern von ihrer aufregenden Entdeckung zu erzählen. Den weiteren Verlauf stelle ich mir so vor: Bald darauf kamen die Erwachsenen und schauten sich gemeinsam mit ihren Söhnen die bemalten Wände an. Sie kamen aus dem Staunen nicht mehr heraus, als sie die feinen Zeichnungen von geheimnisvollen Tieren, Mustern und Ritualen betrachteten. Dann wandten sie ihren Blick den Jugendlichen zu. Der junge Simon Coencas fühlte sich vielleicht verpflichtet zu sagen: »Wir waren das nicht!« Ich hätte ihn beruhigen können: Ich weiß zwar nicht genau, wann das illegale Anbringen von Graffitis verjährt, aber nach 10 000 bis 32 000 Jahren ist man garantiert aus dem Schneider!

Und so alt sollen die Höhlenmalereien von Lascaux sein. Ungefähr. Die Schätzungen der Experten sind unterschiedlich: Sie schwanken zwischen 8 000 und 30 000 vor Christus. Ich bin zwar kein Kunstexperte, aber präzise Datierung stelle ich mir anders vor. »Plus minus 22 000 Jahre« – ganz schön ungenau. Das erinnert mich an den »15-Tage-Trend« beim ARD-Wetter: »Es kann am Wochenende kalt werden – muss es aber nicht.« Ich würde doch auch keinen Joghurt kaufen, auf dem steht: »Mindestens haltbar bis 28. Mai 2012 oder aber vielleicht auch Pi mal Daumen nur bis zum 20. Mai.« Oder meiner Frau einen großen Strauß roter Rosen in die Hand drücken mit den Worten: »Alles Gute zum ungefähr zweiten bis elften Hochzeitstag.«

Im Fall der Höhlenmalereien von Lascaux ist es wohl zweitrangig, wann genau sie entstanden sind. Entscheidend ist, dass die Menschen bereits vor vielen tausend Jahren künstlerisch tätig waren. Hauptsächlich zeigen die zahlreichen Malereien und Einritzungen die unterschiedlichsten Tiere: Rinder, Pferde, Hirsche, Steinböcke, sogar ein Rentier ist dabei. Die Tatsache, dass sich unter den abgebildeten Tieren kein Elch befindet, kann sicher als Indiz dafür herhalten, dass es damals in der Region von Lascaux noch keine IKEA-Filiale gab.

An den Wänden der Höhle sind auch verschiedene Raubkatzen abgebildet. Eine der Katzen wird offenbar in dem Moment gezeigt, in dem sie ihr Revier markiert – eins der frühesten Zeugnisse für die Tradition des Wildpinkelns. (Obwohl: Hatte man vor 30 000 Jahren eine andere Wahl, als wild zu pinkeln?) Wie dem auch sei. Die Höhlenmalereien von Lascaux bilden den Anfang der langen Geschichte europäischer Kunst.

WIE GEIL IST DAS DENN?

Seit 1979 sind die Wandmalereien von Lascaux UNESCO-Weltkulturerbe. Das heißt: Sollte jemand auf die Idee kommen, die Wände der Höhle mit Erfurter Raufaser zuzukleben, bekommt er richtig Ärger!

Von den paar schnuckeligen Rindern, Pferden und Hirschen an den Wänden der Höhle in Südfrankreich, die damals nur den wenigen Höhlenbewohnern zugänglich war (und auch heute darf nicht jeder die heiligen Hallen der jungsteinzeitlichen Malerei betreten: Nachdem die Atemluft von ungefähr 1200 Besuchern pro Tag die Wände schimmeln ließ, wurde die Höhle 1963 für den Publikumsverkehr geschlossen), bis zu den heutigen Publikumsmagneten in den großen Museen der Welt oder den Preisträgern von Kunstmessen und Festivals wie der Biennale von Venedig war es ein weiter Weg. Vor 10 000 bzw. 20 000 oder 30 000 Jahren musste man schon zufällig in Lascaux wohnen und bei den Nachbarn mit der tollen Höhle klingeln, um Kunst betrachten zu können – heute rollen ununterbrochen Busse voller Kulturfreunde vor die Ausstellungshallen, die sich dann in endlosen Schlangen an Meisterwerken der abendländischen Malerei vorbeischieben.

GUT ZU WISSEN

Besucherzahlen verschiedener Kunstausstellungen:

documenta 11, Kassel 2002	650 000
Van Gogh, Wien 2008	589 180
Cézanne, Tübingen 1993	430 000
Botticelli, Frankfurt 2009/2010	365 000
Matisse, Düsseldorf 2005/2006	290 000
Liebermann, Bonn 2011	205 000
Weihnachtsgrüße aus aller Welt, Rudolstadt 2009	354

War es früher das Privileg der Reichen und Mächtigen (und noch früher das Privileg einiger Höhlenbewohner), sich Kunst zu Gemüte zu führen, sind Ausstellungen (abgesehen von denen in Rudolstadt) heute zu regelrechten Massenspektakeln geworden: Wenn irgendwo auf der Welt Top-Stars wie Rembrandt van Rijn, Pablo Picasso oder Andy Warhol gezeigt werden, dann geht es zu wie auf

einem Pop-Konzert – mit dem Unterschied, dass die Besu-
cherinnen, die in Ohnmacht fallen, in der Regel wesentlich älter als 13 Jahre sind und nicht mit BHs und Stofftieren
schmeißen. Wer jemals einen solchen Kultur-Blockbus-
ter besucht hat, der kann sich vorstellen, wie es sich damals in der DDR anfühlte, wenn sich 400 Zwickauer um
eine Ananas bewarben! Meist muss man nämlich warten,
um die Kunstschätze zu besichtigen. Denn wer sich nicht
in die Schlange einreihen möchte, kann ja Ausstellungen
wie »Blumen-Stillleben unserer Heimbewohner« im Alten-
stift Köln-Deckstein besuchen, die im Erdgeschoss an der
Wand gegenüber dem Aufzug hängen.

Wenn Sie es nicht abwarten können, fahren Sie einfach nach Amsterdam. Früher galt die holländische Stadt als Anziehungspunkt für Kiffer, Kokser und Drogen-Kommunen aller Art, heute berauscht sich die Frauengruppe des Kunstvereins Bremen-Stuhr − allerdings nicht an schwarzem Afghanen und Crack, sondern an Rembrandts Selbstporträts und Van Goghs *Sonnenblumen*. Allein das Van Gogh Museum in Amsterdam zieht jedes Jahr 1,5 Millionen Neugierige an − mehr als das Schlafzimmer von Silvio Berlusconi! Erstaunlich: Die Besucher nehmen es ohne Klagen in Kauf, stundenlang in der Kälte anzustehen, und zahlen dann 10 Euro Eintritt, nur um vom Menschenstrom willenlos und ohne eigenes Zutun an Van Goghs Meisterwerken vorbeigespült zu werden. Viel mehr als ein unbestimmter, verwischter Farbschleier bleibt nicht auf der Netzhaut hängen − und das kann man dann auch einfacher haben. Stichwort »Schwarzer Afghane«.

Das Rijksmuseum in Amsterdam wird nicht ganz so stark frequentiert wie das Van Gogh Museum, aber es begrüßt immerhin jedes Jahr über eine Million Besucher, die sich neben Rembrandts berühmter *Nachtwache* wichtige Werke von Frans Hals, Jan Vermeer und anderen Malerfürsten anschauen. Das Museum gehört übrigens zu den hundert wichtigsten UNESCO-Monumenten der Niederlande. Wahrscheinlich, weil es eins der wenigen niederländischen Gebäude ist, an denen weder ein Windrad noch eine Anhängerkupplung angebracht ist.

GUT ZU WISSEN

Rembrandt van Rijns berühmtes Bild *Nachtwache* stellt gar keine Nachtwache dar – und es heißt auch nicht so. Das Bild trägt offiziell den Titel: *Die Kompanie des Kapitäns Frans Banningh Cocq. Nachtwache* wurde die Arbeit erst im 18. Jahrhundert genannt: Der Firnis auf dem Gemälde war so sehr nachgedunkelt, dass man es fälschlich für eine Nachtszene hielt. Das berühmte Werk wurde dreimal Opfer eines Attentats: 1911 stach ein Marinekoch ausnahmsweise einmal nicht in See, sondern mit einem Messer auf die *Nachtwache* ein und beschädigte das Gemälde.

1975 ging ein arbeitsloser Lehrer auf die Leinwand los – ebenfalls mit einem Messer. Und da sage noch mal jemand, nur Schüler seien gewalttätig.

1990 schließlich sprühte ein geistesgestörter Mann Schwefelsäure auf das Bild. Das fanden nicht nur die Museumsleute echt ätzend!

WIE GEIL IST DAS DENN?

Auch der britische Filmemacher Peter Greenaway hat die *Nachtwache* mit körperlicher Gewalt in Verbindung gebracht: Er drehte 2008 eine Dokumentation über Rembrandts Bild und stellte dabei die kühne These auf, das Gemälde zeige einen Mord. Zuerst fragt man sich automatisch: Ein Mord, der vorher 350 Jahre lang übersehen worden war? Hallo? Aber es ist gar nicht so ungewöhnlich, Dinge in einem Bild zu sehen, die sonst niemand sieht, wie der Witz über den Mann belegt, dessen Psychiater ihm ein gezeichnetes Quadrat zeigt und fragt: »Was sehen Sie?«

Der Mann antwortet: »Ich sehe eine nackte Frau!«

Der Arzt zeichnet ein zweites Quadrat daneben und fragt: »Und was sehen Sie jetzt?«

»Jetzt sehe ich zwei nackte Frauen!«

»Klarer Fall«, sagt der Psychiater, »Sie haben eine Sexualneurose.«

Der Mann ist empört: »Wieso *ich*? *Sie* malen doch die ganzen Schweinereien!«

Die Holländer sind so kunstverrückt, dass sie sogar im Flughafen ein Museum betreiben: Am 9. Dezember 2002 eröffnete Prinz Willem-Alexander in einem Terminal des Amsterdamer Flughafens Schiphol eine Außenstelle des Rijksmuseums. Dort kann man während der 20 Minuten zwischen Check-in und Boarding in aller Ruhe die Virtuosität und den Detailreichtum der flämischen Malerei betrachten und in früheren, goldenen Jahrhunderten versinken, in denen es noch keinen Frühbucher-Rabatt, keine Gangplätze und kein Übergepäck gab. Jeder, der sich am Amsterdamer Flughafen intensiv mit der Malerei dieser Zeit auseinandersetzt, wird sich unweigerlich das Gleiche denken: Zum Glück sind die Herren in ihren Rüstungen, Lanzen und Eisenhelmen nur gemalt – sie wären sonst niemals durch die Sicherheitskontrolle gekommen!

In Paris sind die großen Kunsttempel zwar mitten in der Stadt, werden aber ebenso stark frequentiert wie der Flughafen. Zwar zieht es auch sehr viele Paris-Besucher zum Eiffelturm, zum Arc de Triomphe oder zum Autohof des

städtischen Abschleppdienstes. Aber was die Museen betrifft, können die Franzosen mit Besucherzahlen aufwarten, von denen selbst die Holländer nur träumen. Das Centre Georges Pompidou zum Beispiel, das sich unter anderem der Kunst des 20. Jahrhunderts widmet, zählt Jahr für Jahr fantastische 3,5 Millionen Besucher. Das Musée d'Orsay, das Werke von Kunst-Superstars wie Claude Monet, Paul Cézanne, Pierre-Auguste Renoir und Edvard Munch präsentiert, lockt immerhin bis zu 3 Millionen Gäste an. So viele haben Borussia Dortmund, Bayern München und Bayer Leverkusen zusammen pro Saison! Und im Museum gibt es nur wenige Sitzplätze – und gar keine VIP-Logen!

Unglaubliche Zahlen, über die jeder andere Kunst-Tempel der Welt frohlocken würde. Wenn man sie allerdings mit den Besucherzahlen des berühmtesten Museums der Stadt (und Frankreichs! Und der ganzen Welt!) vergleicht, verkommen die beiden Publikumslieblinge Centre Pompidou und Musée d'Orsay regelrecht zu Geheimtipps. Ich spreche natürlich vom Louvre, dem mit seinen 60 000 Quadratmeter großen Räumlichkeiten (abzüglich Schrägen) flächenmäßig drittgrößten Museum der Welt: Jedes Jahr schieben sich weit über 8 Millionen Menschen durch die Säle dieses Kunsttempels!

GUT ZU WISSEN

Die beliebtesten Kunstmuseen 2009 nach Besucherzahlen:

Louvre, Paris	8 500 000
British Museum, London	5 569 981
Metropolitan Museum of Art, New York	4 891 450
National Gallery, London	4 780 030
Tate Modern, London	4 747 537
National Gallery of Art, Washington	4 605 606
Centre Pompidou, Paris	3 530 000
Musée d'Orsay, Paris	3 022 012
Museo Nacional del Prado, Madrid	2 763 094
National Museum of Korea, Seoul	2 730 204
Museum of Modern Art, New York	2 672 761

Die ganze Welt rennt dem Louvre die Bude ein. Und das seit 1793. Obwohl die dortige Sammlung über 380 000 Werke umfasst, wollen die meisten Besucher allerdings nur ein einziges Werk sehen: die Traumfrau der Kunstgeschichte. Die Italienerin mit dem schönsten Lächeln der Welt! Die Michelle Hunziker der Renaissance. The one and only – Mona Lisa!

WIE GEIL IST DAS DENN?

Zahl der Google-Treffer, willkürliche Auswahl:

»Marilyn Monroe«	54 600 000
»Pamela Anderson«	40 200 000
»Mona Lisa«	29 000 000
»Gina Lisa«	3 780 000
»Anke Engelke«	1 020 000
»Veronica Ferres«	811 000
»Tine Wittler«	272 000
»Uta Ranke-Heinemann«	55 900
»Thekla Koslowski«	8
»Irmhild Cantz« (meine Mutter)	6
»Yessica Hitler«	1

Damit ist Mona Lisa trotz ihres stolzen Alters von über 500 Jahren weiterhin ganz vorn mit dabei. Bei den Frauen, die sich noch nie vor der Kamera ausgezogen haben, ist sie sogar auf Platz 1!

Ich übertreibe nicht: Jeder, wirklich jeder, kennt das Porträt der Mona Lisa. Es ist von unzähligen Augenpaaren betrachtet und von zahlreichen Wissenschaftlern untersucht worden. Milliardenfach lächelt sie auf Postkarten, Briefmarken und Kaffeetassen. Und doch ranken sich viele Geheimnisse um das Bild, das den Originaltitel *La Gioconda* (*Die Heitere*) trägt und mit 76,8 mal 53 cm nur wenig größer ist als das IKEA-Tablett KLACK (58 × 38 cm). Bis heute ist beispielsweise nicht zweifelsfrei geklärt, um wen es sich bei der porträtierten Person handelt. Ist es wirklich die Florentiner Kaufmannsgattin Lisa del Giocondo, wie es der Biograf Giorgio Vasari im 16. Jahrhundert behauptete? Oder hat da Vinci die Herzogin Isabelle von Aragon verewigt, wie andere Kunsthistoriker glauben? Handelt es sich vielleicht doch um ein Selbstporträt? Um Leonardos Mutter? Oder sehen wir da Vincis Geliebten Gian Giacomo de Caprotti, genannt »Salaino«? (Ich bin nicht der Erste, der diese Tatsache zu Papier bringt, und trotzdem hoffe ich, Leonardo da Vinci hätte nichts gegen sein spätes Outing einzuwenden gehabt – ich möchte nicht als der Rosa von Praunheim der Kunstgeschichte gelten.)

Ich glaube an keine der erwähnten Theorien, was die abgebildete Person betrifft. Ich habe meine eigene Theorie: Mir ist nämlich aufgefallen, dass die Mona Lisa keine Augenbrauen hat. Und jetzt mein Verdacht: Die abgebildete Schönheit ist in Wirklichkeit gar nicht Mona Lisa, sondern Daniela Katzenberger!

WIE GEIL IST DAS DENN?

Selbst die schönsten Menschen der Kunstgeschichte sind nicht perfekt. Mona Lisa fehlen die Augenbrauen, und auch Michelangelos David, jener berühmte, marmorne Hüne, der aussieht, als würde er sechsmal die Woche ins Fitness-Studio gehen, und der uns Männern das Leben so unendlich schwer gemacht hat, weil wir glaubten, alle so aussehen zu müssen wie er – ausgerechnet dieser David hat einen körperlichen Makel: Im Jahre 2000 wurde bei Forschungen an der Universität Stanford festgestellt, dass David schielt. Ich konnte es kaum glauben: Der Mann, der jahrhundertelang unser aller Schönheitsideal prägte, hätte als Kind besser mal ein buntes Pflaster auf der Brille getragen! Ich fühle mich bei dem Gedanken jedenfalls deutlich »idealer« als vorher.

Warum sein Silberblick über 500 Jahre lang unentdeckt blieb, kann man allerdings nur vermuten. Möglicherweise blieben die Blicke der Betrachter (und vor allem der Betrachterinnen!) meistens eine Etage tiefer hängen, da Michelangelo seinen David an einer besonders pikanten Stelle besonders sorgfältig und detailverliebt modellierte.

Neben der kunstgeschichtlichen wirft der spät entdeckte Augenfehler eine weitere Frage auf: Wenn David tatsächlich geschielt haben sollte, hat er seinen übermächtigen Gegner Goliath damals mit der Steinschleuder absichtlich getroffen? Oder handelte es sich nur um ein bedauerliches Versehen? Vielleicht sogar um einen Fall für die Haftpflicht?

Die Mona Lisa, eigentlich Italienerin, lebt übrigens schon seit Langem in Frankreich. Leonardo selbst verkaufte das Gemälde an den damaligen französischen König Franz I. Später kam das Bild in den Louvre und zierte dann eine Zeit lang die Wand im Schlafzimmer Napoleons. Das, was Mona Lisa dort Nacht für Nacht beobachtete, bekommt man sonst nur im Hotel-Pay-TV zu sehen. Vermutlich hat ihr gefallen, was ihr der Frauenheld Napoleon mit seinen Ehefrauen, Geliebten und Mätressen vorturnte. Vorher soll sie angeblich nicht so entrückt gelächelt haben.

DAS GEHT JA GAR NICHT!

Die Mona-Lisa-Forschung nimmt bisweilen absurde Züge an. Manche Spezialisten vermuten zum Beispiel medizinische Gründe für das Lächeln der Dame. Dass sie nur mit einer Hälfte ihres Mundes lächelt, wird als Anzeichen für eine Gesichtslähmung gedeutet. Ein amerikanischer Zahnarzt meinte sogar, Mona Lisa lächle so, weil ihr die Schneidezähne fehlten. Das klingt plausibel – und wäre gleichzeitig eine Erklärung dafür, warum Albrecht Dürers berühmter Feldhase nicht lächelt und stattdessen fürchterlich ernst guckt. Denn der hat seine Hasenzähne noch.

Aber ich schweife ab. Nachdem Napoleon in die Verbannung geschickt wurde, kam das Gemälde zurück in den Louvre, wo es sich bekanntlich heute noch befindet. 500 Jahre Auslandsaufenthalt – für viele ist das sehr lang, für die Franzosen reicht es gerade mal aus, um die Mona Lisa nicht mehr als Ausländerin zu empfinden. Somit ist sie so etwas wie der Zinédine Zidane der Kunst: ein Aushängeschild Frankreichs mit Migrationshintergrund.

Mona Lisa kann ohne Übertreibungen als begehrteste Frau der Kunstgeschichte bezeichnet werden. So geschah es am 21. August 1911, dass das bekannteste Gemälde der Welt aus dem Louvre gestohlen wurde. Es blieb über zwei Jahre lang verschwunden, bis es im Dezember 1913 bei einem Kunsthändler in Florenz wieder auftauchte. Der italienische Gelegenheitsdieb Vincenzo Peruggia hatte sich über Nacht im Museum versteckt, das Bild einfach von der Wand genommen und am nächsten Tag unter seinem

Mantel mit nach Hause genommen. Er wollte das Werk zurück in die Heimat Leonardo da Vincis bringen. Bei dem Versuch, die *Mona Lisa* über einen Kunsthändler an die Uffizien zu veräußern (für eine »Unkostenerstattung« von umgerechnet 1,5 Millionen Euro), wurde Vincenzo Peruggia festgenommen und anschließend zu sieben Monaten Haft verurteilt. Italienische Nationalisten gingen auf die Barrikaden und verlangten, dass das Bild in Italien bleiben solle. So weit ging man dann zwar nicht, aber immerhin hatte der Dieb einen Teilerfolg errungen: Die *Mona Lisa* durfte vor der Rückgabe noch eine eilig organisierte Kurz-Tournee (zu Beatles-Zeiten hätte man gesagt: »Bravo-Blitz-Tournee«) mit den Stationen Rom, Florenz und Mailand absolvieren. Es war das letzte Mal, dass die *Mona Lisa* in Italien zu sehen war.

GUT ZU WISSEN

Der Fall des Vincenzo Peruggia schrieb Kriminalgeschichte. Weil der Dieb trotz der Fingerabdrücke, die er im Museum hinterlassen hatte, mit der bis dahin üblichen kriminalistischen Methode (Identifizierung anhand von Körpermaßen) nicht dingfest gemacht werden konnte, führte die französische Polizei die heute noch angewendete Methode des daktyloskopischen Identitätsnachweises ein, der eine Person anhand ihres einzigartigen Fingerabdrucks erkennt.

DAS GEHT JA GAR NICHT!

Kurzzeitig wurde der berühmte Maler Pablo Picasso verdächtigt, in den Diebstahl der *Mona Lisa* verwickelt zu sein. Er wurde wenige Wochen nach dem Raub zu dem Vorfall verhört, konnte aber glaubhaft machen, dass er so etwas nicht nötig hatte: Wenn Picasso ein teures Bild haben wollte, konnte er sich ja einfach eins malen!

Seit der unfreiwilligen Italien-Tournee im Jahre 1913 war das unbezahlbare Bild nur noch selten auf Reisen: 1963 reiste die *Mona Lisa* auf Wunsch der Kennedys (und zum Entsetzen der Kuratoren) in die USA: Eine Motorradeskorte, eine unsinkbare Transportkiste und eine eigene Kabine auf dem Luxus-Schiff *SS France* sorgten dafür, dass das Gemälde sicher in Amerika ankam. Dass es dann im Lager des New Yorker Metropolitan Museum of Art eine ganze Nacht lang der versehentlich ausgelösten Sprinkleranlage ausgesetzt war, ist eine andere Sache. Gott sei Dank wurde das Gewand der Dame nicht weggewaschen, sonst hätten die Amis ein frühes und mit Sicherheit versicherungstechnisch extrem teures »Nipplegate« erlebt. 1973 wurde das Bild nach Japan und Moskau ausgeliehen. Seitdem hat es sein Heimatmuseum nicht mehr verlassen.

Obwohl sich der Louvre verständlicherweise nur ausgesprochen ungern von seinen Meisterwerken trennt, will das Traditionshaus gern auch woanders ausstellen. Möglich wird dies mit einer Außenstelle im Emirat Abu Dhabi. Der Wüsten-Louvre darf den prominenten Namen 30 Jahre lang tragen und bekommt vom Mutterhaus zahlreiche Sonderausstellungen bestückt. Im Gegenzug erhält der französische Louvre 400 Millionen Euro. Damit kann man eine Menge machen: zum Beispiel fast zwei Cézannes kaufen.

Sie meinen, das ist übertrieben? Ist es nicht! Denn 2011 wurde Paul Cézannes Gemälde *Die Kartenspieler* (1892–96) verkauft. Von privat an privat. Der Kaufpreis soll bei 275 Millionen Euro gelegen haben. Ebay zahlt hoffentlich der Verkäufer. Damit wäre das Gemälde das teuerste Bild, das je verkauft wurde. Und auch ich muss sagen: Das wäre ein verdammt stolzer Preis. Für zwei Skatkumpels würde *ich* jedenfalls keine 275 Millionen ausgeben. Da reichen doch zwei, drei SMS, und ein Stündchen später heißt es schon: »Okay, Jungs – wer gibt?«

275 Millionen für ein Gemälde, das ist ein (wenn auch noch unbestätigter) Rekord, aber wir alle ahnen: Es wird kein Rekord für die Ewigkeit sein. Auf dem Kunst- und Auktionsmarkt werden fast wöchentlich neue Spitzenergebnisse erzielt, bei denen man mit den Ohren schlackert. Als 1987 eine Version von Van Goghs *Sonnenblumen* für umgerechnet 39,7 Millionen Dollar versteigert wurde, da dachte man, das sei nicht zu toppen. Heute bekäme man für einen solchen Betrag gerade mal Van Goghs *Sonnenblumen-Kerne!* Während bei Privatverkäufen nur schwer zu überprüfen ist, ob das Geld tatsächlich geflossen ist (wie die 140 Millionen Dollar für Jackson Pollocks *No. 5, 1948*, die 137,5 Millionen Dollar für Willem de Koonings *Woman III* oder die 135 Millionen Dollar für Gustav Klimts *Adele Bloch-Bauer I*), ist es schwarz auf weiß verbrieft, dass das Auktionshaus Sotheby's am 4. Mai 2010 einen neuen Rekord für eine Kunstversteigerung aufstellte, als es Picassos *Nackte, grüne Blätter und Büste* von 1932 für satte 106 482 500 Dollar an den Mann bringen konnte – solch

krumme Summen kennt man sonst nur von den Aktionswochen bei Lidl. Vermutlich hat der Käufer 106 483 000 Dollar gegeben und großzügig gesagt: »Stimmt so.«

GUT ZU WISSEN

Die teuersten Gemälde aller Zeiten:

Jackson Pollock: *No 5.*, 140 000 000 $
Willem de Kooning: *Woman III*,
   137 500 000 $
Gustav Klimt: *Adele Bloch-Bauer I*, 135 000 000 $
Pablo Picasso: *Nackte, grüne Blätter und Büste*,
   106 482 500 $
Pablo Picasso: *Junge mit Pfeife*, 104 200 000 $
Pablo Picasso: *Dora Maar mit Katze*, 95 200 000 $
Gustav Klimt, *Adele Bloch-Bauer II*, 87 936 000 $
Francis Bacon: *Triptych*, 86 300 000 $
Claude Monet: *Seerosenteich*, 85 500 000 $
Vincent van Gogh: *Porträt des Dr. Gachet*,
   82 500 000 $

Jetzt ist Pablo Picasso natürlich unumstritten ein toller Maler, und *Nackte, grüne Blätter und Büste* ist ein umwerfendes Bild. Es spricht eine große Zielgruppe an, die sowohl Aktfreunde als auch Pflanzenliebhaber und Skulpturen-Fans umfasst. Aber 106 482 500 Dollar? Für nicht mal 2 Quadratmeter Leinwand? Bei den Quadratmeter-Preisen würde man für eine durchschnittliche 4-Zimmer-Wohnung 5 Milliarden Dollar hinlegen müssen. Und da ist die Badezimmerausstattung von Marcel Duchamp und Joseph Beuys noch nicht mitgerechnet. Ich bin kein Fachmann, aber: Über

100 Millionen für zwei Quadratmeter sind definitiv zu viel. Nur mal zum Vergleich: Zwei Quadratmeter Weideland in Sachsen gibt es schon ab 80 Cent.

Hätte Pablo Picasso gewusst, dass seine Bilder einmal so viel Geld einbringen würden, hätte er vielleicht viel früher aufgehört zu arbeiten. So aber hat der arme Mann bis zum bitteren Ende gemalt, gezeichnet und getöpfert und so dafür gesorgt, dass seine Kinder definitiv nicht in finanzielle Bedrängnis kommen würden. Als das Malergenie 1973 im Alter von 91 Jahren starb, stand die Menschheit vor einem immensen Lebenswerk: Picasso hatte in seinem langen Leben sage und schreibe 50 000 Werke geschaffen! Gut, das hat Dieter Bohlen in der halben Zeit geschafft, aber Picassos Werke waren sogar *unterschiedlich*!

Ich habe das mal durchgerechnet: Wenn der Spanier mit 10 Jahren angefangen hat, ernsthaft künstlerisch zu arbeiten (und davon können wir getrost ausgehen, denn er wurde bereits im Alter von 10 Jahren an einer Kunstschule angenommen), blieben ihm netto noch 81 Jahre Werktätigkeit. Das macht knapp 30 000 Tage. Ziehen wir die Wochenenden ab, bleiben 21 430 Werktage. Das bedeutet: Picasso stellte im Schnitt 3,2 Werke pro Arbeitstag her. Wahnsinn! Selbst, wenn die Hälfte Mist gewesen wäre, würde allein die schiere Menge erklären, warum in Picassos Atelier so viele tolle Bilder entstanden sind – und so viele teure: Picasso ist in den Top Ten der teuersten Gemälde aller Zeiten allein dreimal vertreten. Mich erinnert das an die Fußball-Champions League: An den Spaniern kommt halt keiner vorbei!

Alles andere erinnert allerdings überhaupt nicht an Ballsport. Allein die Tatsache, dass mit Gustav Klimts »Adele Bloch-Bauer«-Motiven gleich zweimal Österreich in der

Weltspitze vertreten ist, lässt mich denken: Mit Fußball hat das nichts mehr zu tun!

GUT ZU WISSEN

In Deutschland gibt es 270 Kunstvereine mit insgesamt 120 000 Mitgliedern, aber 25 000 Fußballvereine mit 6,7 Mio. Mitgliedern.

Und es liegt sicher nicht allein an der geringen Anzahl von Mitgliedern, dass es zwischen den Kunstvereinen seltener zu blutigen Schlägereien und verbalen Aggressionen (»Was ist grün und stinkt nach Fisch: Kunstverein Breeeeemen!«) kommt.

Pablo Picasso hat so wahnsinnig viele Werke geschaffen, dass er zwischenzeitlich vermutlich nicht wusste, wohin damit. Das Zeug musste ja auch irgendwo gelagert werden. Und er konnte seine kostbaren Leinwände ja schlecht irgendwo in den Keller stellen, eingequetscht zwischen die Biertischgarnitur, die Skier und den blauen Müllsack mit Kasperlefiguren, die Tochter Paloma zwar ausrangiert hatte, aber für später aufbewahren wollte. Und mir kann niemand erzählen, dass es in seinem Keller anders aussah als bei uns Normalbürgern: also wie in einem explodierten Trödelladen. Warum sollte ausgerechnet Picasso da eine Ausnahme sein? Was hat Picasso also getan, um dieses Lagerproblem zu beheben? Er hat sicherlich viele Kunstwerke verkauft, aber: Er hat auch viele verschenkt.

Zum Beispiel an seinen spanischen Friseur Eugenio Arias, den Picasso 1948 im Exil im südfranzösischen Vallauris kennenlernte und mit dem er bis zu seinem Tod befreundet war. Ihre Verbindung ist in mehreren Filmen und Büchern dokumentiert. Und jetzt auch in meinem Buch.

WIE GEIL IST DAS DENN?

Pablo Picasso schenkte seinem Friseur Eugenio Arias insgesamt 71 seiner Werke, die damals schon einen beträchtlichen Wert hatten: So bot ein französischer Kunstfreund dem Figaro zwei nagelneue Peugeots für eine Keramikschale, und ein japanischer Kunsthändler wollte gleich die ganze Sammlung haben – für einen siebenstelligen Betrag. Arias gab den finanziellen Verlockungen jedoch nicht nach und verzichtete auf das mit an Sicherheit grenzender Wahrscheinlichkeit großzügigste Trinkgeld, das je ein Friseur erhalten hätte.

Erstaunlich, dass Picasso ausgerechnet einen Friseur zum Freund hatte. Denn bei den paar Haaren, die der Maler auf seinem genialen Schädel trug, hätte er maximal alle zwei Jahre den Salon von Eugenio Arias aufsuchen müssen (im Gegensatz zu den Grundregeln des modernen Designs gilt im Friseurhandwerk nicht: »Weniger ist mehr«, sondern ganz profan: »Weniger ist weniger«). Zumal es heißt, Picasso habe eine ausgeprägte Abneigung verspürt, sich von fremden Menschen die Haare schneiden zu lassen. Aber die Gemeinsamkeiten von Maler und Friseur überwogen offensichtlich: Beide waren Spanier, Kommunisten, Freunde des Stierkampfs – und beide hatten noch nie Urlaub in Bochum-Wattenscheid gemacht.

Arias hielt seine besondere Kollektion über Picassos

Tod im Jahre 1973 hinaus zusammen und vermachte sie 1982 seinem Heimatdorf Buitrago del Lozoya, 50 Kilometer nördlich von Madrid. Seit 1985 sind die Werke dort im kleinsten Picasso-Museum der Welt zu sehen. Für die Ausstellungsräume gilt übrigens das Gleiche, was zeitlebens für den Salon des 2008 verstorbenen Eugenio Arias galt: montags geschlossen.

GUT ZU WISSEN

Das kleine Picasso-Museum in Buitrago del Lozoya wird wohl nie einen Besucheransturm verkraften müssen wie die große Picasso-Schau im Pariser Grand Palais: 2009 war sie mit 800 000 Besuchern die bestbesuchte Ausstellung Frankreichs seit 25 Jahren. Am Ende war sie sogar vier Tage und drei Nächte ohne Unterbrechung geöffnet, wobei ich nicht wissen möchte, was das für Kunstfreunde waren, die so lange wach bleiben konnten!

Ein paar Höhlenmalereien, ein bisschen Beuys, eine Prise Duchamp, je eine Portion *Nachtwache* und *Mona Lisa*, ein Löffelchen Kunstmarkt und ein Hauch Picasso: Das ist natürlich nur die Spitze der Spitze der Spitze eines riesigen Eisbergs voller mysteriöser Geheimnisse, spannender Geschichten und aufregender Entdeckungen zum Thema Kunst. In der Kunstwelt gibt es noch unendlich viel mehr zu entdecken: schillernde Paradiesvögel, leidenschaftliche Künstlerfreundschaften, dubiose Fälscherringe, größenwahnsinnige Sammler, provokante Happenings sowie ein schwarzer Regenschirm der Marke Knirps, den ich letztens im Café des Kölner Museums Ludwig habe liegen lassen. Wäre toll, wenn der ehrliche Finder sich beim Verlag meldet.

Allein die zeitgenössische Kunst mit ihren schillernden Pop-Stars, gewieften Top-Galeristen und millionenschweren Mäzenen könnte ein ganzes Buch füllen. Ich bin jedenfalls auf den Geschmack gekommen und habe mir fest vorgenommen, mich in Zukunft mehr mit dem Thema Kunst zu beschäftigen. Besser spät als gar nicht. Hätte meine damalige Kunstlehrerin Frau H. (die wir Schüler aufgrund ihrer, sagen wir mal, »expressionistischen« Frisur nur »Vogelnest« nannten) die These »Über Geschmack kann man nicht streiten« vertreten, wäre ich vielleicht schon früher auf den Trichter gekommen. Dabei besaß ich damals schon eine künstlerische Ader: Immerhin hatte ich meine »blaue Phase« früher als Picasso, nämlich schon am Gymnasium, und zwar in Form eines blauen Briefes. Natürlich im Fach Kunst. Absender: Frau H. Doch der Schock ist längst verdaut, und ich kann das Thema Kunst frisch und vorurteilsfrei angehen. Wer mich also demnächst erreichen will, sollte es an einem Montag versuchen. Den Rest der Woche werde ich in Museen und Galerien verbringen.

Oder aber (was dann doch wahrscheinlicher ist) beim Friseur.

Was kostet die Welt?

Ich habe bei der Arbeit an diesem Buch eine erstaunliche Entdeckung gemacht: Auf beinahe jede Frage gibt es eine passende Antwort. Nur bei einer einzigen bin ich nicht fündig geworden: Ich habe das komplette Internet abgeklappert, ich habe Bibliotheken durchforstet (ich habe sogar meinen Kollegen Bernhard Hoecker angerufen, der normalerweise alles weiß), aber niemand konnte mir eine befriedigende Antwort auf folgende Frage geben:

Was kostet die Welt?

Ich habe im Netz zwar jemanden gefunden, der glaubt zu wissen, was sie kostet, aber seine Berechnungen lesen sich ungefähr so seriös wie die des griechischen Finanzministers:

WIE GEIL IST DANN DENN?

Der amerikanische Astrophysiker Greg Laughlin hat aufgrund eines von ihm entwickelten Systems ausgerechnet, dass die Erde auf den Cent genau 3 519 501 942 644 496 Euro kostet. Das sind 3,5 Billiarden oder 3500 Billionen. Was wiederum dem Hundertfachen des Welt-Bruttoinlandsprodukts entspricht. Nur zum Vergleich: Griechenland hat 300 Milliarden Euro Schulden – 11 667 mal weniger. 3,5 Billiarden sind also eine ganz schön hohe Kaufsumme, vor allem, wenn man bedenkt, dass noch fast 700 Billionen Euro Mehrwertsteuer dazukommen. Damit ist nach Laughlins Rechnung die Erde der mit Abstand teuerste Planet unseres Sonnensystems. Aber auch preisbewusste Planeten-Interessenten werden fündig. Den Mars beziffert der Astrophysiker zum Beispiel mit nur 12 000 Euro. Dieser Schnäppchenpreis kommt sicherlich auch deswegen zustande, weil der rote Planet nur schwer mit öffentlichen Verkehrsmitteln zu erreichen ist. Und es geht sogar noch billiger. Denn die Venus wird mit weniger als einem Cent taxiert. Man sollte sich allerdings vor einem Kauf darüber im Klaren sein, dass die Lebenshaltungskosten auf der Venus recht hoch sind. Allein der tägliche Weg zur Arbeitsstelle in beispielsweise Recklinghausen geht ganz schön ins Geld – Pendlerpauschale hin oder her.

Eine seriöse und zufriedenstellende Antwort auf die Frage, was die Welt kostet, habe ich also nicht gefunden. Ich habe allerdings festgestellt: Sie kostet nicht überall das Gleiche. Die Welt von Lady Gaga ist zum Beispiel definitiv viel teurer als meine. Ihr Lebensstandard ist wie ihre High Heels: schwindelerregend hoch. Und Frau Gaga ist nicht die Einzige, die weit über die Verhältnisse lebt – zumindest über die Verhältnisse der allermeisten Menschen auf diesem Planeten. Während in weiten Teilen der Welt ganze Völker unter Armut leiden, wächst die Zahl der Superreichen von Tag zu Tag. Ob in Russland, Südamerika, Asien oder den USA: Überall auf der Welt gibt es Menschen, die offensichtlich nicht wissen, wohin mit ihrem Geld. Dabei ist es doch so einfach. Meine Kontonummer kann man jederzeit beim Verlag erfragen.

Doch im Ernst: Der weltweite Reichtum ist alles andere als gerecht verteilt. Ich will es einmal so formulieren: Es lässt sich eine gewisse Häufchenbildung beobachten. Und oben auf diesen Häufchen hockt die Crème de la Crème des Wohlstands wie der Hahn auf dem Mist: Superreiche wie Pop-Ikone Madonna, Hotelerbin Paris Hilton, Kosmetik-Papst Ronald S. Lauder, Medienmogul Rupert Murdoch oder Computer-Guru Bill Gates. Natürlich drängt sich die Frage auf: Will man mit diesen Menschen tauschen? Ganz ehrlich? Ich möchte es nicht – zumindest nicht mit Bill Gates. Was habe ich von dem vielen Geld, wenn ich aussehe wie einer, der früher immer von den Klassenkameraden in die Mülltonne gesteckt wurde?

GUT ZU WISSEN

Die 12 reichsten Menschen der Welt:

Familie Carlos Slim Helú, Mexiko	$ 74 Milliarden
Bill Gates, USA	$ 56 Milliarden
Warren Buffett, USA	$ 50 Milliarden
Bernard Arnault, Frankreich	$ 41 Milliarden
Larry Ellison, USA	$ 39,5 Milliarden
Lakshmi Mittal, Indien	$ 31,1 Milliarden
Amancio Ortega, Spanien	$ 31 Milliarden
Eike Batista, Brasilien	$ 30 Milliarden
Mukesh Ambani, Indien	$ 27 Milliarden
Familie Christy Walton, USA	$ 26,5 Milliarden
Li Ka-shing, Hongkong	$ 26 Milliarden
Karl Albrecht, Deutschland	$ 25,5 Milliarden

Diese Summen nehmen sich allerdings wie Peanuts aus gegen das Vermögen der reichsten *Ente* der Welt: Über das Vermögen Dagobert Ducks gibt es verschiedene Angaben. Eine besonders beeindruckende Schätzung lautet 500 Tripicatillion Multipludillion Quadruplicatillion Centrifugalillion Dollar und 16 Cents.

In Deutschland leben knapp einhundert Milliardäre. Die drei reichsten Familien haben eine erstaunliche Gemeinsamkeit: Sie haben ihr immenses Vermögen mit Billig-Ware gemacht. Die ALDI-Brüder Karl und Theo Albrecht sowie Lidl-Gründer Dieter Schwarz haben mit Pfennigartikeln (die auch über zehn Jahre nach der Abschaffung der D-Mark immer noch so heißen) ein beträchtliches Vermögen aufgehäuft und somit eindrucksvoll die Richtigkeit der Binsenweisheit »Kleinvieh macht auch Mist« bewiesen. Die Erfahrung mit Mist machendem Kleinvieh teilt übrigens auch Paris Hilton, und zwar, seit ihr hamstergroßer Chihuahua sein Geschäft unmittelbar in ihrer Louis-Vuitton-Handtasche verrichtete.

Im Gegensatz zu etlichen Vertretern des internationalen Geldadels leben viele der superreichen Deutschen diskret zurückgezogen und zeigen sich kaum in der Öffentlichkeit. Sie wollen ihre Ruhe haben, unter sich bleiben und nicht ausgeraubt werden. Von Karl und Theo Albrecht gab es aus diesem Grund zum Beispiel jahrzehntelang kaum Fotos. Ihr Aussehen war so unbekannt, dass sie der eigenen Mutter ihre Geburtsurkunden vorlegen mussten, um Zutritt zu Familienfeiern zu erhalten.

Was mir bei den Albrecht-Brüdern gefällt, ist die beinah schrullige Sparsamkeit, mit der die beiden gelebt haben. Man erzählt sich zum Beispiel, dass Theo Albrecht bis zu seinem Tod im Jahr 2010 sein altes Briefpapier verwendete, obwohl auf dem Briefkopf noch die vierstellige Postleitzahl stand, die 17 Jahre zuvor abgeschafft worden war. Ein weiterer Beleg seiner Sparsamkeit stammt aus meinem Geburtsjahr 1971. Damals wurde der Multimilliardär von zwei Verbrechern entführt. An jenem Tag trug er einen dermaßen abgenutzten alten Anzug, dass die Kidnapper zunächst glaubten, sie hätten den Falschen erwischt – sie waren erst überzeugt, als Albrecht ihnen seinen Ausweis zeigte.

Theos älterer Bruder Karl teilte den Hang zum Geiz: Das bereits 1997 gemeinsam erworbene Grab auf einem Essener Friedhof ließen die beiden so sehr verkommen, dass die Friedhofsverwaltung sich genötigt sah, die Brüder schriftlich dazu aufzufordern, die Grabstätte endlich zu bepflanzen. Dieser Aufforderung kamen Karl und Theo Albrecht auch nach – allerdings warteten sie, bis Zypressen, Eiben und Rhododendren zu Dumpingpreisen angeboten wurden. Und jetzt raten Sie mal, wo? Richtig: bei ALDI.

WIE GEIL IST DAS DENN?

Es gibt nicht nur Aldi-Fanclubs und ein Aldi-Kochbuch, sondern auch einen Aldi-Äquator: Im Jahre 1960 teilten sich die Gebrüder Albrecht das Unternehmen Aldi (steht für »Albrecht Discount«) geschwisterlich. Theo regierte über Aldi Nord und Karl über Aldi Süd. Zwischen diesen beiden Regionen liegt der Aldi-Äquator. Er verläuft zunächst von der holländischen Grenze über das Ruhrgebiet weiter Richtung Gummersbach und Siegen, den einzigen beiden Städten Deutschlands, in denen es sowohl Nord- als auch Südfilialen gibt. Man kann sich das so vorstellen wie Berlin zu Zeiten der Mauer – nur ohne Mauer.

Weiter verläuft die Firmen-Grenze nach Osten bis nördlich von Fulda. Ganz Ostdeutschland wird seit der Wiedervereinigung übrigens von Aldi Nord versorgt. Ganz Ostdeutschland? Nein, eine kleine Filiale im thüringischen Sonneberg wird bis heute aus Bayern, also von Aldi Süd beliefert. Das erinnert dermaßen an Asterix – wahrscheinlich hat die Sonneberger Filiale längst ihr Standard-Sortiment erweitert. Und zwar um Cervisia, Wildschwein und Zaubertrank.

Mir ist eine gewisse Form von Sparsamkeit durchaus vertraut. Denn auch im Hause Cantz wurde eisern aufs Geld geachtet. Das ist der schwäbische Einfluss: Jeder Pfennig wurde zweimal umgedreht. Ich fand das als Kind völlig überflüssig, denn bereits nach dem ersten Umdrehen war klar: Der kommt sowieso ins Sparschwein. Uns fehlte es zwar an nichts, aber mein Vater wäre nie auf die Idee gekommen, sich darüber hinaus in Unkosten zu stürzen. Luxus war im Hause Cantz ein Fremdwort. Was kein Wunder ist, denn Luxus ist überall ein Fremdwort. Schließlich kommt es aus dem Lateinischen.

GUT ZU WISSEN

Das Substantiv »luxus« stammt aus dem Lateinischen und wird schon seit der Antike überwiegend kritisch wertend verwendet, im Sinne von »Ausschweifung«, »Liederlichkeit« oder »Schlemmerei«. Dabei bedeutet »luxus« ursprünglich: »üppige Fruchtbarkeit«. Was ja erst mal nichts Negatives ist – wer will Frau von der Leyen schon ihre sieben Kinder vorhalten?

Heutzutage wird der Begriff Luxus nicht abwertend, sondern vermehrt positiv eingesetzt. Zumindest von den Firmen, die damit Geld machen wollen. Findige Geschäftsleute haben nämlich herausgefunden, dass es eine Zielgruppe gibt, die jenseits von Schnäppchen, Rabatt und »Geiz ist geil« einkaufen möchte. Zahlreiche Internetshops, die ausschließlich exorbitant teure Luxusartikel anbieten, richten sich an Kunden, die sich sogar darüber *freuen*, wenn sie richtig tief ins Portemonnaie greifen dürfen. Kunden, die gerne mehr ausgeben als nötig, weil sie damit zeigen können, dass Geld ihnen vollkommen egal ist. Gut, sie zeigen damit auch, dass sie nicht mehr alle Tassen im Schrank haben, aber die Botschaft mit dem Geld liegt ihnen mehr am Herz als die mit den Tassen.

Während andere das Internet durchforsten, um herauszufinden, ob es die Blumenvase für 2,95 Euro in einem kleinen Online-Shop in Burkina-Faso vielleicht für 2,87 Euro gibt, und sofort ausrechnen, wie viele hundert Vasen sie bestellen müssen, damit sich die höheren Versandkosten rechnen, schauen die Luxus-Shopper erst einmal, ob sie den gewünschten Artikel nicht irgendwo ein bisschen *teurer* bekommen. Jeder Euro zählt. Getreu der Devise: »Mein Porsche ist zwar aufs letzte Schräubchen identisch mit dem meines Nachbarn, aber immerhin habe ich mehr dafür bezahlt! Ätsch!«

Ich habe überhaupt nichts gegen die schönen Dinge des Lebens, aber diese Art von unnötiger Verschwendung ist mir fremd. Ich habe kein Luxus-Problem – ich habe ein Problem mit dem Luxus. Zumindest, wenn man ihn so hemmungslos zur Schau stellt wie der Kollege Roman Abramowitsch, seines Zeichens russischer Öl-Magnat, mit einem geschätzten Vermögen von 11,2 Milliarden Euro. Das reicht zwar nicht, um zu den 50 vermögendsten Menschen der Welt zu zählen, ermöglicht aber immerhin einen recht aufwendigen Lebensstil. Und von dieser Möglichkeit macht Herr Abramowitsch großzügig Gebrauch. Dabei haben wir beide grundsätzlich erst mal einiges gemeinsam. Zum Beispiel sind wir beide Fußballfans. Ich bin Mitglied beim VfB Stuttgart, er beim FC Chelsea. Der Unterschied aber ist folgender: Während ich mir alle paar Jahre mal einen neuen Fan-Schal leiste, hat er seinen Lieblingsverein gleich komplett gekauft. Für 210 Millionen Euro. Insgesamt hat er seit 2003 über 750 Millionen Euro in den Verein investiert. Ich hoffe sehr, dass es die Londoner ihm danken, zum Beispiel, indem sie ihrem großzügigen Superfan einige Vergünstigungen gewähren (Parkplatz am Stadion, 5% auf alle Fan-Artikel, eine Stadionwurst pro Spiel gratis).

Viele Fans von ärmeren Vereinen wie Arminia Bielefeld werden jetzt sagen: »Warum ausgerechnet Chelsea? Warum nicht wir?« Nun, die Frage ist schnell beantwortet, liebe Bielefelder: Roman Abramowitsch möchte die Champions League gewinnen und nicht in der dritten Liga gegen Babelsberg spielen.

Dabei könnte der Russe ganz locker nicht nur die Arminia kaufen, er hätte sogar das Geld, ganz Bielefeld zu erwerben. Macht er aber nicht, denn er ist ja nicht blöd, er ist nur reich. Er ist so unfassbar reich, dass er sich neben dem FC Chelsea noch weitere kostspielige Hobbys leisten kann.

WIE GEIL IST DAS DENN?

Teure Hobbys des Roman Abramowitsch:

236 Millionen Euro: Diese Summe zahlte Abramowitsch für seinen privaten Airbus A340-313X. Damit besitzt er (abgesehen von Staatspräsidenten) den größten VIP-Jet der Welt. Nur der Sultan von Brunei verfügt über einen

noch größeren Privat-Flieger. Aber der hat vermutlich auch viel mehr Ehefrauen, die alle mitfliegen wollen.

254 Millionen Euro: Diesen Betrag war dem Russen die Luxus-Yacht *Pelorus* wert. Mittlerweile hat er sie allerdings weiterverkauft. Überraschenderweise allerdings nicht bei Ebay, sondern unter der Hand an den Film- und Musikproduzenten David Geffen.

340 Millionen Euro: So viel kostete die 2010 an ihn übergebene Mega-Yacht *Eclipse*. Sie ist mit 163 Metern die längste Motor-Yacht der Welt und unter anderem mit Pool, Kino, zwanzig Jet Skis, zwei Hubschrauberlandeplätzen, vier Motorbooten sowie elektronischen Störmaßnahmen gegen unerwünschte Paparazzi ausgestattet. Wenn das Boot erst einmal mit dem vom Eigner gewünschten Raketenabwehrsystem und einem U-Boot nachgerüstet worden ist, dürfte sich der Gesamtpreis bei 840 Millionen Euro einpendeln.

Bei der Entwicklung drängt sich die Frage auf, für welche Luxusfahrzeuge Abramowitsch in 40 Jahren Kohle auf den Tisch legen wird: eine Milliarde für einen Rollator?

Der Russe mag große Boote, guten Fußball und schöne Frauen – er ist also ein ganz normaler Mann. Nur, dass er für seine Vorlieben mehr ausgibt als andere. Kein Wunder, dass es auch bei Abramowitschs Scheidung im Jahre 2007 nicht nur darum ging, wer die Kinder bekommt und wer den Hund. Diese Trennung galt lange als die kostspieligste Promi-Scheidung der Welt. Aber es ist wie mit den Yachten: Irgendwann kommt immer jemand, der noch einen draufsetzt.

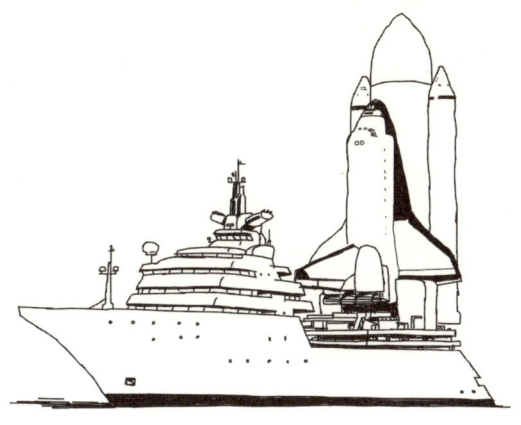

WIE ~~GEIL~~ TEUER IST DAS DENN?

Die zehn teuersten Promi-Scheidungen aller Zeiten:

10. Paul McCartney an Heather Mills: 49 Millionen Dollar

9. James Cameron an Linda Hamilton: 50 Millionen Dollar

8. Madonna an Guy Ritchie: 76 Millionen Dollar

7. Kevin Costner an Cindy Silva: 80 Millionen Dollar

6. Harrison Ford an Melissa Mathison: 85 Millionen Dollar

5. Steven Spielberg an Amy Irving: 100 Millionen Dollar

4. Neil Diamond an Marcia Murphey: 150 Millionen Dollar

3. Michael Jordan an Juanita Vernoy: über 168 Millionen Dollar

2. Roman Abramowitsch an Irina Abramowitsch: 300 Millionen Dollar
1. Mel Gibson an Robyn Moore: 450 Millionen Dollar

In Erwartung der hohen Scheidungskosten sparen immer mehr Männer schon während der Ehe. So teilen sich viele Geschäftsreisende ihr teures Hotelzimmer mit ihrer Sekretärin.

Nicht, dass wir uns falsch verstehen: Ich gönne Roman Abramowitsch seine kostspieligen Hobbys, zumal ich ganz sicher bin, dass der sympathische Russe, wenn es mal nicht mehr so laufen sollte, seinen Lebensstandard ohne Probleme auch wieder herunterschrauben könnte. Er müsste sich halt nur von ein paar liebgewonnenen Dingen trennen, dann ginge das Ganze für ihn auch deutlich preiswerter vonstatten: Die B-Mannschaft von Eintracht Trier zum Beispiel kostet komplett weniger als der dritte Torwart des FC Chelsea, und wer braucht schon Sportwagen und Luxus-Limousinen, wenn die öffentlichen Verkehrsbetriebe von Moskau eine Einzelfahrt schon für 28 Rubel (0,67 €) anbieten?

Es ist zwar unwahrscheinlich, dass der steinreiche Russe sein komplettes Riesenvermögen in den Sand setzt, aber auch Abramowitsch weiß, dass sich die Geschichte »vom Tellerwäscher zum Millionär« in ihr Gegenteil wenden kann und plötzlich »vom Millionär zum Tellerwäscher« heißt. Wir alle kennen die unzähligen Fälle von ehemals wohlhabenden Prominenten, die mit oder ohne eigenes Zutun ihr Vermögen verloren haben und plötzlich mittellos dastehen. Zum Glück leben wir in einer Gesellschaft, in der solche

Menschen nicht fallen gelassen werden. Wir sorgen dafür, dass sich diese Unglücklichen mit Gleichgesinnten austauschen können, dass sie einen Schlafplatz finden und etwas zu essen haben. Das ist echte Barmherzigkeit, wie sie in der Bibel von uns gefordert wird. Nur nennen wir sie nicht »Barmherzigkeit«, sondern *Dschungelcamp*.

Viele junge Menschen, die über reichlich Geld verfügen, können sich nicht vorstellen, jemals so tief zu sinken, dass sie sich dem Spott und Hohn von Sonja Zietlow und Dirk Bach aussetzen müssen. Darum sparen sie auch nicht für schlechtere Zeiten, sondern neigen vielmehr dazu, ihre finanziellen Verhältnisse offensiv und ohne falsche Scham nach außen hin zu präsentieren. Wenn solche Leute von sich behaupten, dass sie auf dem Teppich geblieben sind, können wir davon ausgehen, dass es sich dabei garantiert um einen schweineteuren Orientteppich handelt.

DAS GEHT JA GAR NICHT!

Der teuerste Teppich der Welt wurde am 15. April 2010 in London versteigert: Ein antiker Perserteppich aus dem 17. Jahrhundert wechselte für umgerechnet sieben Millionen Euro den Besitzer. Wer so viel für einen gebrauchten Bodenbelag ausgeben kann, der hat sicher auch das Kleingeld für den teuersten Staubsauger der Welt: Der ist mit 3702 Swarovski-Kristallen bestückt und kostet ca. 15 000 Euro. Kleiner Trost: Der Staub ist weiterhin umsonst.

Die jungen Luxusfreunde sind sich einig: Wer spart, verliert. Nach dem Motto: Gestern haben wir noch vom Taschengeld Leckmuscheln am Schulbüdchen gekauft, heute sitzen wir schon im VIP-Bereich des Edel-Italieners und bestellen Austern für alle! Vor allem diejenigen, die bereits mit einem goldenen Löffel im Mund zur Welt gekommen sind, pflegen den gewohnten Lebensstandard weiter, wenn sie auf eigenen Füßen stehen. Ein gutes Beispiel für solch unbekümmertes Fortsetzen liebgewonnener Familientraditionen ist Petra Ecclestone, die Tochter des britischen Formel-1-Besitzers Bernie Ecclestone. Normalerweise suchen sich Kinder, die von zu Hause ausziehen, eine bescheidene Bleibe in einem Studentenwohnheim oder einer WG. Wenn's hochkommt, leisten sie sich eine kleine Wohnung. Nicht so Fräulein Ecclestone: Sie hat einen (natürlich schweineteuren) Makler beauftragt und soll eine (natürlich schweineteure) Villa in Los Angeles erworben haben – man munkelt, das Anwesen sei sogar das teuerste in den USA. Die Immobilie gehörte dem 2006 verstorbenen Fernsehproduzenten Aaron Spelling, und seine Witwe rief als Kaufpreis für das Anwesen 150 Millionen Dollar auf. Selbstverständlich zuzüglich Maklercourtage. Ganz schön happig, vor allem, wenn man bedenkt, dass Petra Ecclestone kein BaföG bekommt. Wahrscheinlich hat ihr der Papa aber was zugeschossen. Und der Preis ist absolut angemessen. Immerhin bietet die Immobilie eine Menge Räume für interessante Sondernutzungen.

WIE GEIL IST DAS DENN?

Ungewöhnliche Zimmer in der neuen Villa
von Petra Ecclestone:

Raum für Weinverkostungen
Geschenkverpackungsraum
klimatisierter Raum für Silbergeschirr und -bestecke
Fitness-Studio
Puppenmuseum
Bibliothek
Kosmetiksalon
Frisierstube

Vorschläge für weitere Zimmer:

Zimmer zum Milchaufschäumen
Toastbrot-Zimmer
klimatisierter Raum für Serviettenringe und Socken
Hüpfburg
Kiosk
Hundesalon
Tanzschule
Raum für Notizen

Ich bin sicher: Petra Ecclestone wird für jedes einzelne der 123 Zimmer Verwendung finden. 5250 m² Wohnfläche bieten ja auch ungeahnte Möglichkeiten. Sie sollte nur nicht vergessen, Vorhänge vor die Fenster in der Nasszelle zu machen. Denn ihr Nachbar ist Playboy-Gründer Hugh Hefner, und der hat 147 Zimmer, die nur dafür da sind, mit dem Fernglas das Badezimmer des Nachbarhauses im Blick zu behalten.

Petras vier Jahre ältere Schwester Tamara Ecclestone ist übrigens ebenfalls auf der Suche nach einer neuen Immobilie – allerdings ohne teuren Makler. Das so gesparte Geld kann sie dann in die Verstärkung des Badezimmerbodens stecken, denn der muss immerhin ihre tonnenschwere, aus einem einzigen Block geschnittene und rund 1,15 Millionen Euro teure Kristallbadewanne tragen. Ich habe gehört, dass extra für Tamara Ecclestone eine Expedition zum Amazonas organisiert wurde, um einen Kristall mit entsprechenden Ausmaßen zu finden. Das fand ich interessant – der Sanitärfachhandel am Amazonas scheint definitiv mehr Auswahl zu haben als der Baumarkt meines Vertrauens.

Es gibt aber auch junge Reiche, die im Gegensatz zu Petra und Tamara Ecclestone noch mit beiden Beinen auf dem Boden stehen, zum Beispiel Facebook-Gründer Mark Zuckerberg. Er hatte bereits mit 24 seine erste Milliarde zusammen, zwei Jahre später – 2011 – schätzte man sein Vermögen auf satte 17,5 Milliarden Dollar. Dennoch wohnt Zuckerberg noch zur Miete. Und zwar ganz bescheiden in einem verhältnismäßig kleinen Haus im kalifornischen Palo Alto. Ohne Fernseher. Und ohne Partykeller. Gut, den braucht er auch nicht, denn er hat so viele Freunde, dass er sie eh nicht alle unterbringen könnte: Mark Zuckerbergs Facebook-Profil hat fast eine Million Abonnenten. Was macht er mit seinem ganzen Geld? Unter anderem spendet er. 2010 stiftete der Selfmade-Milliardär 100 Millionen Dollar für öffentliche Schulen in New Jersey. Man muss Facebook nicht mögen, aber für diese Aktion gibt es eindeutig einen Daumen nach oben, oder wie Mark sagen würde: Gefällt mir.

Den Schulbehörden wird die großzügige Spende eben-

falls gefallen haben. In den Lehrerzimmern haben jedenfalls sicherlich die Champagnerkorken geknallt. Für die Lehrer eine schöne Abwechslung zum Pausen-Kakao. Denn
Champagner gilt gemeinhin als exklusiver Luxusartikel.
Wobei ich mich frage: Kann man ein Getränk als exklusiv bezeichnen, von dem derzeit 1,5 Milliarden Flaschen
in den Kellern der Hersteller und Händler lagern? So groß
wird von Fachleuten der weltweite Champagner-Bestand
geschätzt. Wenn wir davon ausgehen, dass jede Flasche
fünf Gläser Schaumwein enthält, dann könnte die gesamte
Menschheit miteinander anstoßen! Und bei dieser Rechnung gehe ich von ganz profanen 0,75-Liter-Flaschen aus.
Wahrscheinlich könnte man sogar noch mal nachschen-
ken, denn viele Champagnerflaschen fassen sogar mehr
als einen dreiviertel Liter.

GUT ZU WISSEN

Größenbezeichnungen von
Champagnerflaschen:

0,2 Liter	Piccolo
0,375 Liter	Filette
0,75 Liter	Imperial
1,5 Liter	Magnum
3 Liter	Jeroboam
4,5 Liter	Rehoboam
6 Liter	Methusalem
9 Liter	Salmanazar
12 Liter	Balthazar
15 Liter	Nebukadnezar
18 Liter	Melchior/Goliath

26,25 Liter   Souvereign
27 Liter   Primat
30 Liter   Melchisedech

Wichtiger Hinweis: Verwenden Sie für Schiffstaufen bitte nur Flaschen bis maximal Jeroboam. Alle anderen könnten die Bordwand durchschlagen.

Bei der 30-Liter-Flasche drängen sich drei praktische Fragen auf: Erstens: Mit welchem Kran bekomme ich den Korken raus?

Zweitens: Gibt es halbwegs elegant aussehende Sektkühler für solche Flaschen? Oder muss ich auf eine Mülltonne aus Gusseisen zurückgreifen?

Und drittens: Kommt die leere Melchisedech-Flasche in den Altglascontainer? Oder kommt der Container in die Flasche?

Außerdem frage ich mich, wer eine 30-Liter-Flasche Schaumwein trinken soll. Außer King Kong. Und was isst der als Knabberspaß dazu? Ganze Kokosnüsse? Aber man muss die Riesenpullen ja nicht ordern – es reicht allemal, wenn man darüber reden kann. Mit geschickt platzierten Hinweisen kann jeder völlig kostenlos so tun, als gehöre Luxus für ihn zum Alltag. Nach dem Motto: »Schatz, wenn die Gäste weg sind, hole ich den Melchisedech aus dem Keller – ich möchte noch baden.« Ich bin sicher: Die Gäste werden den Begriff noch am selben Abend googeln und darüber staunen, wie reich Sie sind. Oder aber sie googeln nicht und glauben, dass Sie bettelarm sind: Nicht nur, dass Sie Ihren Keller an diesen Melchisedech untervermieten müssen – um Wasser zu sparen, teilen Sie sich sogar ein Schaumbad!

Das Thema Champagner hat in Sachen Angeberwissen viel zu bieten. Wem das Aufsagen von Flaschengrößen zu profan erscheint, für den gibt es noch eine Menge weitere interessante und wenig bekannte Fakten: zum Beispiel, dass Champagnerflaschen besonders dicke Wände haben, da sie einen Druck von bis zu 3,5 bar aushalten müssen. Oder dass der Drahtverschluss über einem Sekt- oder Champagnerkorken »Agraffe« genannt wird. Oder auch, dass »Ultra Brut« keine Heavy-Metal-Band ist, sondern der Champagner mit dem geringsten Restzuckeranteil (0 bis 3 Gramm/Liter). Als wahrer Kenner aber erweist sich erst derjenige, der ganz beiläufig erwähnt, er fröne der Placomusophilie.

Champagner ist für viele der Inbegriff von Luxus und Deka-
denz. Dabei ist er im Vergleich zu Spitzenweinen geradezu
billig. Zwar wurde am 3. Juli 2011 bei einer Versteige-
rung auf dem finnischen Ostsee-Archipel Åland eine einzige Flasche Schampus für 46 640 Dollar versteigert. Aber
das ist nichts gegen die 230 000 Dollar, die ein Jahr zuvor ein Sammler für eine Flasche 1869er Château Lafite auf
den Tisch legte. Für das Geld bietet er wahrscheinlich ein
ganz besonderes Geschmackserlebnis. Und falls er korkig
schmeckt, kann man ihn ja immer noch mit Cola mischen.

Es gibt eine weitere Droge, die für viele unmittelbar mit
dem Begriff »Luxus« verknüpft ist. Die Rede ist von der Zigarre. Berühmtheiten wie Winston Churchill, Arnold
Schwarzenegger, Alfred Hitchcock, Fidel Castro, Rudi As-
sauer oder Groucho Marx griffen gerne zum braunen Edel-
stumpen und sorgten so dafür, dass die Zigarre heute als
Symbol für Macht, Geld und Luxus steht. Wer sie raucht,
demonstriert: Ich habe es geschafft. Dass Zigarren aber
auch Nichtrauchern Genuss verschaffen können, das wissen wir spätestens seit Clinton-Praktikantin Monica Lewinsky
und ihrer kreativen Umnutzung der Rauchwaren. Und auch

wenn Raucher wie Nichtraucher immer wieder beteuern, es käme nicht auf die Größe an, wird bei Zigarren penibel nachgemessen und unterschieden.

GUT ZU WISSEN

Zigarrenformate:

Demi Tasse	Länge: 95–100 mm, Ø 11–12 mm
Chicos	Länge: 100–117 mm, Ø 9,12 mm
Petit Corona	Länge: 102–127 mm, Ø 15–18,5 mm
Robusto	Länge: 114–140 mm, Ø 19–22 mm
Corona	Länge: 130–170 mm, Ø 15–18,5 mm
Toro	Länge: 140–168 mm, Ø 18–21 mm
Torpedo	Länge: 140–170 mm, Ø 19,5–21,5 mm
Corona Grande	Länge: 150–155 mm, Ø 16–17 mm
Lonsdale	Länge: 160–185 mm, Ø 16–18 mm
Format 9-9-8	Länge: 170 mm, Ø 17 mm
Churchill	Länge: 170–185 mm, Ø 18–20 mm
Double Corona	Länge: 186–200 mm, Ø 19–21,5 mm
Gigante	Länge: 230–240 mm, Ø 19–22 mm

Menschen wie ich, die nur selten zur Zigarre greifen, unterscheiden übrigens nicht nach der Länge der Rauchware, sondern nach der Länge von Schwindel- und Hustenanfällen.

Natürlich gibt es eine Menge Genießer, die weder Alkohol trinken noch rauchen. Aber auch die können im Luxus schwelgen, wenn sie über entsprechende finanzielle Mittel verfügen: Ein Besuch im Drei-Sterne-Restaurant verspricht garantierten Gaumen-Hochgenuss und gastronomische Spitzenqualität – allerdings nur für einige wenige Gäste. Denn die Auswahl unter exklusiven Edelrestaurants ist klein. Kenner wissen das und reservieren rechtzeitig. Rechtzeitig bedeutet in diesem Fall: Wer klug genug war, Mitte der 90er Jahre vorzubestellen, hatte 2012 die realistische Chance, in einem der neun deutschen Drei-Sterne-Restaurants einen Tisch zu bekommen. Das geringe Platzangebot und die gesalzenen Preise sorgen dafür, dass die wohlhabenden Gourmets meistens unter sich bleiben. Zwar verirrt sich hin und wieder auch mal ein Normalverdiener in ein solches Lokal, aber es bleibt unwahrscheinlich, dass man sein Kobe-Rind an Trüffelmousse essen muss, während nebenan der Kegelclub »Ach du grüne Neune« lauthals grölend eine Lokalrunde nach der anderen schmeißt. Neben aller Exklusivität haben Gourmet-Restaurants allerdings auch einen entscheidenden Nachteil: Die Portionen sind oft so klein, dass am Ende beides leer ist – der Bauch und das Portemonnaie.

Wer es weniger gediegen mag, dafür aber gerne satt wird, der kann auch in Bistros, Cafés und Bars eine Menge Geld lassen – vor allem, wenn er in Amerika unterwegs ist. Man sagt nicht umsonst, dass der Aufenthalt in US-Metropolen höhere Lebenshaltungskosten verursacht als anderswo. Das stimmt auch. Wenn man die Zahlen miteinander vergleicht, erkennt man auf den ersten Blick: In Leverkusen lebt es sich zum Beispiel deutlich günstiger.

DAS GEHT JA GAR NICHT!

Kosten für Snack, Cocktail, Eis, Taxi – ein Vergleich:

Leverkusen:

McDonald's: Hamburger	€ 1,00
Bar Havanna: Tequila Sunrise	€ 7,40
Eisdiele Casanova: Eis, 3 Kugeln	€ 1,80
Taxi von Leverkusen nach Hause (Köln)	€ 35,65
Summe:	*€ 45,85*

USA:

Norma's, New York: Omelett	€ 780,00
Harry Denton's Starlight Room, San Francisco: Drinking the Stars Cocktail	€ 850,00
Serendipity 3, New York: Eisbecher	€ 775,00
Taxi von L. A. nach Hause (Köln)	€ 12 812,65
Summe:	*€ 15 217,65*

Ich habe immer gedacht: Sparen ist total einfach. Wenn man ausgeht, muss man nur auf teure Cocktails verzichten und stattdessen Wasser trinken. Ja, schon, aber wir befinden uns nicht mehr in den Zeiten, in denen der Sprudel automatisch das billigste Getränk im ganzen Laden gewesen ist. Wenn Sie mir nicht glauben wollen, dann bestellen Sie doch im Berliner Luxus-Hotel Adlon mal ein Wasser. Wenn Sie Pech haben und der Kellner hakt nicht nach, bringt er Ihnen eine Flasche des japanischen Tafelwassers »Rokko No«. Die Flasche zu 62 Euro. Was lernen wir daraus? Stille Wasser sind nicht nur tief – sie sind auch teuer.

Viele Verbraucher schütteln bei den enormen Preisen verständnislos den Kopf. Für sie ist stilles Wasser nichts anderes als Leitungswasser für Reiche. Aber Wasser ist nicht gleich Wasser. Die Fachleute unterscheiden zunächst mal zwei Kategorien: Wasser, das blubbert. Und Wasser, das nicht blubbert. Blubberwasser wird vor allem von ganz jungen und ganz alten Menschen bevorzugt. Also Ahoi Brause oder Corega Tabs.

Die nicht blubbernden Wässer sind oft teurer als die blubbernden. Nicht nur, wenn sie aus Japan kommen. Auch unsere französischen Nachbarn verlangen oft Wucherpreise für ihr Wasser. In Frankreich kostet alles mehr als sonst wo. Nicht nur Chanel und Gaultier, sondern auch Volvic und Evian. Zumindest aber bei den Silben sparen die Franzosen: Die sagen statt »Wasser« einfach »eau«: Eau de Cologne, Au de Toilette, Eau du fröhliche. Und wenn sie das Wasser nur mittelmäßig finden, dann sagen sie »eau lala«.

Ich für meinen Teil brauche keine sündhaft teuren, stillen Aqua-Drinks mit Migrationshintergrund. Ich greife viel lieber zu günstigen, guten deutschen Felsquellwassern, bei denen die Namen noch klingen wie Rammstein-Songs:

Brrrrrohler!

Drrrrrrrrrrrrrrreiser!

Gerrrrrrrrrrrrrrrrrolsteiner!

Apollinarrrrrrrrrrrris!

Und es geht sogar noch preiswerter: Ich habe mir ein Gerät gekauft, mit dem ich mittels Gasdruck aus ganz normalem Leitungswasser Sprudelwasser machen kann. Das macht Spaß und funktioniert auch mit anderen Getränken. Probieren Sie das mal zu Hause aus: Mit dieser Methode ist im Handumdrehen aus billigem Pizza-Weißwein herrlich prickelnder Schampus geworden. Ich verspreche Ihnen, Ihre

Gäste werden den Unterschied nicht bemerken – zumindest wenn sie dieses Buch nicht gelesen haben und immer noch davon ausgehen, dass Sie echten Champagner trinken.

Guter Geschmack ist eben nicht immer eine Frage des Preises. Ich mache zum Beispiel für mein Leben gern Bratkartoffeln. Normalerweise brauche ich dafür Speck, Zwiebeln und einen 2,5-Kilo-Sack Kartoffeln für 2,99 Euro. Einfach, schlicht, bescheiden – so mag ich das. Ich bin nicht sicher, ob es so viel besser schmecken würde, wenn ich statt der guten alten und preiswerten Sieglinde französische La-Bonotte-Kartoffeln nehmen würde. Obwohl sie mehr als 500-mal so viel kosten. Bei 450 Euro für ein Kilo dieser Edel-Knollen gehören die Schalen nicht auf den Kompost, sondern in den Tresor.

Grundnahrungsmittel zu Gebrauchtwagenpreisen, das gibt es häufiger, als man denkt. Zum Beispiel kann man in Zürich Würfelzucker erwerben, der mit Silber- und Goldpartikeln versetzt ist und mit 17 Euro zu Buche schlägt – pro Stück versteht sich. Dieser Wahnsinn wird jedoch noch überboten vom teuersten Kaffee der Welt: Hochpreis-Koffein für Leute, die schon alles, aber wirklich *alles* haben.

WIE GEIL IST DAS DENN?

Kopi Luwak aus Sumatra ist der teuerste Kaffee der Welt. Die Bohnen werden nicht von Menschenhand geerntet, sondern aus dem Kot einer Schleichkatze, des sogenannten Fleckenmusangs, gewonnen. Diese Katzen fressen die reifen Kaffeekirschen und scheiden die Bohnen wieder aus. Die Magensäure entwickelt angeblich eine besondere Würze, die den Kaffee zusätzlich positiv beeinflussen soll. Auf diese Weise entstehen jährlich nur wenige hundert Kilogramm dieses speziellen Kaffees. Liebhabern ist Kopi Luwak bis zu 700 Euro pro Kilogramm wert. Und ich dachte, die Kapseln für meine Espresso-Maschine seien schon teuer.

Auch für Teefreunde mit großem Geldbeutel ist bald gesorgt: Ein chinesischer Geschäftsmann hat angekündigt, den teuersten Tee der Welt auf den Markt zu bringen – zu einem Kilopreis von 50 000 Euro. Das Besondere an diesem Tee ist, dass die Pflanzen mit Panda-Kot gedüngt werden. Nachweisen kann das natürlich niemand. Erste Skeptiker sprechen schon von Beschiss.

Zum Schluss möchte ich auf ein ganz besonderes Statussymbol zu sprechen kommen: die Armbanduhr. Kaum ein Gegenstand symbolisiert so sehr, dass man es geschafft hat. Wer sich eine richtig teure Armbanduhr leisten kann, der spielt ganz vorne mit im Orchester der Luxus-Gesellschaft. Vor allem die Rolex ist ein Synonym für grenzenlosen Luxus geworden. Und das, obwohl sie gar nicht die teuerste Uhr der Welt im Programm hat. Zwar kann man für ein Modell wie die »Rolex GMT Master II Ice« locker 380 000 Euro ausgeben, aber das sind Peanuts im Vergleich zum Anschaffungspreis des Flaggschiffs eines weiteren Schweizer Herstellers.

DAS GEHT JA GAR NICHT!

Die teuerste Uhr der Welt ist eine Damen-Uhr: Sie stammt aus dem Hause Chopard und kostet rund 25 Millionen Dollar. Zum hohen Preis tragen die drei herzförmigen Diamanten mit insgesamt 38 Karat genauso bei wie das Diamant-Armband mit weiteren 163 Karat. Die schwere Armbanduhr ist für viele Frauen die angenehmste Art, auf einen Schlag ein paar Kilo mehr auf die Waage zu bringen.

Seit es Armbanduhren als luxuriöses Statussymbol gibt, werden sie gern zur Schau gestellt, und zwar von all ihren Trägern, ob sie nun Politiker, Sportler, Unternehmer, Showstars, Revolutionäre oder Religionsführer sind. Der Dalai Lama schwärmt von seinem teuren Schweizer Zeitmesser genauso, wie es Che Guevara getan hat, und *Miami Vice*-Star Don Johnson hat die Jackett-Ärmel sicherlich auch deswegen hochgekrempelt, damit man seinen edlen Chronometer schon von Weitem sieht. Nur der ehemalige Siemens-Chef Klaus Kleinfeld zeigte sich ungewöhnlich zurückhaltend und ließ auf seinen offiziellen Pressefotos die Luxus-Uhr an seinem Handgelenk wegretuschieren. Vergebens – seine Zeit bei Siemens war offenbar trotzdem kurz danach abgelaufen.

Uhren, Yachten, Champagner, Kaviar: Reichtum, Macht und Luxus üben auf viele Menschen eine anziehende Wirkung aus. Das dürfte vor allem ältere Herren wie Joschka Fischer, Gerhard Schröder oder Donald Trump freuen – sonst müssten sie ihre Betten mit Damen aus der eigenen Altersklasse teilen. Oder aber – was noch wahrscheinlicher ist – allein schlafen. Allen weniger Wohlhabenden kann ich nur ans Herz legen, ihre Mitmenschen mit anderen Werten für sich einzunehmen: zum Beispiel mit Charme, Witz und Herzenswärme. Edle Kostbarkeiten, die mehr sind als nur teuer – sie sind unbezahlbar.

Sag mir deinen Namen und ich sag dir, wie du heißt

Mandy-Jacqueline

Chayenne

Chantal

Dustin

Luca-Pascal

Linus

Knut

Mein Name ist Cantz. Guido Cantz. Und das ist gut so. Hieße ich beispielsweise Otto Cantz, könnte man mich leicht mit meinem Vater verwechseln. Der heißt nämlich auch Otto Cantz. Stünde in meinem Pass gar Irmhild Cantz, würde man mich glatt für meine eigene Mutter halten. Nichts gegen meine Mutter, aber das kann niemand wollen. Beim Namen Guido Cantz hingegen sind Missverständnisse ausgeschlossen. Da weiß jeder sofort: Guido Cantz? Das ist doch der eine, der Blonde, der aus dem Fernsehen … moderiert er nicht bei SAT 1 oder der ARD oder RTL diese Sendung … hier, jetzt weiß ich es wieder: Der moderiert doch so was wie *Das riesengroße Quiz der Notlügen* oder *Die 100 peinlichsten giftigen Tiere*, oder nicht? *Der* Guido Cantz also? Ja! Genau der.

Wenn also jemand »Guido Cantz« ruft, dann fühle ich mich sofort angesprochen. Das war schon immer so. Denn ich trage meinen Namen seit meiner Geburt. Das ist nicht selbstverständlich. Fürstin Charlène von Monaco heißt zum Beispiel erst seit ihrer Hochzeit mit Fürst Albert von Monaco Fürstin Charlène von Monaco. Vorher hieß sie vermutlich Günther.

Egal, was der Volksmund behauptet: Namen sind viel mehr als Schall und Rauch. Das heißt: Eigentlich behauptet es nicht der Volksmund, sondern Deutschlands berühmtester Dichter.

GUT ZU WISSEN

Die Redewendung »Namen sind Schall und Rauch« geht auf Johann Wolfgang von Goethe (1749–1832) zurück. Im *Faust I* stellt Gretchen Faust die berühmte »Gretchenfrage«:

»Nun sag, wie hast du's mit der Religion?«
Faust ist der Ansicht, jeder Mensch dürfe das Gute und
Schöne der Welt auf eigene Weise empfinden, und will
sich nicht auf allgemeinverbindliche Formeln wie »Gott«
oder »Glauben« festlegen. Darum sagt er:

>»Nenn es dann, wie du willst,
>Nenn's Glück! Herz! Liebe! Gott!
>Ich habe keinen Namen
>Dafür! Gefühl ist alles;
>*Name ist Schall und Rauch,*
>Umnebelnd Himmelsglut.«

Das Copyright für »Namen sind Schall und Rauch« liegt
also bei Goethe. Dem Dichterfürsten Johann Wolfgang
von Goethe aus Frankfurt. Diesen Vornamen trug er, damit man ihn nicht mit Manfred Goethe verwechselt. Der
wohnt nämlich in Bad Wildungen und verkauft Versicherungen.

Mein Deutschlehrer hat immer gesagt: »Goethe ist ein Genie.« Aber meiner Meinung nach hat er überhaupt keine
Ahnung (also Goethe, nicht mein Lehrer), jedenfalls, was
Namen angeht. Die sind nämlich keinesfalls Schall und
Rauch, sondern ein wichtiger Teil unserer Identität.
   Der Familienname zeigt immerhin, salopp gesagt, an,
aus welchem Stall man kommt. Oder wie es Fachidioten
ausdrücken würden: Mit ihm wird soziologisch-historisch
die Zugehörigkeit des Individuums zur familiären Gruppe
angezeigt. Aha. Der Nachname betont also die eigenen
familiären Wurzeln. Er sagt: »Ich bin Teil dieser besonderen Gemeinschaft. Mit ihr bin ich für immer verbunden. Sie

ist der Boden, auf dem ich stehe.« Es ist schön, zu einer Gemeinschaft zu gehören, die ohne Wenn und Aber hinter einem steht. Wir alle kennen dieses Gefühl der familiären Verbundenheit. Außer Bushido. Der hat keinen Nachnamen. Den Rückschluss, dass der familiennamenlose Rüpel-Rapper mit seinem asozialen Verhalten den eigenen Clan vergrault hat und selbst seine Mutter sich nicht mehr zu ihm bekennt, würde ich niemals ziehen. Zu gefährlich. Man könnte sich ja noch mal über den Weg laufen.

Wie wir alle wissen, sagten Nachnamen in früheren Jahrhunderten einiges über ihre Träger aus, zum Beispiel über den vermeintlichen Erzeuger. Hier einige prominente Beispiele:

Schatzinsel-Autor Robert Louis Stevenson – der Sohn des Steven.

Jazzpianist Oscar Peterson – der Sohn des Peter.

Feuilleton-Maskottchen Roger Willemsen – der Sohn des Wilhelm.

Geigen-Virtuosin Anne-Sophie Mutter – Vater unbekannt verzogen.

GUT ZU WISSEN

Familiennamen, die sich vom Namen des Vaters oder der Mutter ableiten, nennt man Patronym (abgeleitet vom Namen des Vaters) bzw. Metronym (abgeleitet vom Namen der Mutter).
Nicht zu verwechseln mit »Metronom«, was so viel bedeutet wie: »Du tickst nicht mehr richtig!«

Wenn es nicht um Verwandtschaftsverhältnisse ging, sagte der Nachname häufig etwas über den Berufsstand des Namensträgers aus: Müller, Fischer, Becker, Schumacher, Beckenbauer ... was heute nach *Das aktuelle Sportstudio* klingt, ließ früher an eine Vollversammlung der Handwerkskammer denken. Auch wenn unter den häufigsten deutschen Familiennamen diejenigen mit Hinweis auf einen Beruf am stärksten vertreten sind, ist der Zusammenhang zwischen Name und Tätigkeit doch verloren gegangen. Und das ist gut so. Denn wer möchte schon einen Maßanzug tragen, den Helge Schneider fabriziert hat? Wer will Caroline Beil beim Holzhacken zugucken? Von Sebastian Schweinsteiger fange ich gar nicht erst an. Außerdem: Wer will schon »Herbert Programmierer«, »Petra Nageldesignerin« oder »Karl-Heinz Facility Manager« heißen? Richtig: niemand.

Ein dritter Hinweis, den ein Familiennamen klassischerweise geben konnte, war regionaler Natur: Wo kommt die Sippe her? Auch für diese Herleitung von Nachnamen gibt es bekannte Beispiele wie den Sänger Udo Lindenberg, den Schriftsteller Jack London, die Sängerin Nina Hagen und die Schauspielerin Sydney Rome, wobei sich bei Letzterer die Frage stellt: Kommt die Familie aus Sydney – oder aus Rom? Aber auch dieser Bezug ist heutzutage mit den vielen Jobnomaden nur noch bedingt anwendbar. Kaum jemand bleibt sein Leben lang an einem Ort wohnen, und bei jedem Umzug gleich einen Namenswechsel zu beantragen erscheint mir doch recht aufwendig.

Zu guter Letzt kann ein Familienname auch auf eine Eigenschaft hinweisen: Der Schwimmer Michael Groß ist, ebenso wie seine Ahnen, tatsächlich hochgewachsen, Moderatorin Sonya Kraus hatte offenbar lockige Vorfahren, die Urgroßeltern von Schauspielerin Cornelia Froboess waren vermutlich emotional unausgeglichen (»Froböss« bedeutet »jähzornig«), und Hein Blöd hat kein Abitur.

Natürlich habe ich mich auch gefragt, welchen Ursprung mein eigener Nachname hat. Viele Menschen glauben ja, Cantz wäre mein Künstlername, und fragen: »Wie heißt du denn richtig?« Dazu stelle ich ein für alle Mal klar: Cantz *ist* mein richtiger Name! Wenn ich mir einen hätte aussuchen können, hätte ich mit Sicherheit keinen gewählt, den ich jedes Mal aufwendig buchstabieren muss. Meine Mutter erklärt die Schreibweise von »Cantz« am Telefon immer folgendermaßen: »Wie KRANZ, nur mit C statt K, ohne R und hinten mit TZ.« Man braucht kein Videotelefon zu bemühen, um sich den verwirrten Gesichtsausdruck des Teilnehmers am anderen Ende der Leitung vorzustellen.

Ich habe im Laufe meines Lebens mit ziemlicher Sicherheit *alle* möglichen Varianten meines Namens lesen dürfen: Von »Kanz«, »Kautz«, »Lanz« oder »Lautz« über »Zantz«, »Krantz« bis hin zu »Ganz« oder »Gans«. Den Vogel schossen aber meine Vorgesetzten während meiner Grundausbildung bei der Bundeswehr ab: Dort stand auf dem Stuben-Belegungsplan statt »Cantz«, aufgepasst: »Conte«! Oder wie meine Mutter sagen würde: »Wie KRANZ, nur mit C statt K, ohne R, mit einem O statt dem A, einem T hinter dem N und statt dem Z ein E.« Während ich noch vermutete, dass die hohen Herren beim Schreiben der Belegungspläne *Glücksrad* gespielt haben müssen (»Ich möchte ein E kaufen und dann lösen: Conte!«), hatten die Kameraden natürlich schon ihren Spaß. Für sie war ich ab sofort nicht mehr Funker Cantz, sondern der Pate: »Il Conte«.

Mein Vater hat versucht, mehr über die Herkunft unseres Familiennamens herauszufinden. Wir haben immerhin ein Familienwappen und einen Stammbaum, der von meinem ersten nachweisbaren Vorfahren Kaspar Kantz angeführt wird: Er wurde um 1480 in Nördlingen geboren, starb 1544 und wirkte zwischen diesen beiden Daten zuerst als Prior des Karmeliterklosters und dann als Prediger und Reformator. Also bat mein Vater einen Historiker, sich unseres Familiennamens anzunehmen. Wenige Wochen später präsentierte der Namensforscher glasklare Ergebnisse:

»Einiges spricht dafür, dass der Familienname KANNTZ aus einem Vornamen entstanden ist. Aufgrund des in verschiedenen mittel- und süddeutschen Dialekten vorkommenden Übergangs von J zu G und anschließender Verhärtung zu K könnte der Name seinen Ursprung in ›Johannes‹ haben. Das ungewöhnliche doppelte N vor einem T spricht dafür. Das Z, in früherer Schreibweise ein S, steht für ›Sohn des …‹ oder auch als ursprüngliche Koseform für ›Johannes‹, also ›Hännschen‹ oder ›Hänneschen‹ …«

Bis dahin klangen seine Ausführungen für mich exakt so, als wenn meine Mutter unseren Namen buchstabiert. Aber der kluge Mann hatte noch mehr herausgefunden:

»Wenn man die heutige Schreibweise CANTZ heranzieht, ist auch ein Zusammenhang mit der Berufsbezeichnung ›Kantor‹, lateinisch ›Cantor‹, also dem Chorleiter einer Kirche oder Schule möglich. Vielleicht hat sich der Name aber auch aus dem Amtsnamen ›Kanzler‹, was so viel heißt wie ›herrschaftlicher Schreiber‹, entwickelt. Dafür fehlt allerdings jeglicher Bezug im Familienwappen. Das Wappen ist in einschlägigen Werken nur mit der Schreibweise KANNTZ ohne nähere geschichtliche oder geografische Zuordnung zu finden.«

Aha. Ich fasse also noch mal zusammen: Der Familienname Cantz bedeutet entweder »Johannes«, »Sohn des Johannes«, »Hännschen«, »Hänneschen«, »Chorleiter« oder »Schreiber«. Vielleicht aber auch nicht. Gut, wenn man einen Fachmann zur Hand hat, der Klarheit schafft!

Aber bei aller Unklarheit über die Herkunft meines Namens bin ich trotzdem froh, dass ich Guido Cantz heiße – und nicht nach meinem Wohnort »Guido Köln-Porz«, nach meiner Mutter »Guido Irmhildson« oder nach meinem Beruf »Guido Witze-Erzähler«.

Die meisten Menschen können prima mit ihrem Nachnamen leben. Einige haben sogar so viel Humor, dass sie einen Beruf ergreifen, der nicht so recht zum Namen passen will. Besonders häufig stellt sich bei Medizinern die Frage: Sind sie selbstironisch? Haben sie ein bisschen zu oft am Medizinschränkchen genascht? Oder sind sie einfach nur cool? Die Allgemeinärzte Dr. Franz Eiter, Dr. Michael Fieber, Dr. Andreas Fleischhack und Dr. Wolfgang Friedhoff gibt es zum Beispiel tatsächlich – sie haben ihren Namen bei der Berufswahl jedenfalls nicht als hinderlich empfunden. Und Kollegen und Kolleginnen anderer Fachrichtungen sind in der Hinsicht genauso wenig zimperlich:

WIE GEIL IST DAS DENN?

Augenärzte:

Dr. Marianne Blind
Dr. Cornelia Schiele

HNO-Ärzte:

Dr. Angelika Übelhör

Gynäkologen:

Dr. André Bläser
Dr. Josef Busch
Dipl. med. Eleonore Latte
Dr. Lothar Loch
Dr. Wolfgang Popp

Tierärzte:

Dr. Hartmut Bock
Tierarztpraxis Dr. Wilfried Hammel
Dr. Andrea Metzger

Unfallärzte:

Dr. Alexander Grabmann

Urologen:

Dr. Otto Neurohr
Dr. Christoph Rüssel
Dr. Uwe Sackmann
Dr. Horst Wasserfuhr

Zahnärzte:

Dr. Kurt-Dieter Beisser
Uwe Bohrer
Dr. Franz Josef Fingerlos
Dr. Hubertus Lücke
Dr. Rüdiger Qual
Evelyn Reißaus

Pathologen:

Dr. Gernot von Hinueber
Prof. Dr. Oskar Klinge

Chirurgen:

Dr. Steffen Fleischer
Dr. Gerhard Grausam
Dr. Barbara Ungeheuer

Psychiater/Psychologen:

Dr. Johannes Fasel
Christina Sorgenfrei
Kathleen Spinner

Und wenn gar nichts mehr hilft, empfehle ich einen Termin bei:

Dr. Helmut Tröstl.

Nicht nur auf den Schildern von Arztpraxen finden sich lustige Kombinationen aus Name und Tätigkeit. Auch Juristen beweisen, dass Rechtsprechung und Humor sich nicht ausschließen müssen. Klingt im Namen der Anwaltskanzlei Trotz & Partner aus Schwerin noch eine gewisse (für Anwälte durchaus nützliche) Streitkultur mit, bin ich mir nicht sicher, was Klienten dazu bewegt, einen Anwalt namens Stümper (und davon gibt es gleich mehrere in Deutschland) aufzusuchen. Auch die folgenden Dienstleister wirken erst einmal wenig vertrauenswürdig – natürlich nur, was die Namen betrifft!

WIE GEIL IST DAS DENN?

Anwälte:

Rechtsanwalt Dr. Mörder
Rechtsanwalt Jörg Erbguth

Steuerberater/Finanzdienstleister:

Teufel & Partner, Steuerberatungsgesellschaft
Albert Reich und Albrecht Schenk, Steuerberater
Alexander Schwindl, Versicherungen
Robert Abzieher, Finanzberater
Dr. Sigmar Schönbucher, Wirtschaftsprüfer u. Steuerberater

Als die folgenden Gewerbetreibenden ihre Firmenstempel in Auftrag gaben, wird der Stempelschneider sicherlich nach der versteckten Kamera gesucht haben:

WIE GEIL IST DAS DENN?

Autohäuser:

Autohaus Beule
Autohaus Winter & Rost
Auto Kratzer

Baugewerbe:

Baugeschäft Anton Brecheisen
Tiefbauunternehmen Buddelmeyer
Risse Beton GmbH & Co. KG

Bestattungsunternehmen:

Bestattungsinstitut Grube
Bestattungsinstitut Himmel, Inh. Alexander F. Christ
Bestattungsinstitut Kiste
Bestattungshaus Wurm

Floristen/Gärtnereien:

Gartengestaltung Erwin Kleinholz
Gärtnerei Hans-Peter van der Bloemen
Baumpflege Marko Wäldchen

Es ist eine weitverbreitete Unsitte, dass die Namen vieler Friseursalons aus lustig gemeinten Wortspielen resultieren: »Haar-em« (unter anderem in Siegen, Köln, Landshut), »Schnittstelle« (in Berlin, Chemnitz, Kerpen-Horrem und vielen anderen Städten), »GmbHaar« (Wien), »Kopfarbeit« (zum Beispiel in Paderborn, Essen und Düsseldorf), »Hair force One« (etwa in Bayreuth, Stolberg oder Steinfurt), »Vier Haareszeiten« (zum Beispiel in Hattingen, Neustadt, Ottobrunn und und und) oder »Kamm in« (Hamburg Overath, Friedberg …) gibt es in jeder besseren Großstadt. Im Osten von Köln befindet sich sogar ein Salon mit dem Namen »Verdamp lang hair«. Die Liste ließe sich beliebig fortsetzen. Nun sind diese üblen Wortgespinste (auf die man vermutlich erst nach dem Inhalieren etlicher Flaschen Haar-Spray kommt) mehr oder weniger freiwillig gewählt worden. Richtig spannend wird es aber dann, wenn der Salon-Name kein Produkt verquerer Phantasie, sondern quasi per Familienstammbuch festgelegt ist. Wie bei folgenden Coiffeuren:

WIE GEIL IST DAS DENN?

Friseure:

Damen- und Herrensalon Winfried Glatz
Damensalon Dieter Kraushaar
Friseurgeschäft Karl-Heinz Kahl
Friseursalon Susanne Rodemich

Wenn man erst einmal angefangen hat zu suchen, findet man in allen möglichen Bereichen die kuriosesten Kombinationen von Name und Beruf. Auch die folgenden Funde möchte ich Ihnen nicht vorenthalten. Sie sind so absurd, dass man sie sich schöner nicht ausdenken könnte. Zum Glück muss man das auch nicht, denn sie sind wie alle vorangehenden Beispiele echt!

WIE GEIL IST DAS DENN?

Getränkemärkte/Lebensmittelläden:

Getränkemarkt Elmar Trunkenbolz
Getränkegroßmarkt Rausch
Getränkegroßhandlung Kurt Sauerwein
Feinkost Rolf Hungerland

Sanitär:

Sanitärgeschäft Nothdurft

Wellness/Massage/Gesundheit:

Fußpflege B. Schweiss
Alfons Hölle, Krankenfahrten
Physiotherapie Karin Knackfuß
Kosmetikstudio Carina Pickel
Dorle Brüll, Logopädin

Optiker:

Optik Augendübler

Augendübler, Knackfuß, Kleinholz und Co. – sie sind sicherlich oft in ihrem Leben wegen ihres Namens gehänselt worden. Aber was sollen sie machen? Ihnen geht es wie mir: Ich kann aus der Kirche austreten, nach Neuseeland auswandern oder sogar Bayer 04 Leverkusen die Daumen drücken. Aber Cantz bleibt Cantz. Den Familiennamen kann man sich nicht aussuchen. Meistens. Und wenn man ihn sich doch aussucht (zum Beispiel im Falle einer Heirat), können sich viele nicht entscheiden: Behalte ich meinen alten Namen, oder nehme ich den meines Partners an? Es ist ein großes Abwägen: Einerseits hat man die einmalige Chance, sich von der eigenen Mischpoke loszusagen (Onkel Werner! Tante Jutta!! Die peinlichen Zwillinge!!!); andererseits weiß man zu wenig über den Clan, in den man einheiratet. Sind die vielleicht noch schlimmer (Onkel Jürgen! Tante Manfred!! Die peinlichen Sechslinge!!!)? Man weiß es nicht.

Ein weiterer Aspekt, der gegen eine vorschnelle Namensänderung spricht, ist die hohe Scheidungsrate. Längst vorbei sind die Zeiten, in denen man vom Traualtar bis zum Tod zusammenblieb. Und seien wir ehrlich: In jenen Zeiten war die Lebenserwartung auch eine andere. Wer mit 38 schon ins Gras beißt, dem fällt lebenslange Treue halt leichter! 2007 dauerte eine durchschnittliche deutsche Ehe lediglich 13,9 Jahre. Und auch wenn Lothar Matthäus einen großen Anteil an diesem niederschmetternden Durchschnittswert hat (nimmt man ihn aus der Statistik heraus, erhöht sich die durchschnittliche Ehedauer immerhin auf ca. 15,4 Jahre), stellt sich die Frage: Will man wirklich den Namen eines Partners annehmen, mit dem man mit großer Wahrscheinlichkeit in wenigen Jahren nur noch über Anwälte kommuniziert? Und was passiert nach der Scheidung mit dem ungeliebten Namen? Behält man ihn? Legt man ihn wieder ab? Nach dem Motto: »Twix heißt jetzt wieder Raider«?
Aber das sind natürlich Gedanken, die man sich als frisch verliebter Mensch nicht macht. Trennung ist kein Thema – außer beim Müll. Der Himmel hängt voller Geigen, das Wort »Scheidung« wird beim Scrabble nicht anerkannt, und der gemeinsame Name ist ein untrügliches

und weithin sichtbar leuchtendes Zeichen dafür, dass man alles für immer miteinander teilen will: das Bett, das Leben, den Steuerberater. Das ist schön und ehrenwert, und im ein oder anderen Fall klappt das auch, aber eine gewisse Vorsicht bei der Wahl des Nachnamens kann sicher nicht schaden. Man weiß nie, wie lange er Sinn macht. Als die Schauspielerin Simone Rethel beispielsweise 1992 im zarten Alter von 43 Jahren ihren mehr als doppelt so alten Kollegen Jopie Heesters heiratete, hat sie vorsorglich ihren eigenen Familiennamen behalten. Sie wird sich vermutlich gedacht haben: »Was soll ich mich umbenennen … für die paar Jahre?« Hätte Frau Rethel geahnt, dass die beiden gemeinsam und bei bester Gesundheit ihren 19. Hochzeitstag erleben würden, hätte sie sich eventuell anders entschieden (nicht nur, was die Namenswahl betrifft).

Aber nicht viele Ehen halten so lange wie die von Jopie und Simone. Und darum wende ich mich nun an die jungen, unbedarften Idealisten, die in die Standesämter stürmen, um in bester Absicht und mit reinem Herzen neue Familiennamen in ihre Ausweise eintragen zu lassen: Liebe junge, verliebte Menschen, ich freue mich für euch, dass ihr so optimistisch in die Zukunft schaut, und ich will auch gar nicht unken, aber: Habt ihr euch das mit dem Nachnamen gut überlegt? Nachnamen sind wie Narben, die nie mehr weggehen. Macht es wie Angela Merkel und ihr Mann Joachim Sauer, wie Michael Douglas und Catherine Zeta-Jones oder wie Rosi Mittermeier und Christian Neureuther: Behaltet eure Familiennamen! So entsteht später keine Verwirrung. Zur Not geht es auch ganz ohne Nachnamen: Adam und Eva wären auch nicht glücklicher gewesen, wenn sie Adam und Eva Brindöpke geheißen hätten. Und als Stefan Effenberg seinem Kollegen Thomas Strunz auf seine so unnachahmlich herzerfrischende Weise die Frau ausspannte, um sie selbst zu heiraten (sogar zweimal!), ließ er sich nur ein schlichtes »C« auf den Arm tätowieren, und nicht etwa »Claudia Effenberg, geschiedene Strunz«. Auf diese Weise hält sich der clevere Effe viele Türen für spätere Ehen offen – die Neue muss lediglich ein »C« als Initiale haben – da ist die Auswahl bekanntlich höchst attraktiv (Catwoman, Cher, Christiane Hörbiger, Christine Westermann, Claus Kleber).

Ich gebe zu: Im Alltag ist es nicht immer leicht, den einzig vernünftigen Weg zu gehen und den eigenen Familiennamen zu behalten. Ich persönlich habe es natürlich getan: Als ich 2010 heiratete, habe ich mein »Cantz« nicht aufgegeben. Aber ich bin auch ein Mann. Da wird eine solche Entscheidung eher akzeptiert. Meine Frau hat sich anders entschieden und heißt jetzt wie ich (also »Cantz«, nicht »Guido«). Und ja: Ich finde das gut. Es freut mich, dass meine Frau mir mit dieser Entscheidung signalisiert hat: Es ist ernst gemeint. Und bei uns beiden ist die Entscheidung für den gemeinsamen Familiennamen auch goldrichtig, denn wir werden selbstverständlich für immer und ewig zusammenbleiben.

Aber was machen Frauen, die sich ihrer Sache nicht so sicher sind wie Frau Cantz?

Erste Möglichkeit: Sie überreden den zukünftigen Gatten dazu, gemeinsam den Namen der Frau zu führen. Aber viele Männer sind da eigen: Jungs geben nicht gern ab. Nicht beim Fußball. Nicht beim Finanzamt. Und nicht beim Namensrecht.

Zweite Möglichkeit: Die Frau behält ihren Mädchennamen. Aber auch das findet nicht jeder Partner gut. Es mag den einen oder anderen geben, der das als Zeichen mangelnden Vertrauens auslegen könnte. Was natürlich verlogen ist, denn für die meisten Männer ist es eine Selbstverständlichkeit, den Namen zu behalten, egal, wie tief ihre Liebe ist.

Und dann gibt es noch das berühmte Argument mit den Kindern: Wenn beide Elternteile ihren Namen behalten, wie heißen dann die gemeinsamen Nachkommen? Bekommen sie den Nachnamen der Mutter? Den des Vaters? Oder dürfen sie sich bei Toys'R'Us einen eigenen aussuchen? In einem meiner Lieblingswitze wird das Thema besonders schön behandelt:

Eine Frau erzählt ihrer neuen Kollegin: »Ich habe sieben Söhne. Alle sieben heißen Bernhard. Das ist total praktisch. Wenn ich rufe: ›Bernhard, komm mal her!‹, dann kommen alle sieben her. Und wenn ich sage: ›Bernhard, Zähne putzen!‹, dann gehen alle sieben Zähne putzen!« Die Kollegin fragt: »Und was machst du, wenn du nur einen von ihnen meinst?« Die Frau lacht: »Ja, dann rufe ich ihn mit dem Nachnamen des Vaters!«

GUT ZU WISSEN

In Spanien und Hispano-Amerika tragen die meisten Kinder zwei Nachnamen, die sich aus den ersten Teilen der Geburtsnamen der Eltern zusammensetzen. Der spanische Maler Pablo Picasso hieß demnach eigentlich Pablo Ruiz Picasso, als Sohn seines Vaters José Ruiz Blasco und seiner Mutter María Picasso y López. »Pablo Ruiz Picasso« – das klingt gut. Wenn man allerdings bedenkt, dass in Picassos Geburtsurkunde die Vornamen »Pablo«, »Diego«, »José«, »Francisco de Paula«, »Juan Nepomuceno«, »María de los Remedios« und »Crispiniano de la Santísima Trinidad« eingetragen sind, hätte seine vollständige Unterschrift unter keines seiner Bilder gepasst. Also signierte er seine frühen Werke mit »P. Ruiz«. Und so hätte er es auch weiter getan, wenn er sich der Tradition verpflichtet gefühlt hätte. Hat er aber nicht, denn seit 1898 benutzte er statt des Familiennamens väterlicherseits den ersten Teil des Mädchennamens der Mutter – wohl um zu zeigen, dass er sich von seinem ebenfalls malenden Vater gelöst hatte.

Es gibt also gute Gründe, sich auf einen gemeinsamen Namen zu einigen. Trotzdem wird es in vielen jungen Beziehungen am Vorabend der Eheschließung zu Dialogen wie diesem kommen:

Sie: »Schatz, ich behalte meinen Namen!«
Er: »Gut, du kannst auch noch den Kühlschrank behalten. Dann behalte ich nämlich das Auto und den Billardtisch!«

Würden Frauen also unnachgiebig darauf bestehen, ihren Mädchennamen zu behalten oder gar weiterzugeben, gäbe es vermutlich kaum gültige Ehen in Deutschland. Was machen die Damen also? Entweder sie behalten ihren Namen und heiraten gar nicht. Oder aber sie entscheiden sich für den Namen des Mannes – und alles wird gut. Oder aber sie können sich überhaupt nicht entscheiden und heißen plötzlich – dritte Möglichkeit – Maria-Theresia Kleinkötter-Sundermann, Jeanette Beaugrand-Koslowski oder Elke Müller-Müller.

Doppelnamen sind in meinen Augen ein eindeutiges Anzeichen für eine massive Entscheidungsschwäche. Frauen mit Doppelnamen trinken auch grundsätzlich keinen Alkohol – außer zum Essen. Und natürlich außer Prosecco. Sie sind strenge Vegetarierinnen, essen also überhaupt kein Fleisch. Es sei denn, es gibt Salami oder Currywurst. Und sie gehen selbstverständlich jeden Tag joggen – es sei denn, es regnet, es scheint die Sonne, es schneit, es stürmt, es stürmt nicht, oder es herrscht so ein unangenehmes Übergangswetter.

Besonders anschauliche und überzeugende Beispiele für Menschen mit Entscheidungsschwäche finden sich in der Politik – und zwar quer durch alle Parteien. Wir können nur hoffen, dass Volksvertreterinnen wie Angelica Schwall-Düren (SPD), Emine Demirbüken-Wegner (CDU), Sabine Leutheusser-Schnarrenberger (FDP) oder Margaretha Hölldobler-Heumüller (Bündnis 90/Die Grünen) ihre politischen Aufgaben mit mehr Entscheidungsfreude angehen als ihre persönliche Namensfindung. Nicht zu vergessen Quoten-Mann Anton Schmelz-Käser (Christliche Mitte), bei dem man nur hoffen kann, dass er sich nicht *freiwillig* für den Namen entschieden hat, sondern er ihm zwangsweise von den Eltern übertragen (oder sagt man in diesem Fall besser »überbacken«?) wurde.

Wenn diese PolitikerInnen also beruflich ähnlich unentschlossen handeln, dann präsentiert uns die Regierung demnächst ohne Wenn und Aber Steuersenkungen-Steuererhöhungen, den sofortigen und radikalen Atomausstieg-Atomeinstieg, oder sie entscheidet sich endgültig und unmissverständlich gegen Stuttgart 21-Hannover 96.

DAS GEHT JA GAR NICHT!

PolitikerInnen mit Doppelnamen:

Herta Däubler-Gmelin (SPD)
Marion Caspers-Merk (SPD)
Franziska Eichstädt-Bohlig (Bündnis 90/Die Grünen)
Katrin Dagmar Göring-Eckardt
   (Bündnis 90/Die Grünen)
Dr. Heidi Knake-Werner (Die Linke)
   (Doktortitel vorbehaltlich)
Dr. Angelika Köster-Loßack (Bündnis 90/Die Grünen)
   (Doktortitel vorbehaltlich)
Angelika Krüger-Leißner (SPD)
Helga Kühn-Mengel (SPD)
Ingrid Matthäus-Maier (SPD)
Christel Riemann-Hanewinckel (SPD)
Karin Rehbock-Zureich (SPD)
Gudrun Schaich-Walch (SPD)
Irmingard Schewe-Gerigk (Bündnis 90/Die Grünen)
Regina Schmidt-Zadel (SPD)
Birgit Schnieber-Jastram (CDU)
Dr. Sigrid Skarpelis-Sperk (SPD) (Doktortitel
   vorbehaltlich)
Dr. Cornelia Sonntag-Wolgast (SPD)
Dorothea Störr-Ritter (CDU)
Rita Streb-Hesse (SPD)
Annette Widmann-Mauz (CDU)
Thorsten Schäfer-Gümbel (SPD)
Alexandra Dinges-Dierig (CDU)
Gabriele Lösekrug-Möller (SPD)
Roswitha Müller-Piepenkötter (CDU)

Bernhard Schulte-Drüggelte (CDU)
Eva Bulling-Schröter (Die Linke)
Michael Grosse-Brömer (CDU)
Hans-Joachim Deneke-Jöhrens (CDU)
Hildegard Hamm-Brücher (früher FDP)
Silvana Koch-Mehrin (FDP)
    (vormals Dr. Silvana Koch-Mehrin)
Clemens Große Macke (CDU)
Julian Nieda-Rümelin (SPD)
Monika Gärtner-Engel (MLPD)
Nargess Eskandari-Grünberg (Bündnis 90/Die Grünen)
Burkhardt Müller-Sönksen (FDP)
Wolfgang Kreissl-Dörfler (SPD)
Kerstin Schreyer-Stäblein (CSU)
Hans Alt-Küppers (SPD)

sowie Dreifachnamensträgerin *Anett Kleine-Döpke-Güse*
(CDU). Was ist da passiert? Größenwahn? Bigamie?
Oder einfach nur verzählt?

Bescheuerte Doppelnamen kann man übrigens auch wieder loswerden. So wurde aus der Exverlobten von Boris Becker, der Schmuckdesignerin Sandy Meyer-Wölden, durch Eheschließung mit einem meiner Kollegen eine junge Frau namens Alessandra Pocher. Es ist reine Spekulation, ob Sandy … Entschuldigung: Alessandra und ihr Oli auch dann ein Ehepaar geworden wären, wenn sie von einer der beiden Möglichkeiten gewusst hätte, auch ohne Heirat den Namen ändern zu können.

Die eine Möglichkeit ist, ins Zeugenschutzprogramm der italienischen Justiz aufgenommen zu werden, nachdem man einen Mafiaboss denunziert, dessen Tochter geschwängert und anschließend verlassen, seine Mutter beleidigt und seinen Wagen angezündet hat. Dann allerdings sollte nicht nur der Name geändert werden, sondern am besten gleichzeitig auch Adresse, Beruf, Nationalität, Haarfarbe, Alter, Hautfarbe und Geschlecht. Wenn so aus dem leicht übergewichtigen, 38-jährigen Heizungsbauer Giovanni Amati aus Parma die 17-jährige brasilianische Edel-Nutte Martha geworden ist, kann er/sie relativ sicher sein, dass die Mafia ihn/sie entweder nicht findet oder aber ihn/sie entführt, um ihn/sie als Geschenk für Silvio Berlusconi auf eine Bunga-Bunga-Party zu schicken. Bei dieser Alternative kommt unweigerlich der Gedanke auf: Vielleicht ist es doch angenehmer, der dicke Heizungsbauer zu bleiben und mit Beton an den Füßen im Hafenbecken versenkt zu werden.

Aber ich will hier von der anderen Möglichkeit erzählen, ohne Eheschließung zu einem neuen Namen zu kommen. Ich spreche von Künstlernamen. Der weltweit wohl bekannteste Träger eines Künstlernamens ist Papst Benedikt XVI., der im bürgerlichen Leben Josef Ratzinger hieß. Ich bin sicher, dass er froh war, seinen alten Namen endlich loszuwerden: »Ratzinger«, das geht ja gar nicht! Wahrscheinlich haben sie ihn in der Schule damals aufgezogen, mit Spitznamen wie »Ratze«, »Ritze-Ratze« oder »Ratze-Fummel«. Das ist nicht schön. Und darauf zu warten, bis man mal heiratet – das hätte bei Ratzingers Jupp noch Ewigkeiten dauern können. Also musste Kardinal Ratzinger den mühsamen Weg über das Amt des Papstes nehmen. Ich kann es mir lebhaft vorstellen, wie er unmittelbar nach seiner Wahl die Faust ballte und sagte: »Scheiß auf Ruhm!

Scheiß auf Hirtenstab und Tiara! Hauptsache, ich bin endlich den bescheuerten Namen los!« In der ersten Nacht wird er kaum ein Auge zugemacht haben, weil er nur über eine Sache nachdachte: »Wie soll ich mich nennen? ›Jacques‹? ›Brad‹? ›Romeo‹? Oder doch lieber ›Batman‹?« Am Ende musste er sich dann doch ein wenig den kirchlichen Gepflogenheiten anpassen und entschied sich für den traditionellen Papstnamen »Benedikt«. Nach dem Motto: 15 Päpste können nicht irren. »Benedikt« – das wäre jetzt nicht jedermanns erste Wahl gewesen, ist aber allemal besser als »Josef Ratzinger«.

Aber nicht nur Kirchenoberhäupter, sondern auch andere Showstars nutzen die Chance, sich einen neuen Namen zuzulegen. Wobei man sehr genau trennen muss: Der Schlagersänger Guildo Horn heißt zum Beispiel mit bürgerlichem Namen Horst Köhler. Es wäre aber grundfalsch, den Rückschluss daraus zu ziehen, dass der ehemalige Bundespräsident Horst Köhler in Wirklichkeit Guildo Horn heißt. Dem ist nämlich mitnichten so.

Viele Künstler greifen in die Vollen, wenn sie sich von ihrem bürgerlichen Namen trennen. Da bleibt kein Stein auf dem anderen, und nichts erinnert mehr an die alte Existenz. So haben sich Jutta Gusenburger und Norbert Berger gesagt: Wenn schon, denn schon – und nannten sich fortan Cindy und Bert. Friedrich Günther Raab wollte nicht länger Friedrich Günther Raab sein und nannte sich Patrick Lindner. Und Farrokh Bulsara hätte mit Sicherheit schlechtere Karten im Showbusiness gehabt, hätte er seinen alten Namen behalten und sich nicht Freddy Mercury genannt.

Andere nehmen nur minimale Veränderungen an ihren ursprünglichen Namen vor, verbessern sich damit aber sprungartig. So wird aus dem nach Wildschweinzüchter klingenden Roland Keiler der unangefochtene Herrscher der Schlagerwelt, Roland Kaiser. Ähnlich ging Fotomodell und TV-Moderatorin Gitta Saxx vor – in ihrem Schülerausweis stand noch »Gitta Sack« ... es soll Spötter geben, die sich allen Ernstes fragen, welche der beiden Namensvariationen besser zu ihr passt.

Carl-Dieter Heckscher behielt immerhin noch gut die Hälfte seines bürgerlichen Namens und nannte sich als Fernsehmoderator leicht abgewandelt Dieter Thomas Heck. Und auch Mary Roos entfernte sich nicht allzu sehr von ihrem Mädchennamen: Der lautete »Marianne Rosemarie Schwab«. Alles irgendwie nachvollziehbar. Aber niemand wird ahnen, wer sich hinter dem hellenischen Zungenbrecher »Vassiliki Papathanassiou« verbirgt. Es ist weder Otto Rehagel noch der Gyros-Schnitzer von der Ecke, sondern niemand Geringeres als Vicky Leandros!

Hätte man einhundert Männer gefragt: »Was halten Sie von Barbara Rose Kopetski?«, hätten alle gesagt: »Danke, wir brauchen keine polnische Putzfrau!« Hätten sie aber gewusst, dass Frau Kopetski jahrelang als Pamela Anderson in extrem knappem roten Badeanzug zur Arbeit ging und das Vergrößern ihrer Oberweite als berufsbildende Maßnahme von der Steuer absetzen konnte, dann hätten sie sicherlich anders reagiert. Von wegen: Namen sind Schall und Rauch!

WIE GEIL IST DAS DENN?

!?

Prominente und ihre bürgerlichen Namen:

Roman Polanski	Roman Liebling
Peter Alexander	Peter Alexander Ferdinand Maximilian Neumayer
Lale Andersen	Liese-Lotte Helene Berta Brunnenberg
G. G. Anderson	Gerd Grabowski
Campino	Andreas Frege
Rudi Carrell	Rudolf Wijbrand Kesselaar
Puff Daddy	Sean Combs
Kirk Douglas	Issur Danielovitch Demsky
Katja Ebstein	Karin Witkiewicz
Eminem	Marshall Bruce Mathers III
Ice-T	Tracy Marrow
Sophia Loren	Sofia Villani Scicolone
Tony Marshall	Herbert Anton Hilger
Iggy Pop	James Newell Osterburg
Freddy Quinn	Franz Eugen Helmuth Manfred Nidl-Petz
Jennifer Rush	Heidi Stern
Sido	Paul Würdig
Elke Sommer	Elke Schletz
Tina Turner	Anna Mae Bullock
Jürgen von der Lippe	Hans-Jürgen Dohrenkamp
Jack White	Horst Nussbaum

Ein paar weitere Beispiele: Kung-Fu-Ikone Bruce Lee hieß mal Sai Fon beziehungsweise Lee Siu-Lung respektive Lee

Jun-fan – da gibt es verschiedene Angaben. Aber wenn ich mich mein Leben lang mit anderen gehauen hätte, würde mir mein eigener Name auch nicht mehr einfallen.

Musikantenstadl-Moderator Andy Borg hört zu Hause auf den Namen Adolf Andreas Meyer. (Was mögen das für Eltern sein, die ihren Sohn 1960 Adolf nannten? Das aber nur am Rande …)

Und Veronika Jansen ließ die einmalige Chance verstreichen, ihren bodenständigen Namen loszuwerden: Sie hätte sich Gloria Fantastica, Pandora Ferrari oder Silver Lady nennen können. Stattdessen wählte sie den genauso bodenständigen Namen Veronica Ferres.

Auch der Dalai Lama hieß nicht immer Dalai Lama. Er heißt aber schon so lange so, dass er seinen richtigen Namen, Tendzin Gyatsho, vermutlich vergessen hat. Vielleicht glaubt er, sein Name sei Jürgen Bockelkamp.

Doch zurück zu uns Normalsterblichen und damit zum Thema »Vornamen«: Während der Nachname die Zugehörigkeit zu einer bestimmten Familie ausdrückt, hat der Vorname, wie wir wissen, eine andere Funktion: Er bezieht sich nicht auf die Gruppe, sondern auf das Individuum innerhalb dieser Gruppe. Auf gut Deutsch: Völlers gibt es viele – aber es gibt nur

ein' Rudi Völler,
es gibt nur ein' Rudi Völler;
ein' Rudi Vöööööööller!
Es gibt nur ein' Rudi Vööööller!

Laut deutscher Telekom gibt es zwar sieben Rudi beziehungsweise Rudolf Völlers, aber ich denke, jeder weiß, was ich meine.

Ein zweiter Unterschied: Im Gegensatz zum Familiennamen sind Vornamen frei wählbar – natürlich darf das Kind
sich nicht selbst den Namen aussuchen, sonst hießen alle
Kinder »Bääääääh« oder »Pffffffbrlbblblblblll« und würden
sich sieben Jahre später geschlossen in »Harry Potter« um-
taufen lassen. Aber die Eltern haben freie Wahl. Und da
bewahrheitet sich wieder einmal die alte Redensart: »Wer
die Wahl hat, hat die Qual.«

Oft höre ich Menschen klagen, dass in Deutschland zu
wenig Kinder zur Welt kommen. Richtig erkannt, genau so
ist es: In Deutschland gibt es viel zu wenig Nachwuchs.
Aber ich bin sicher, das liegt weder an fehlenden Kinder-
gartenplätzen noch an Umweltgiften, die die Fruchtbarkeit
beeinträchtigen, oder beruflichem Stress – die meisten jungen Paare fürchten sich einzig und allein vor der größten
Herausforderung ihres Lebens: Wenn wir Nachwuchs bekommen, wie soll er heißen? Jeder will seinem Kind unbedingt einen wahnsinnig originellen Namen geben. Wenn
die Promis ihre Kinder Brooklyn (die Beckhams), Suri (Familie Tom Cruise) oder Jimi Blue, Wilson Gonzales und Chey-
enne Savannah (Herr und Frau Ochsenknecht) nennen,
können unsere ja wohl kaum Thomas, Melanie oder Karl-
Heinz heißen, oder?

WIE GEIL IST DAS DENN?

Wie Prominente ihre Kinder nennen:

Tallulah Belle: Tochter von Bruce Willis und Demi Moore
Apple Blythe Allison: Tochter von Gwyneth Paltrow und
  Chris Martin
Henry Günther Ademola Dashtu Samuel und *Johan Ri-*

ley Fyodor Taiwo Samuel: Söhne von Heidi Klum und Seal

Egypt Deaoud Dean: Sohn von Alicia Keys und Swizz Beatz

Bronx Mowgli Wentz: Sohn von Ashley Simpson

Fifi Trixibelle, Pixie Frou-Frou, Peaches Honeyblossom und *Heavenly Hirani Tiger Lilly:* Töchter von Bob Geldof

Sage Moon Blood: Sohn von Sylvester Stallone

Delphine Malou: Tochter von Sarah Connor

Als Entscheidungshilfe für die werdenden Eltern gibt es das Internet und sogenannte Namensbücher. Die muss man sich vorstellen wie Telefonbücher – nur ohne Nummern. Und ohne Adresse. Und ohne Nachnamen. Daraus lesen sich die Paare dann gegenseitig ungefähr 2000 verschiedene Vornamen vor und wissen danach immer noch nicht, wie der Nachwuchs heißen soll. Früher war das einfacher. Da guckte man in Papas Pass, da stand zum Beispiel Hermann, und es war klar: Das Kind hieß Hermann junior. Auch wenn's ein Mädchen war.

Diese Zeiten sind längst vorbei. Die meisten werdenden Eltern haben eine panische Angst davor, ihrem Kind einen Allerwelts-Namen zu geben. Sie bestrafen es eher mit nahezu unaussprechlichen Namensungeheuern wie Fanta-Chantalle Grombach, Naomi-Anastasia Kunze oder Quentin-Pepe Schulz, als dass sie das Risiko eingehen, dass noch irgendjemand irgendwo in Europa genauso heißt. Die Eltern sollten allerdings wissen, dass der Autoaufkleber »Gwendoline-Cosima-Dorette an Bord« jedem anderen Menschen signalisiert: »Aha, in diesem Auto sitzen ein unglückliches Kind und zwei Erwachsene mit Vogelgrippe.«

Als würde ein einmaliger Name einen einmaligen Menschen machen! Ein Freund von mir hat seinen Sohn Severin genannt. Hallo? So heißt mein Wasserkocher! Ich habe ihn dann gefragt, wie das Kind geheißen hätte, wenn es ein Mädchen geworden wäre – Rowenta?

Mein Sohn wurde 2010 geboren und heißt Paul. Laut Statistik war der Name Paul 2010 der drittbeliebteste Jungenname. Ich muss mir meinen Sohn nur zwei Sekunden lang anschauen und weiß: Der Kleine braucht keinen Indianernamen, um einmalig zu sein – das schafft der auch locker so!

Ich bin ein Freund von »normalen« Vornamen. Und damit bin ich offensichtlich nicht allein. Fand man in den 90er Jahren noch ehemals exotische Namen wie Kevin, Marcel oder Jennifer in den Top 10 der Namenslisten, stehen heute dort Maximilian, Felix, Anna oder Emma. Die französischen, englischen oder gar hawaiianischen Vornamen, die vor ein paar Jahren en vogue waren, überforderten selbst viele Eltern. Die riefen auf dem Spielplatz ihre eigenen Kinder mit »Iffes« und »Nöhl«, weil sie nicht wussten, wie man Yves und Noël richtig ausspricht.

GUT ZU WISSEN

Die beliebtesten deutschen Vornamen:

2010: Leon und Mia
2000: Lukas und Anna
1990: Jan und Julia
1980: Christian und Julia
1970: Stefan und Nicole
1960: Thomas und Sabine

1950: Peter und Brigitte
1940: Peter und Karin
1930: Günther und Ursula
1920: Hans und Ilse
1910: Walter und Gertrud
1900: Wilhelm und Anna

sowie in der Steinzeit: Mmmmpf und Urgrgglll

Ein Blick auf die Spitzenplätze der Liste mit den Namens-
favoriten sollte alle werdenden Eltern beruhigen: Die meisten Menschen wählen die Namen ihrer Kinder mit Bedacht. Es geht auch ohne Chantalle, Wyona, Marvin und
Kevin. Ein »normaler« Name tut es allemal. Wobei »normal« natürlich relativ ist. Wer in Italien seinen Sohn Andrea nennt, liegt voll im Trend: 2007 lag Andrea sogar auf
Platz 1 der beliebtesten Jungennamen Italiens. Würde man
seinen Jungen in Deutschland Andrea nennen, wäre der
arme Kerl Spott und Hohn ausgesetzt. Das Gleiche gilt übrigens, wenn man der Tochter den Namen Manfred gibt.

In Holland lautete der beliebteste Jungenname des Jahres 2010 Sem. Da können wir nur hoffen, dass die Jungs
mit diesem Vornamen nicht mit Familiennamen Melbrösel,
Peroper oder Ifinale heißen.

Auch normal – aber nicht bei uns: Yuuki, Hina, Haruto,
Yui, Souta, Kouki und Nanami. Das sind weder die Zutaten für die »große Sushi-Platte für zwei Personen« noch die
beliebtesten Urlaubsziele Asiens, und auch die Teletubbies
heißen nicht so. Nein: Bei Yuuki, Hina und Co. handelt
es sich um einige der beliebtesten Jungen- und Mädchennamen Japans. Die Namen sind für unsere Freunde aus
Asien also das Selbstverständlichste auf der Welt. Wer al-

lerdings bei uns ein Kind Nanami, Momoka oder Shouta nennt, läuft ernsthaft Gefahr, in eine geschlossene Einrichtung eingewiesen zu werden.

Es gibt also große regionale Unterschiede. Man muss auch darauf achten, in welcher Region man lebt, denn nicht überall wird ein Name gleich verstanden. Wenn ein Schwabe zum Beispiel seine Tochter Astrid nennt, klingt das erst mal unverfänglich. Wenn die Patentante aber zum ersten Mal sagt: »Ja, wo is denn unser klei Aschtriddle«, dann wissen Sie, was ich meine.

Und es passt auch nicht jeder Vorname zu jedem Nachnamen: Dennis Ball, Claire Grube oder Marc Brandenburg sind nur die offensichtlichsten Beispiele – aber auch Gwyneth Schallenberg, Naomi Huber oder Virgil Schultz klingt irgendwie unpassend. Man tut keinem Kind einen Gefallen mit einem Namen, der schon bei der Unterschrift bis zu sieben Rechtschreibfehler zulässt.

Besonders schön machen es die Indianer: Sie geben ihren Kindern sprechende Namen. Namen, die etwas über den Charakter ihres Trägers aussagen. Bei den Shawnee gibt es zum Beispiel den Namen »Aquewa Apetotha«, was so viel heißt wie »Kind in einer Wolldecke«. »Kekewapilethy« bedeutet »Zahmer Falke«, »Methoataske« meint »Schildkröte, die ihre Eier in den Sand legt«, und Psawuhknekah Ptwony bedeutet »Melanie«.

Sprechende Namen finden sich auch bei den Barbapapas, der bunten Zeichentrick-Familie aus Frankreich, bei der alle Mitglieder aussehen, als wären sie auf einem Töpferkurs für Anfänger in der Provence entstanden. Barbapapa kommt vom französischen »barbe à papa«, was so viel heißt wie »Papas Bart« oder auch »Zuckerwatte« (was das latente Übergewicht des rosafarbenen Familien-

235

oberhaupts erklären würde). Die Mutter des Clans heißt folgerichtig Barbamama. Und in den Namen der Kinder verstecken sich Hinweise auf ihre speziellen Interessen: Das schöne Mädchen, das sich für Schmuck, Frisuren und äußeren Schein interessiert, heißt Barbabella (von französisch »belle«: »schön«), das belesene Kind nennt sich Barbaletta (»lettre« meint auf Französisch »Buchstabe«), der Kunstfreund heißt Barbabo (»les beaux-arts« für »schöne Künste«), und das musikalische Kind heißt Barbalala (»lala« ist französisch und heißt das Gleiche wie auf Deutsch: »lala« halt).

Neben der Familie Barbapapa haben einige weitere Prominente die Traditionen der Indianer als Anregung genommen und ihren Kindern ebenfalls sprechende Namen gegeben. Besonders beliebt ist es, die Kinder nach dem Ort zu benennen, an dem sie gezeugt wurden: Victoria und David Beckham nannten ihren ersten Sohn bekanntlich Brooklyn, und auch Verona Pooths Sohn San Diego

wird nicht in Recklinghausen gezeugt worden sein. Besondere Auskunftsfreudigkeit lag offensichtlich bei den Eltern von Paris Hilton vor: Sie haben mit dem Namen der Tochter nicht nur die Stadt angegeben, in der es passiert ist, sondern auch noch das Hotel. Ich persönlich bin übrigens ganz froh, dass meine Eltern sich bei mir anders entschieden haben, sonst würde ich jetzt nicht »Guido« heißen, sondern »Rücksitz eines Opel Ascona«.

Viele Modenamen lassen sich zurückführen auf die Lieblingsfilme der Eltern. Die Kevin-Welle in den 90er Jahren wurde vom Erfolgsfilm *Kevin allein zu Haus* ausgelöst. Die hinreißende Romantik-Komödie *Die fabelhafte Welt der Amélie* gab einer ganzen Horde von Amélies ihren Namen – warum mein Nachbar seine Tochter allerdings Gina Wild genannt hat, ist mir echt ein Rätsel.

Zum Schluss möchte ich noch das Geheimnis lüften, warum ich Guido heiße: Meine Eltern waren Riesenfans der TV-Sendung *Was bin ich* mit Robert Lembke. Einer der vier Rate-Füchse hieß Guido Baumann. Und nach dem wurde ich dann benannt. Ich finde, ich habe es ganz gut getroffen, wenn man bedenkt, was damals sonst so an möglichen Alternativen im Fernsehen lief: *Pan Tau, Catweazle* oder *Balduin, der Heiratsmuffel*.

Unsern täglichen Strom gib uns heute

Er hatte sie gefragt, ob sie noch auf einen Kaffee mit zu ihm hochkommen wolle. Er gefiel ihr, also hatte sie sofort zugestimmt. Nun wartete sie in seinem gemütlichen Wohnzimmer darauf, dass er aus der Küche zurückkommen würde – aber nicht mit Kaffee, sondern mit Champagner, da war sie sich sicher. Der Reispapier-Ballon an der Zimmerdecke warf ein so spärliches Licht in den Raum, dass sie kaum etwas erkennen konnte. Wer eine solch intime Beleuchtung wählte, der hatte garantiert mehr im Sinn als nur einen schnellen Espresso. Lächelnd öffnete sie die oberen Knöpfe ihrer Bluse, räkelte sich auf dem Sofa und schloss erwartungsfroh die Augen. Endlich hörte sie, wie er den Raum betrat.

»Na, du Casanova? Schon mal das Licht gedimmt für's große Vergnügen?«, schnurrte sie mit heiserer Stimme.

»Sorry, Bettina, das ist jetzt wohl ein Missverständnis«, sagte er und stellte zwei dampfende Kaffeetassen neben sie auf den Couchtisch. »Das sind Energiesparlampen – das dauert, bis die hell sind.«

Wer hätte gedacht, dass ein bisschen Stromsparen jemanden in eine derart unangenehme Lage bringen kann. Sie hat sich zu früh gefreut, und höchstwahrscheinlich ist der arme Kerl auf seinem Kaffee sitzen geblieben. Dabei hat er eigentlich alles richtig gemacht – zumindest, was den Energieverbrauch betrifft. Denn wenn wir Menschen einfach von Jahr zu Jahr immer mehr Energie verbrauchen, dann sieht es bald für die gesamte Menschheit so aus wie im Wohnzimmer des jungen Mannes: ziemlich finster.

In Deutschland werden jedes Jahr ungefähr 600 Milliarden Kilowattstunden (kWh) Strom verbraucht. Das ist eine Sechs mit elf Nullen. Elf Nullen, das klingt zwar auf der einen Seite harmlos nach der Nationalmannschaft von San Marino, auf der anderen Seite sollte es uns in Sachen Stromverbrauch aber erheblich zu denken geben. Wie – Sie können sich diese Menge gar nicht vorstellen? Nun, mit nur 1 kWh kann man 70 Tassen Kaffee kochen. Das bedeutet, dass die Deutschen mit ihrem Energieaufwand jedes Jahr 4,2 Billionen Tassen Kaffee zubereiten könnten. Das wiederum entspricht 52 500 Tassen pro Kopf und Jahr. Macht für jeden Deutschen über 140 Tassen heißen Kaffee am Tag. Das kann unmöglich gesund

sein. Darum rate ich dringend dazu, die Energie nicht allein zum Kaffeekochen zu verwenden und sie stattdessen vielerlei Zwecken zuzuführen. Treue Helfer im Kampf gegen den krankmachenden Koffein-Terror sind zum Beispiel bewährte Stromfresser wie herkömmliche Glühbirnen, alte Kühlschränke, überdimensionierte Staubsauger, Tischtennisplatten-große Plasma-Fernseher oder stromhungrige Wäschetrockner. Und bevor man einen durch zu viel Kaffee verursachten Herzinfarkt riskiert und einen stromfressenden Defibrillator in Anspruch nehmen muss, sollte man lieber gleich in die Vollen gehen: Es reicht nämlich nicht, zum Beispiel einfach nur von Nass- auf Elektrorasierer umzustellen. Denn vom Energieverbrauch her entsprechen 35 Trockenrasuren gerade mal einer einzigen Tasse Kaffee. Das wäre also nur ein Tropfen auf den heißen Stein. Selbst Reinhold Messner hat nicht so viel Bartwuchs. Besser wäre es daher, das Licht die ganze Nacht brennen zu lassen, das elektrische Garagentor immer wieder grundlos auf- und zuzumachen, die Modelleisenbahn ganzjährig rund um die Uhr zu betreiben, die Kühlschranktür sperrangelweit offen stehen zu lassen, von morgens bis abends bei maximal aufgerissenem Verstärker E-Gitarre zu spielen, den Fernsehsessel mit Massageeinheit permanent zum Vibrieren zu bringen sowie alle weiteren elektrischen Geräte mindestens auf Standby zu schalten oder, besser noch, auf höchster Stufe in Dauerbetrieb zu nehmen. Nur dann haben wir eine Chance gegen das braune Gift!

600 Milliarden Kilowattstunden Strom pro Jahr sind eine gewaltige Menge, vor allem, seit uns allen bewusst ist, dass fossile Brennstoffe wie Erdöl oder Kohle endlich sind. Als ich noch ein Kind war, wusste man das noch nicht. Zumindest *ich* wusste es nicht. Ich ging fest davon aus, dass der Strom sowieso aus der Steckdose kommt, egal, was passiert. Und wenn das blöde Öl und die doofe Kohle irgendwann mal alle wären, dann gäbe es ja immer noch die komplett ungefährliche, extrem saubere und vollkom-

men unbedenkliche Kernenergie. Mein Vater glaubte natürlich ebenfalls fest an den Segen der Atomenergie, aber er machte sich trotzdem Sorgen, dass die Kohlevorräte irgendwann mal aufgebraucht wären. Er dachte dabei vor allem an die Zukunft seiner Kinder. »Wenn es keine Kohle mehr gibt«, fragte er sich, »womit sollen meine Jungs später einmal grillen?«

GUT ZU WISSEN

Fossile Brennstoffe und wie lange der Vorrat voraussichtlich reicht:

Erdöl: 43 bis 63 Jahre
   Tipp: Die autonome Szene könnte sich langsam mal Gedanken über eine Alternative zum Molotow-Cocktail machen.
Erdgas: 63 bis 137 Jahre
   Tipp: Wegen der Explosionsgefahr sollten Maulwürfe weiterhin darauf verzichten, unter Tage zu rauchen.
Stein- und Braunkohle: über 100 Jahre
   Tipp: Jetzt schon Grillanzünder für 2130 bunkern.

Wie positiv die Menschheit den Möglichkeiten der Atomkraft gegenüber eingestellt war, zeigt die populäre Buchreihe *WAS IST WAS*, die seit 1963 bemüht ist, dem Nachwuchs die Welt zu erklären. Band 1 hieß *Unsere Erde*, Band 2 nahm sich des nicht minder existenziellen Themas *Der Mensch* an, und schon der 3. Band trug den damals noch hoffnungs- und mittlerweile unheilvollen Titel *Atomenergie*.

WIE GEIL IST DAS DENN?

Österreich hat in den 70er Jahren zwar ein eigenes Atomkraftwerk gebaut (auch ohne es in Schilling umzurechnen, klingen die dafür aufgewendeten 377,9 Millionen Euro nicht gerade nach einem Schnäppchen), es wurde allerdings nie in Betrieb genommen: Die österreichische Bevölkerung sprach sich 1978 in einer Volksabstimmung dagegen aus, wenn auch nur mit einer hauchdünnen Mehrheit von 50,47 Prozent. Für knappe Entscheidungen sind unsere österreichischen Nachbarn ja bekannt (zum Beispiel beim Fußball-Länderspiel gegen England, das am 8. Juni 1908 unglücklich verloren wurde – mit 1 : 11).

Seitdem hat sich einiges geändert. Spätestens seit Tschernobyl und Fukushima wissen die meisten von uns um die Gefahren der Kernenergie – auch Band 3 der *WAS IST WAS*-Reihe ist übrigens längst auf den allgemeinen und unverfänglichen Titel *Energie* umgetauft worden –, und viele Länder machen sich Gedanken darüber, wie sie in Zukunft ohne das Pulverfass Atomkraft auskommen können. Während Deutschland, die Schweiz, Belgien oder Spanien allerdings ihren schrittweisen Ausstieg aus der Kernenergie bekannt gaben, planen Frankreich, Russland, Indien und allen voran China, neue Reaktoren in Betrieb zu nehmen.

DAS GEHT JA GAR NICHT!

Belgien will zwar aus der Kernkraft aussteigen, noch aber betreibt das kleine Benelux-Land mehr Atomreaktoren als Italien, Slowenien, Portugal, Mazedonien, Argentinien, Dänemark, Griechenland, Norwegen, Brasilien, Irland, Kuba, Holland und die Philippinen zusammen: nämlich sieben.

Doch Vorsicht: Auch wenn die sieben Reaktoren endlich abgeschaltet sein werden, wird von den belgischen Nachbarn weiterhin eine Gesundheitsgefahr ausgehen – Stichwort »altes Frittenfett«.

In Belgien spalten also sieben Atomreaktoren munter Uran und Plutonium. Belgien, das Land von Tim und Struppi, Klöppeldeckchen und Pralinen. Bei aller Liebe: Wofür braucht Belgien *sieben* Atomreaktoren? Dass die USA mit ihren 104 Reaktorblöcken nicht auskommen und zusätzlich noch sechs weitere planen, verwundert mich nicht: Amerika ist ein riesiges Land, in dem fast jeder Bewohner einen riesengroßen Kühlschrank, einen ganzjährig beheizten Swimmingpool und mindestens sieben gigantische Fernsehgeräte besitzt. Und die laufen nun mal nicht mit Rapsöl. Auch dass China kernkraftmäßig auf insgesamt 36 Reaktoren aufrüsten will, ist zwar nicht begrüßenswert, aber die rasant fortschreitende Industrialisierung des Landes will schließlich ins richtige Licht gerückt werden. In Russland wiederum ist ein Atomkraftwerk sogar ein regelrechtes Statussymbol und mindestens so beliebt wie bei uns die Alpen: Nicht mehr lange, und das Hotelzimmer mit Blick auf den Meiler kostet Aufpreis.

Aber Belgien? Nach langem Rätseln hatte ich jedoch eine Eingebung: Wer vierundzwanzig Stunden am Tag seine Autobahnen beleuchtet, der kommt mit Öko-Strom allein nicht weit! Dazu kommen noch all die 1200-Watt-Waffeleisen für die berühmten Backerzeugnisse. Und wenn man sich Belgiens berühmtesten Hollywood-Export, den dauergrinsenden Muskelberg Jean Claude van Damme anschaut, liegt außerdem die Vermutung nah, dass er unmittelbar neben einem Schnellen Brüter aufgewachsen ist. Kein Wunder, dass das Wahrzeichen von Brüssel das Atomium ist und keine Müsli-Schale.

Aber der Trend scheint zum Ausstieg zu gehen – oder im Falle Italiens jedenfalls nicht zum Wiedereinstieg nach dem Ausstieg von 1987. Mit 94,1 Prozent sprach sich die überwältigende Mehrheit der italienischen Bevölkerung 2011 gegen den Wiedereinstieg aus. Im Gegensatz dazu planen aber gleich mehrere bislang kernkraftfreie Länder den erstmaligen Einstieg, zum Beispiel Iran, Ägypten, Indonesien, Kenia, Kuba und die Vereinigten Arabischen Emirate. Sollten diese Länder jemals durch politische Revolution, Kontinentalplattenverschiebung, Kernschmelze oder auf Geheiß von Thomas Hermanns am Eurovision Song Contest teilnehmen dürfen, dann gibt es von der deutschen Jury nur ein Votum: »Null Punkte!«

GUT ZU WISSEN

Weltweit produzieren 30 Staaten Kernenergie. 14 davon können mit dem Interrail-Ticket der Bundesbahn erreicht werden. Ich empfehle allerdings allen Interrailern, den hässlichen Atomkraftwerken keine übermäßige Beachtung zu schenken und sich stattdessen weiterhin in erster Linie darum zu bemühen, internationale Kontakte zu gleichaltrigen »Feierbiestern« zu knüpfen.

Wir Deutschen versuchen es also demnächst ohne Kernkraft. Der Anteil von Kernenergie an der weltweiten Energiegewinnung ist mit rund sechs Prozent ohnehin verhältnismäßig gering. Sechs Prozent sind wenig – wenn man nicht gerade Wahlkampfleiter der FDP ist. Wie dem auch sei, die meiste Energie wird immer noch durch nicht erneuerbare Rohstoffe produziert.

Aber die regenerativen Energien sind im Kommen. Da gibt es zum Beispiel die Wasserkraft. Eine feine Sache, die allerdings in Deutschland noch eine geringe Rolle spielt: Vom gesamten deutschen Strom werden gerade einmal vier Prozent mit Wasserkraft erzeugt. In Norwegen sieht das schon ganz anders aus: Dort stammen 99 Prozent des Stroms aus Wasserkraftwerken. Über das fehlende Prozent kann ich nur spekulieren. Ich vermute mal, sie bauen Dynamos an ihre Biathleten.

Auch Brasilien (83 Prozent), Peru (74 Prozent) und Venezuela (67 Prozent) setzen auf die Kraft des Wassers. Und ich finde den Gedanken ebenfalls reizvoll, Energie durch Wasser zu gewinnen, denn diese Quelle gilt im Allgemeinen als sauber, umweltfreundlich und grenzenlos verfügbar. Ein weiterer Vorteil: Wenn die Energie durch Wasser erzeugt wird, braucht es statt eines schweren, sperrigen und lauten Notstrom-Aggregats einfach nur einen Kasten Sprudel.

Windkraft wird besonders von Politikern unterstützt. Kein Wunder. Mit all der heißen Luft, die sie tagtäglich von sich geben, könnte man Belgiens Autobahnen über Jahrzehnte hinweg taghell erleuchten.

Ein neuer Trend ist das sogenannte Windgas, also ein Gas, das durch Windkraft erzeugt wird. Die Kombination von Gas und Wind gibt es allerdings schon länger, bislang bekannt unter der Bezeichnung »Kuhfurz«.

Und dann ist da noch die gute alte Solarenergie, die in Deutschland am weitesten verbreitete alternative Energiegewinnung. Die Sonne ist in der Lage, sagenhafte 1,5 Trilliarden (!) Kilowattstunden im Jahr zu produzieren.

Das entspricht dem 10 000-Fachen des Energiebedarfs der Menschheit. Eine Stunde durchschnittlicher europäischer Sommersonne auf einem Quadratmeter entspricht ungefähr einer Kilowattstunde. Das heißt: Wenn sich ein durchschnittlicher deutscher Mallorca-Urlauber (1,80 m groß, 1,10 m breit, liegend also ca. 2 m² Angriffsfläche) von 11 Uhr vormittags bis 5 Uhr nachmittags hackebreit an den Strand knallt, dann kann er mit der Energie, die seinen Sonnenbrand ausgelöst hat, 840 Tassen Kaffee kochen. Und die braucht er auch, um am nächsten Vormittag seinen Flieger zurück nach Hause nicht zu verpassen.

Ob Sonne, Wasser und Wind ausreichen, um uns mit Strom und Wärme zu versorgen, vermag niemand zu sagen. Darum tüfteln überall auf der Welt Wissenschaftler und Ingenieure an weiteren ungewöhnlichen Formen der Energie-Erzeugung.

WIE GEIL IST DAS DENN?

Ungewöhnliche Energiequellen:

Ein Mitarbeiter der Universität von Ohio hat ein Verfahren entwickelt, um aus Urin Wasserstoff herzustellen. Das hat er zumindest behauptet, als ihn der Laborleiter am Rande der Weihnachtsfeier dabei erwischte, wie er in den Erlenmeyer-Kolben pinkelte.

Ein Kraftwerk im kanadischen Quebec nutzt gebrauchte Windeln, um Strom zu produzieren. Laut einem hartnäckigen Gerücht findet es die Konkurrenz natürlich echt beschissen, dass sie nicht selbst darauf gekommen ist.

Forscher an der Universität von Warwick (England) haben ein Auto gebaut, dessen Sprit zu 30 Prozent aus Schokoladenbruch gewonnen wird. Der einzige Sprit, den man bis dahin aus dem Süßigkeiten-Regal kannte, war die hochprozentige Plörre in den Weinbrandbohnen.

Seit 2010 fährt der *Heartland Flyer*, ein Zug, zwischen Oklahoma City und Fort Worth zu 20 Prozent »viehgetrieben«. So hoch ist nämlich der Anteil aus Biokraftstoff, der aus Schlachtabfällen gewonnen wird. Jetzt, da die Schlachtabfälle anderweitig verwertet werden, muss dringend Ersatz für Gammelfleisch-Döner gefunden werden.

Die Jahre, in denen ein extrem hoher Energieverbrauch schwer in Mode war, sind zum Glück vorbei. Gut, es ist noch nicht so weit, dass die ostdeutschen Fußball-Fans gezwungen sind, ihre Vereine umzubenennen: Energie Cottbus muss nicht in »Energiesparlampe Cottbus« umgetauft werden, und auch die Anhänger von Dynamo Dresden, Lokomotive Leipzig, Motor Zwickau oder Turbine Halle müssen sich nicht umgewöhnen und ab sofort »Ökostrom Leipzig«, »Windkraft Dresden« oder »Biomasse Zwickau« anfeuern. In der Musikwelt jedoch hat sich der Wandel schon vor längerer Zeit vollzogen: Wo in den 70er Jahren die Düsseldorfer Band Kraftwerk gefeiert wurde, interessierte man sich bereits wenige Jahre später eher für die Gruppe Wind. Das nenne ich vorbildlich.

Ich selbst verzichte zum Beispiel in der Weihnachtszeit inzwischen darauf, mein Haus mit Lichterketten zu schmücken. Ich meine nicht die *guten* Lichterketten, die sich an der Strecke des Castor-Transportes formieren und die aus 350 Gesamtschullehrern, Claudia Roth und zwei Bio-Metzgern aus Schweinfurt bestehen, alle mit einem Teelicht in der Hand. Ich meine die *bösen* Lichterketten. Die Wattmonster. Die Stromfresser. Auf *die* verzichte ich. Meine Eltern liebten diese Dinger über alles! Im Dezember beleuchteten sie ihr Eigenheim so grell wie eine belgische Autobahn. 20 000 Birnchen waren das Minimum. Wir mussten die ganze Adventszeit über mit heruntergelassenen Rollläden im Wohnzimmer sitzen – sonst wären wir erblindet. Und meine Eltern waren nicht die Einzigen, die ganze Straße machte das so. Es war in der gesamten Adventszeit so hell, dass sich niemand ohne Schweißerbrille aus dem Haus traute. Irgendwann haben meine Eltern sich dann von den Lichterketten getrennt. Ich weiß allerdings nicht, ob

Energiespar-Gründe eine Rolle spielten, oder ob sie endlich realisiert hatten, dass wir mit dem Flughafen in unmittelbarer Nachbarschaft Gefahr liefen, dass eine Boeing versehentlich bei uns im Vorgarten landete.

Weihnachten fand bei uns fortan mit dunkler Fassade statt. Bis auf einmal, als der Baum abfackelte und das Wohnzimmer in Brand steckte. Als wir draußen auf der Straße standen und der Feuerwehr dabei zusahen, wie sie die Schläuche ausrollte, legte mein Vater seinen Arm um die Schulter meiner Mutter und sagte stolz zu ihr: »Siehst du, Irmhild, jetzt ist unser Heim *doch* heller als alle anderen!«

Energiebewusstsein und Lebensqualität müssen einander indes nicht zwingend ausschließen. Man darf es nur nicht übertreiben.

WIE GEIL IST DAS DENN?

Möglichkeiten, bei einem romantischen Abendessen Strom zu sparen:

Kerzenlicht statt Lampe	- 0,25 kWh
Butterbrote statt warmer Mahlzeit	- 0,50 kWh
selbst singen statt Kuschelrock	- 0,05 kWh
Cola statt Espresso	- 0,03 kWh
kalte Dusche statt romantischem Schaumbad	- 4,00 kWh
Gesamtersparnis	*- 4,83 kWh*

Bei einem Strompreis von 25 Cent pro kWh macht das gerade mal 1,20 €. Das mag erst mal nicht besonders lohnend klingen, aber man muss das langfristiger sehen: Man spart ja bereits am nächsten Morgen weiter, wenn man das Frühstück nur für eine statt für zwei Personen machen muss.

Ich lasse das Licht zu Hause nicht unnötig brennen. Das lohnt sich. Zumindest, wenn man nicht auf Energiesparbirnen umgestellt hat, sondern noch die gute alte Glühlampe verwendet. Ich weiß: Damit verschlechtere ich meine Umweltbilanz erheblich, aber ich mag dieses kalte Energiesparlicht einfach nicht. Wenn ich mit meiner wunderschönen Frau im Schein unserer Wohnzimmerlampe sitze und ihr zärtlich in die Augen schaue, möchte ich schließlich das Gefühl haben, sie auf der Stelle ins Schlafzimmer bringen zu wollen – und nicht zum Pathologen.

Außerdem sind Energiesparlampen giftiger Sondermüll: Sie enthalten Quecksilber. Trotzdem landen bis zu 90 Prozent der ausrangierten Öko-Birnen im Hausmüll. Die anderen 10 Prozent werden vermutlich einzeln mit dem 25 Liter verbrauchenden Geländewagen zur 50 Kilometer weit entfernten Sondermüll-Deponie gefahren. Dann doch lieber der gute alte Wolfram-Draht und stattdessen öfter mal das Licht ausmachen. Zu diesem Zweck habe ich bei mir zu Hause Lichtschalter eingebaut, die auf Geräusche reagieren: Klatscht man einmal in die Hände, geht das Licht an. Klatscht man noch mal, geht es wieder aus. Ein Klassenkamerad aus der Nachbarschaft hatte früher die gleichen Schalter – und einen strengen Vater. Wir konnten von unserem Küchenfenster aus sehen, wenn mein Kumpel mit einer Fünf nach Hause kam. Denn dann hieß es: Licht an – Licht aus. Licht an – Licht aus …

Nicht nur zu Hause achte ich auf umweltfreundliches Verhalten. Wir alle kennen die Schilder, die mittlerweile in
jedem Hotelbadezimmer aufgestellt sind: »Wenn Sie der
Umwelt helfen wollen, benutzen Sie Ihre Handtücher mehrmals, und hängen Sie sie wieder auf den Haken. Wenn
Sie wünschen, dass die Handtücher ausgewechselt werden, werfen Sie sie auf den Boden.« Ich hänge die Handtücher immer auf den Haken. Aber ich kenne Menschen,
die sogar noch weiter gehen: Die sorgen dafür, dass das
Hotel die Handtücher nie wieder waschen muss, und lassen sie einfach in ihrem Koffer verschwinden.

Außerdem verzichte ich ganz bewusst auf alle energie-
betriebenen Geräte, die nicht unbedingt notwendig sind:
Ich habe weder einen elektrischen Dosenöffner noch eine
elektrische Zahnbürste oder eine elektrische Kaffeemühle –
selbst meine elektrische Eisenbahn im Keller funktioniert so
wie die echte Bundesbahn im Berufsverkehr: Alles steht.
Mehr kann ich nicht tun im alltäglichen Kampf gegen die
drohende Klima-Erwärmung.

Der Klimawandel ist ein ernstes Problem. Ich muss allerdings gestehen, dass ich die Aussicht auf mehr Sonne an-

fänglich gar nicht so übel fand: Jedes Jahr ein bisschen wärmer – dieses Phänomen kannte man bisher nur aus der Pubertät von Patrick Lindner. Inzwischen sind mir die geschmolzenen Polkappen etwas näher gekommen. Dagegen hilft nur sparen – zum Beispiel bei Flugreisen.

GUT ZU WISSEN

Eines der größten Verkehrsflugzeuge der Welt, der Airbus A 380, verbraucht knapp unter 2000 Liter Kerosin auf 100 Kilometer. Das klingt erst mal nach einer Menge, aber trotzdem ist die Umweltbilanz des Airbus nicht schlecht. Denn bei ausgebuchter Maschine (550 Fluggäste) entspricht der Verbrauch ungefähr 3,5 Litern pro Passagier. Natürlich spreche ich von *Kerosin*, nicht von *Tomatensaft!*

Um die Menge an Dreck zu erzeugen, den ein einziger Flug von München nach Berlin verursacht, muss ich vermutlich 38 Jahre lang im Garten Plastiktüten verbrennen. Mache ich natürlich nicht. Andere tun noch mehr: So hat Ottfried Fischer eine tolle Methode entwickelt, Energie zu sparen: Er bewegt sich gar nicht mehr. Rüdiger Hoffmann trägt das Haupthaar jetzt so kurz, dass er den stromfressenden Föhn nur noch für die Achselhaare einsetzen muss. Ich hingegen sortiere zu Hause den Müll. Ich habe unter der Spüle sieben verschiedene Abfalleimer und muss jedes Mal entscheiden: Nehme ich den Eimer für Verpackungen, Sondermüll, Bio-Abfall, Papier, Metall, Glas oder Restmüll? Das kostet viel Zeit, und meine Frau meint, ich solle mir die Mühe nicht machen. Vielleicht hat sie nicht ganz unrecht – zumal wir vorm Haus leider nur eine einzige Tonne haben, und in der landet der komplette Abfall.

DAS GEHT JA GAR NICHT!

Während in Deutschland, Österreich, den Niederlanden, Schweden und Belgien mindestens die Hälfte der Abfälle wiederverwertet oder kompostiert wird, recyceln die Bulgaren überhaupt nicht: Der Müll wandert ohne Ausnahme auf die Deponie. Nicht viel besser sieht es in Rumänien (99 %), Malta (95 %) oder Litauen (92 %) aus. Die beste Quote mit 100 % Müll-Recycling hat Dieter Bohlen: Er macht wirklich aus *jedem* Dreck eine neue Platte.

Noch besser, als den Müll zu *trennen*, ist es natürlich, ihn zu *vermeiden*. In Deutschland erzeugt jeder Bürger pro Jahr fast 600 Kilogramm Müll. 2009 waren es zum Beispiel 587 Kilogramm. Das entspricht dem Gesamtgewicht einer kompletten Jugend-Fußballmannschaft (D-Junioren) oder wahlweise dem Gesamtgewicht von Reiner Calmund und Rudi Völler. Mit 587 Kilogramm liegen wir Deutschen im Europa-Vergleich im Mittelfeld. Aber während die Dänen mit 833 Kilogramm pro Kopf das traurige Schlusslicht bilden, zeigen uns die Polen, dass es auch anders geht: Dort fallen nur 316 Kilogramm Müll pro Einwohner an – aus den restlichen Abfällen brennen sie vermutlich ihren Wodka.

Aber wie können wir Müll vermeiden? Es gibt Menschen, die im Supermarkt, kaum dass sie ihren Einkauf bezahlt haben, die Produkte aus den Verpackungen reißen und diese in die extra dafür aufgestellten Behälter werfen. Dadurch wird der Müll natürlich auch nicht weniger. Ich warte darauf, dass die ersten Kunden noch im Laden die Konserven öffnen und sich die Bohnensuppe nach Balkan-Art in die Handtasche schütten, nur um die Dosen nicht mit nach Hause nehmen zu müssen. Warum auch nicht? Wir alle können mitmachen. Selbst Amy Winehouse, die in ihrem kurzen Leben sicherlich nicht alles richtig gemacht hat, muss in Sachen Müllvermeidung ein echtes Vorbild gewesen sein: Wenn sie eine Flasche Whisky kaufte, trank sie die ganze Pulle sicher noch im Kassenbereich aus und ließ das Altglas gleich im Laden.

Auch die Hersteller könnten etwas gegen den Müll tun, indem sie auf übergroße Verpackungen verzichten. Oft wird nämlich eine ganze Menge Luft mit verkauft. Es ist nicht nötig, 45 Spülmaschinen-Tabs in einen Karton zu packen, bei dessen Anblick man denkt, die Spülmaschine würde gleich mitgeliefert. Das wäre so, als würde Kate Moss die Klamotten von Tine Wittler auftragen. Am besten würde alles so sparsam verpackt, wie es uns die Natur vormacht: mit Eiern, Bananen oder Bierbäuchen auf Mallorca.

WIE GEIL IST DAS DENN?

Die wahrscheinlich teuerste Plastiktüte der Welt hat der deutsche Sammler Heinz Schmidt-Bachem erworben. Für eine »Campbell's«-Tüte, die von Pop-Art-Künstler Andy Warhol signiert wurde, zahlte er umgerechnet etwa 5000 Euro.

Ein stolzer Preis für eine Plastiktüte! Die meisten Menschen würden mit 5000 Euro etwas Sinnvolleres kaufen: eine Einbauküche, ein gebrauchtes Auto oder 20 000 normale Plastiktüten.

Seit 1961 vom Kaufhaus Horten in Neuss die ersten Plastiktüten in Deutschland ausgegeben wurden, hat sich eine Sammler-Szene gebildet, die Plastiktüten aus aller Welt zusammengetragen hat. Und damit meine ich nicht diese wahllosen Tüten-Lager, wie wir alle sie in der hintersten Ecke unter der Küchenspüle pflegen. Nein, die Tüten-Kenner sammeln mit System. Sie sortieren ihre Preziosen nach Alter, Motiven, Herkunft, Material oder Geschichte und archivieren sie. Auch eine Möglichkeit des Umweltschutzes. Denn was gesammelt wird, landet nicht auf der Müllkippe. So sind zahlreiche kulturhistorisch höchst interessante Privatsammlungen entstanden. Und in Finnland gibt es sogar ein öffentliches Plastiktüten-Museum.

WIE GEIL IST DAS DENN?

Ungewöhnliche finnische Museen:

Im Outboard Museum in Porvoo hat der Sammler Nisse Häggblom über 200 verschiedene Außenbordmotoren zusammengetragen.

Wo sich das Museum mit den dazugehörigen 200 fahruntüchtigen Booten befindet, habe ich leider nicht herausfinden können.

Beim Keihäs-Museo handelt es sich um ein Museum für Speere. Ein Muss für jeden Speer-Interessierten! Wer einen besonders schönen oder interessanten Speer zu Hause hat und ihn stiften möchte, kann ihn dem Museum gern schicken – als Post-Wurf-Sendung.

Das Pahkaparatiisi beherbergt eine Sammlung von gut

200 interessanten Baum-Verwachsungen: Den Besucher erwarten in den Ausstellungsräumen verschiedene Knollen, Schwielen und andere eigenartige Gebilde von Bäumen.

Nur Krüppelkiefern kommen umsonst rein.

Alles, was den CO_2-Ausstoß verringert, bremst gleichzeitig den Klimawandel: Jute statt Plastik, Fahrrad statt Auto, Butterbrot statt Fast-Food-Menü. Es gibt jede Menge Dinge, auf die man als umweltbewusster Mensch achten kann. Ich denke zum Beispiel, es hilft, weniger zu heizen. Allerdings gibt es diesbezüglich auch andere Meinungen. Ein Fußball-Kumpel von mir ist zum Beispiel der genau gegenteiligen Ansicht.

»Guido«, sagte er neulich, »du weißt doch immer alles. Wenn ich weniger heize, dann verlangsamt das die Erderwärmung, richtig?«

»Richtig!«

»Okay, danke. Dann heize ich also fleißig weiter und tue so etwas für die Umwelt.«

»Hä? Wieso?«

»Das ist doch klar: Wenn ich mehr heize, dann beschleunige ich damit die Erderwärmung. Und dann muss ich weniger heizen!«

Ich spiele weiterhin Fußball mit ihm, aber wenn ich jemanden brauche, der mir logische Zusammenhänge erklärt, dann frage ich eher noch Menowin Fröhlich – oder ein Toastbrot.

Viele Menschen versuchen, in Bezug auf die Umwelt verantwortlich zu handeln, und das ist sehr begrüßenswert. Aber ob das reicht, um den Klimawandel zu stoppen, ist fraglich. Vielleicht müssen wir uns einfach damit abfinden, dass es immer wärmer wird. Immerhin gab es schon lange vor der Erfindung von Autos und Plastiktüten massive Klimaveränderungen wie Eiszeiten oder Dürreperioden. Und das Bild, das wir uns von der Erde machen, war auch nicht immer gleich. Im Mittelalter glaubte man, die Erde sei eine Scheibe, zurzeit sind wir davon überzeugt, dass die Erde eine Kugel ist, aber wer kann schon beschwören, dass unser Himmelskörper immer rund bleibt? Vielleicht leben schon unsere Großenkel auf einem herzförmigen Planeten. Oder auf einer großen blauen Spaßbanane im All.

Als Vater mache ich mir natürlich Sorgen wegen der Folgen der Erderwärmung. Unsere Kinder werden Eisbären bald nur noch aus dem Zoo oder dem Fernsehen kennen. Also genau genommen wie jetzt auch schon. Unsere Enkel müssen vermutlich im Frühling schon um fünf Uhr nachmittags das Freibad verlassen. Aber nicht weil es frisch wird, sondern weil das Wasser verdunstet ist. Und echten Schnee sehen die Kleinen dann auch nicht mehr. Es sei denn, ihr Vater ist Kokain-Dealer und bringt Arbeit mit nach Hause.

Uns erwarten in absehbarer Zeit Wasserknappheit, Ernteausfälle und Überflutungen ... aber wenn ich mir das jeden Tag vor Augen führte, dann würde ich schnell depressiv. Also versuche ich, mir die Vorteile des Klimawandels zu verdeutlichen: Die Mädels haben das ganze Jahr lang Hotpants und Trägerhemdchen an. Nur der Pessimist in mir sagt: die Männer leider auch.

Wenn der Klimawandel bei uns ankommt, würden die Deutschen allerdings auch wieder mehr Urlaub im eigenen Land machen. Wenn es am Ufer der Lausitzer Neiße mitten in Sachsen genauso heiß ist wie auf Mallorca, dann kann man sich auch dort mit dem Sangria-Eimer in die Sonne knallen. Der einzige Unterschied: Die Spanier versteht man besser als die Sachsen.

Und selbst dem Anstieg der Weltmeere kann man etwas Positives abgewinnen: Das Problem mit Holland würde sich quasi von selbst erledigen. Deshalb bin ich auch schon jetzt für die Einführung der PKW-Maut. Wenn die Oranjes schon über unsere Autobahn Richtung Österreich flüchten, dann sollten wir wenigstens etwas daran verdienen.

Aber nicht nur den Holländern geht das Land flöten – wir alle sind gefährdet. Also müssen wir Menschen uns auf Dauer nach Alternativen umschauen. Wissenschaftler des Keck-Observatoriums (Hawaii) meldeten am 27. Oktober 2010 die Entdeckung des Planten Gliese 581 g, auf dem man theoretisch leben könnte, wenn er (wie vermutet) tatsächlich flüssiges Wasser führt und die nötige Masse besitzt, um eine Atmosphäre zu halten. Die Entdecker halten Gliese 581 g für den möglicherweise erdähnlichsten Planeten, der bekannt ist. Somit wäre er für uns theoretisch bewohnbar. Gegen einen Umzug dorthin sprechen jedoch drei Dinge:

DAS GEHT JA GAR NICHT!

Drei Gründe, die dagegen sprechen, den Planeten Gliese 581 g zu bevölkern:

1. Der Planet ist 190 Billionen Kilometer weit von der Erde entfernt.
2. Außerdem existiert Gliese 581 g vermutlich überhaupt nicht.
3. Das schwerwiegendste Problem: Auf dem gesamten Planeten gibt es keinen vernünftigen Handy-Empfang.

Gliese 581 g ist also, wenn er überhaupt existiert, weit weg, öd und leer, ohne intelligentes Leben, theoretisch bewohnbar, aber praktisch keine Alternative. Ich nenne ihn deshalb gern »das Bielefeld des Universums«. Und spätestens die Aussicht, dass unsere Kinder und Kindeskinder ihre Zukunft in Bielefeld verbringen müssen, sollte uns alle beflügeln, besser auf unseren Planeten achtzugeben.

Ein Streifzug durch die Keramikabteilung

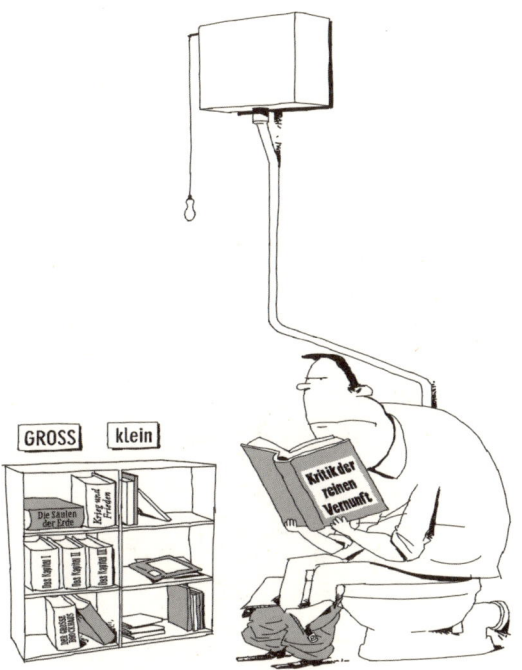

Viele Leser werden in diesem Moment auf dem Sofa, im Bett, am Flughafen, in der Bahn oder am Strand sitzen und der Lektüre dieses Buches nachgehen. Ich möchte nicht indiskret sein, aber es ist so sicher wie das Amen in der Kirche, und ich gehe jede Wette ein: Einige von Ihnen lesen gerade auch auf dem Klo.

Warum auch nicht? Wo sonst kann man sich heute noch ungestört und ausgiebig der Lektüre hingeben? Kein Problem – es sei denn, man lebt in einer neunköpfigen Wohngemeinschaft mit einer einzigen Toilette und hat sich in den Kopf gesetzt, in einer einzigen Sitzung Tolstois *Krieg und Frieden* durchzulesen.

Viele Menschen sind sich bewusst, wie beliebt das Lesen auf dem Abort ist, und präsentieren in ihrem Gäste-WC eine gut sortierte Auswahl geeigneten Lesestoffs. Die Besucher im Hause Cantz können beispielsweise zwischen den Fachmagazinen *Auto Motor Sport*, *Kicker* und *Playboy* wählen. Und auch in meinem Freundeskreis gibt es kaum eine Toilette, in der sich nicht zumindest ein paar Illustrierte, eine Handvoll alter Comics oder so epochale Meisterwerke wie der Klassiker *Die hundert besten Häschenwitze*, der opulente Bildband *Die schönsten Momente der Fußball EM 1984* oder der topaktuelle Reiseführer *Jugoslawien auf Schleichwegen* befinden. Zugegeben: keine Pflichtlektüre, aber immer noch besser, als zehn Minuten lang das Rücken-Etikett der WC-Ente zu studieren.

Auch ich zähle zu der Spezies, die Toilettensitzungen hin und wieder zur Erweiterung der Allgemeinbildung nutzt. So las ich kürzlich in einem Magazin, dass in Deutschland noch vor gar nicht allzu langer Zeit Wohnungen ohne WC das Normale waren. Bis weit in die zweite Hälfte des 20. Jahrhunderts hinein lebten zahlreiche Mieter mit dem berühmten »Klo auf dem Flur«, das sie sich mit mehreren Parteien teilen mussten. Noch 1954 hatten nur 27 Prozent der deutschen Haushalte eine Toilette innerhalb der Wohnung. Die gute alte Zeit verbrachte man daher im Zweifelsfall auf dem Gemeinschaftsklo – wenn man Glück hatte und es frei war. Abgesehen von der unangenehmen Vorstellung, aufgrund weniger penibler Nachbarn hygienische Kompromisse eingehen zu müssen, drängt sich die Frage auf: Wo haben diese armen Menschen damals gelesen? Etwa im Lese-Sessel?!

GUT ZU WISSEN

Im 17. und 18. Jahrhundert herrschte nicht nur in den einfachen Häusern eklatanter Toilettenmangel. Den meisten Bürgern stand in ihren Unterkünften lediglich ein zeitgenössischer mobiler Abort zur Verfügung. Der Fachmann spricht vom »Pisspott«. Aber selbst prächtige Paläste und Schlösser hatten ihre Probleme. So gab es im bekanntermaßen mehr als üppig ausgestatteten Schloss von Versailles (der Ur-Mutter der »gehobenen Ausstattung«) zwar zweitausend Zimmer, aber nur eine einzige Toilette. Und die war entweder besetzt, oder man fand sie hinter den tausenden von Türen nicht rechtzeitig. Also wurde bei den feinen Herrschaften überall hingemacht: nicht nur in den Garten, sondern auch unter Treppen, in Flure und Zimmerecken. Vielleicht sogar in Blumenvasen. Das Raum-Aroma in den Gemächern Ludwigs XIV. muss dem eines Dixi-Klos nach drei Tagen »Rock am Ring« geglichen haben.

Will man die Geschichte der Toilette in ihrer Gänze beleuchten (oder sollte ich besser sagen: belüften?), muss man deutlich weiter zurückgehen als zum Geburtsjahr von Jesus, also bis zum Jahr 00. Als die frühen Nomadenstämme viele Jahrtausende vor unserer Zeitrechnung durch die Gegend zogen, gab es natürlich noch keine Klohäuschen oder Campingtoiletten. Also gruben die Menschen abseits ihrer Lager Löcher und schütteten sie vor der Weiterreise wieder zu. Angeblich. Ich kenne nämlich Landstriche, wo solche Löcher immer noch offen sind. Allein 18 von ihnen kann man in der Nähe von Köln bewundern: auf einem Golfplatz in Pulheim.

Als die Menschen vor ungefähr 10 000 Jahren begannen, sesshaft zu werden, machten sie auch in Sachen Toiletten-Technologie Fortschritte: Aus den Löchern wurden Gruben. Und über die Gruben wurden als Sitzgelegenheit

266

Stämme oder Stangen gelegt. Der gute alte Donnerbalken war geboren. Gelesen haben die Menschen darauf allerdings kaum. Denn erstens konnten die meisten noch nicht lesen, und zweitens brauchte man dringend beide Hände, um nicht von der wackligen Stange zu fallen.

WIE GEIL IST DAS DENN?

6 lustige Toiletten-Namen, die jeder kennt:

Donnerbalken
Stilles Örtchen
Keramik-Abteilung
Spiegelbude
Männerthron
Olymp

6 lustige Toiletten-Namen, die bisher niemand kannte:

Fliesengebirge
WC/DC
Popolizei-Revier
Kackacabana
Pisscothek
Kot Azur

Schon um 3000 v. Chr. gab es die ersten Toiletten, die an ein Abwassersystem angeschlossen waren: Die Indus-Kultur, eine der frühesten menschlichen Zivilisationen, verfügte über ein clever konzipiertes System aus Rohrleitungen, über das die übelriechenden Rückstände aus dem Haus hinaus in Kanäle gespült wurden. Auf ähnlichem Wege entledigten sich auch die alten Sumerer um 2400 v. Chr. ihrer Fäkalien. Ich bin mir hundertprozentig sicher: Spätestens 2399 v. Chr. wurde das erste Rohrreinigungsunternehmen gegründet, das verstopfte Rohre wieder frei machte, natürlich damals schon zu einem schwindelerregenden Stundensatz (zuzüglich An- und Abfahrt).

In der Antike erlebte die Menschheit dann einen ersten Höhepunkt der Toilettenkultur: Mit den antiken Kulturen begann die bis heute andauernde Zeit, in der man ein Vermögen für sanitäre Anlagen ausgeben kann. Allein sechs edle, mit Wasserspülung versehene Toiletten befanden sich beispielsweise im Palast des assyrischen Königs Sargon II. (721 bis 705. v. Chr.). Ich vermute, es gab je eine für Herren, Damen, Personal, Behinderte und Gäste sowie ein Katzenklo.

Auch die alten Griechen kümmerten sich intensiv um verbesserte innerstädtische Hygiene. In Athen gab es zahlreiche Fäkalien- und Sickergruben. Ich könnte mir vorstellen, dass zumindest Letztere auch heute noch existieren. Denn wo sonst sollen in letzter Zeit die vielen schönen Euros versickert sein?

GUT ZU WISSEN

Die Redensart »Pecunia non olet« (»Geld stinkt nicht«) soll ihren Ursprung in der Antike haben und im Zusammenhang des damals üblichen Handels mit Urin entstanden sein. Im alten Rom wurde Urin gesammelt und verkauft, da man ihn zum Waschen und Färben von Kleidung verwendete. Also fackelte Kaiser Vespasian (Amtszeit 69 bis 79 n. Chr.)

nicht lang und besteuerte den gefragten Rohstoff kurzerhand. Sein Sohn Titus fand das anrüchig und wollte den Vater davon abbringen. Vespasian soll darauf an einer Goldmünze geschnuppert und gesagt haben: »Non olet« (»Sie stinkt nicht«). Geld stinkt also nicht – zumindest nicht für die Menschen, die ihre Klamotten mit fremdem Urin waschen.

Ein weiteres Beispiel für fortschrittliche Sanitäranlagen der Antike ist der römische Abwasserkanal Cloaca Maxima: Er spülte das komplette römische Dreckwasser über den Tiber direkt ins Meer, und das, wie es sich für echte Italiener gehört, selbstverständlich ungefiltert.

Neben Toiletten in Privathäusern gab es in Rom und anderen antiken Städten auch erste öffentliche Latrinen, die sich allerdings überhaupt nicht zur Klolektüre eigneten, weil man dort nicht für sich allein war: Oft wurden sie von bis zu 60 Menschen gleichzeitig benutzt. Heute gibt es nur noch einen einzigen Ort, an dem sich so viele Leute gleichzeitig erleichtern: das Nichtschwimmerbecken im Freibad.

Die antiken Bedürfnisanstalten waren also alles andere als »stille Örtchen«: Es wurde laut gelacht, man quatschte über alles Mögliche und tauschte sich über die neuesten Gerüchte aus – also so ähnlich, wie wir Männer uns heute noch das Treiben auf einer Damentoilette vorstellen.

WIE GEIL IST DAS DENN?

Bei Ausgrabungen in der antiken Stadt Pompeji wurde die Wandinschrift eines Latrinen-Pächters entdeckt. Der vermutlich erste verbürgte Klomann der Geschichte hatte

geschrieben: »Cacator cave malum! Aut si contempse-
ris, habeas Jovem iratum!« Das ist Latein und heißt so
viel wie: »Hüte dich, auf die Straße zu kacken. Sonst
wird dich Jupiters Zorn treffen.« Oder, wie es in Bayern
heißen würde: »Wer hinters Zelt pinkelt, fliegt vom Oktoberfest!«

Mit dem Untergang des römischen Imperiums im 7. Jahrhundert ging vorerst auch die Toilettenkultur unter. Eine de-
taillierte Beschreibung der Zustände im Mittelalter und der
frühen Neuzeit erspare ich Ihnen und mir. Wenn Sie genau wissen wollen, wie es damals zuging, empfehle ich
Ihnen einen Besuch im Hygiene-Museum Dresden. Oder
aber Sie besuchen ein ländliches Schützenfest Ihrer Wahl.
Ab dem späten Samstagabend werden die etwas unappe-
titlichen Traditionen unserer Vorväter für ein paar Stunden
anschaulich wiederbelebt.

Erst im 19. Jahrhundert erwachte in den Menschen ein
neues Hygiene-Bewusstsein. In den Großstädten entstanden wieder öffentliche Bedürfnisanstalten. Allerdings war
ihre Anzahl zunächst überschaubar. Zum Beispiel gab es
im Jahr 1820 in ganz Paris gerade einmal acht öffentliche
Toiletten. Das heißt, man musste in der Innenstadt damals
ungefähr so lange nach einem Klo suchen wie im heutigen Paris nach einem freien Parkplatz. Hundert Jahre später sah die Situation schon bedeutend besser aus, denn um
1920 verfügte der Flaneur in der Stadt der Liebe bereits
über 4000 verschiedene Gelegenheiten, legal und öffentlich seine Blase zu entleeren. Von einer solchen innerstädti-
schen Auswahl träumen heute selbst Hunde.

Die Grundlage für den modernen sanitären Standard

wurde von den britischen Erfindern Sir John Harington und Alexander Cummings gelegt: Harington entwickelte bereits im Jahre 1596 im Auftrag von Königin Elisabeth I. den Urtyp des heutigen Wasserklosetts. Obwohl die Monarchin angeblich sehr zufrieden mit der königlichen Schüssel war, blieb es aber beim Prototyp. Dieser wurde fast 200 Jahre später von Landsmann Alexander Cummings maßgeblich weiterentwickelt: Er brachte Haringtons Idee auf den neuesten Stand und ergänzte sie 1775 mit dem patentierten und immer noch gebräuchlichen S-förmigen Siphon. Weitere Entwicklungen wie das U-förmige Abflussrohr und der Spülkasten folgten im 19. Jahrhundert. Doch es dauerte immer noch etliche Jahrzehnte, bis sich die meisten Deutschen die Zeitung unter den Arm klemmen konnten, bevor sie es aufsuchten: das eigene, ganz private WC.

GUT ZU WISSEN

Begriffserklärungen:

WC: WC steht als Abkürzung schlicht für »Water Closet«. Und nicht etwa, wie Spötter gern behaupten, für »Wayne Carpendale«.

Toilette: Der Begriff entwickelte sich aus dem französischen »Toile«, zu Deutsch »Leintuch«. Das passt gut, denn die meistens Klos sind wenig größer als ein Badelaken.

00: In den Hotels des 19. Jahrhunderts lagen die Toilettenräume üblicherweise in der Nähe der Aufzüge oder Treppenhäuser. Da dort auch die Zimmernummerierung begann, schrieb man an die Toilettentüren die Zimmernummer »00«. Ein alter Witz besagt, dass

271

es für Hotelgäste des Zimmers 100 unangenehm werden könnte, falls an ihrer Tür die »1« herunterfiele. Das Gleiche gilt im Übrigen auch für das Büro von James Bond, wenn die »7« abhandenkommt, oder für den Wuppertaler Zoo, wenn in der Neonbeschriftung das »Z« ausfällt.

Heute kann sich bei uns niemand mehr ein Leben ohne eigenes Klo vorstellen. Fast jeder deutscher Haushalt verfügt über mindestens zwei Schüsseln: eine fürs Fernsehen auf dem Dach oder Balkon und eine fürs Lesen im WC. Die eigene Toilette ist längst kein Privileg der Superreichen mehr. Zumindest nicht, was normale Klos betrifft. Denn die oberen Zehntausend geben sich natürlich nicht mit standardweißer Keramik und Klobrille aus dem Baumarkt zufrieden.

DAS GEHT JA GAR NICHT!

Das teuerste Klo der Welt ist vermutlich das von Hollywood-Designer Jemal Wright entworfene Luxus-Modell »Isis«. Es ist mit tausenden von glitzernden Swarovski-Kristallen besetzt und kostet umgerechnet 50 000 Euro. Kunden, die sich »Isis« leisten können, benötigen im Übrigen kein Klopapier – sie benutzen stattdessen einfach Geldscheine.

Besonders die Japaner greifen gern tief in die Schüssel … äh, ich meinte, in die Tasche, wenn es um ihre Toilettenausstattung geht. Im Land der aufgehenden Sonne sind moderne computergesteuerte und programmierbare High-tech-Toiletten, sogenannte *Washlets*, seit Jahrzehnten der letzte Schrei. Diese Edel-Klos, die sich in beinahe jedem japanischen Haushalt finden, warten mit vielfältigen Zusatzfunktionen auf, wie zum Beispiel mit regulierbarer Reinigungsfunktion, Sitzheizung, MP3-Player, Massagefunktion, Klimaanlage, Raumdeo, Trockengebläse und automatischem Deckelöffner. Wenn das Superklo auch noch fotografieren könnte, wäre es die einzige Toilette der Welt, die mehr kann als ein iPhone. Nur *machen* muss man noch selbst.

Diese technisch aufwendigen *Washlets* sind natürlich nicht billig. Jeder kann das halten, wie er will, aber ich persönlich würde niemals über 1000 Euro für eine Klobrille ausgeben. Egal, was sie kann. Ich tue mich ja schon schwer, an der Autobahnraststätte die Räumlichkeiten aufzusuchen, seit der Spaß 70 Cent kostet. Der Toiletten-Betreiber Sanifair hat 2010 an über 360 Raststätten die Gebühren für die Toilettenbenutzung erhöht, und zwar gleich um satte 40 Prozent.

GUT ZU WISSEN

Eintrittspreise – ein Vergleich:

Rock am Ring	140,00 €
Europapark Rust	36,00 €
Frankfurter Buchmesse	15,00 €
Eiffelturm, Paris	13,40 €
Museo Prado, Madrid	10,00 €
Pascha Köln	5,00 €
Sanifair	0,70 €
Streichelzoo Köln-Lindenthal	gratis

Auch wenn drei Minuten Keramik-Abteilung an der Autobahn wesentlich günstiger sind als eine Karibikkreuzfahrt für zwei Personen: 70 Cent für eine Toilettenbenutzung finde ich happig. Für jemanden mit Sextaner-Blase kann das Pinkeln auf der Urlaubsfahrt unter Umständen teurer werden als das Tanken. Für das Geld wird dem Benutzer allerdings auch etwas geboten: Außer der Sauberkeit der Anlage, die eigentlich selbstverständlich sein sollte, erwartet den Bedürftigen unter anderem leise dahinplätschernde, belanglose Musik, die aus geschickt versteckten Lautsprechern perlt. Mich erinnert das an Fahrstuhlmusik. Ich habe immer Angst, dass ich auf der Schüssel hocke, es macht »Pling«, die Tür geht auf, jemand steht direkt vor mir und fragt: »Wollen Sie auch in den dritten Stock?«

Ich war schon einmal Gast in einer Sanifair-Anlage, die meinen Aufenthalt mit lieblichem Vogelgezwitscher vom Band begleitete. Ich dachte, ich sitze im Wald! Das Gefühl hatte ich auf den ehemaligen verdreckten Autobahn-Klos zwar auch, aber da lag das an den Ameisen, die mir über die Füße liefen.

Außerdem werde ich dank Sanifair durch Reklametafeln an den Innenseiten der Kabinentüren über die aktuellsten Neuigkeiten aus der Welt der Kamin- und Kachelöfen informiert. Seit Jahren. Darum sage ich es jetzt einmal laut und deutlich, und ich bin sicher, dass ich auch für viele andere Männer spreche:

LIEBE LEUTE VON SANIFAIR! WIR WOLLEN KEINE KACHELÖFEN KAUFEN! NICHT JETZT, NICHT NÄCHSTES JAHR UND AUCH NICHT IN ZEHN JAHREN! ALSO GEBT UNS WAS ANDERES ZU LESEN! EGAL, WAS! HAUPTSACHE, IRGENDWAS ANDERES! BITTE!

Was hängt eigentlich bei den Frauen? Wahrscheinlich der neue Roman von Ken Follett. Das würde zumindest erklären, warum meine Frau immer Ewigkeiten braucht, bis sie wieder herauskommt.

Von den 70 Cent, die man am Drehkreuz des Sanifair-Universums löhnen muss, kann man 50 Cent bei einem Einkauf im Shop der Raststätte verrechnen lassen. Man muss einfach nur den Bon abgeben. Daraus ergibt sich folgende goldene Regel: Erst schiffen, dann shoppen! Denn wer in umgekehrter Reihenfolge verfährt, sammelt im Laufe der Jahre Bons im Wert eines Einfamilienhauses an.

Oder er stellt sie bei Ebay ein. Es gibt tatsächlich Menschen, die online Klo-Bons ersteigern. Als ich das letzte Mal nachsah, wurden auf 40 Bons mit 20 Euro Nennwert 14,62 Euro geboten. Anders funktioniert der internationale Devisenhandel auch nicht. Außer, dass man nicht zum Klo, sondern zur Bank geht, um an die Papiere zu gelangen.

Die Sanifair-Bons sind also so etwas wie eine eigene, beneidenswert stabile Währung: Sie werden international gehandelt, Busfahrer und Toilettenpersonal nehmen sie gerne als Trinkgeld in Empfang, und man kann damit seinen Einkauf bezahlen. Allerdings nur, wenn man mindestens zwei Bons hat. Mit 50 Cent allein kann man in einer Autobahnraststätte keine großen Sprünge machen. Genauer gesagt: Für 50 Cent bekommt man auf der Autobahn gar nichts. Tatsächlich haben viele Betreiber von Raststätten, kaum dass die Klo-Gutscheine aufkamen, sämtliche Artikel aus dem Sortiment genommen, die 50 Cent oder weniger kosteten. Somit verdienen die Pächter an jedem Einkauf zusätzlich. Ich wundere mich, dass sie das nötig haben: Bei einem Espresso für 3,50 Euro sollte doch eigentlich was übrig bleiben.

Aber es bringt nichts, sich über hohe Toilettenkosten aufzuregen. Wir haben ja keine andere Wahl. Der Norddeutsche sagt: »Wat mutt, dat mutt.« Oder, wie es hier passender heißen würde: »Wer muss, der muss.« Müssen kostet halt. Und umsonst dürfen nur die wenigsten rein.

GUT ZU WISSEN

Wer bei Sanifair nicht zahlen muss:

Behinderte
Kinder, die den Geldschlitz nicht erreichen
Inhaber der Goldenen Sanifair-Karte (z. B. Raststättenbetreiber)

Und jetzt die Eine-Million-Euro-Frage: Was ist mit behinderten Kindern, die eine Goldene Sanifair-Karte besitzen? Bekommen die noch Geld *heraus*?

Unterwegs muss ich ständig Kompromisse machen, die ich zu Hause nur ungern eingehen würde. Das Platzangebot in Flugzeugtoiletten empfinde ich beispielsweise als echte Zumutung. Ich muss vor der Schüssel keine Tischtennisplatte aufbauen können, um glücklich zu sein. Aber es wäre schon begrüßenswert, wenn es die eigenen Knie zulassen würden, die Tür zu schließen.

Extrem enge Toiletten- und Waschräume mögen auf Reisen gerade noch akzeptabel sein, zu Hause haben wir andere, höhere Ansprüche. Das ist im Hause Cantz nicht anders. Ich zähle zu den 80 Prozent der Deutschen, die sich laut einer Umfrage in ihrem Badezimmer nicht nur waschen, sondern auch wohlfühlen wollen. Die Zei-

ten, in denen das Bad ein wenig einladendes, kühl ge-
kacheltes und zweckdienliches Etwas war, sind längst
vorbei. Heute heißt es: »Adieu Nasszelle – willkommen
Wohlfühl-Oase!« »Óasis« kommt aus dem Griechischen
und bedeutet »bewohnter Ort«. Das passt. Mein Bad ist
kein reiner Nutz-, sondern ein richtiger Wohnraum. Hier
bin ich gern, und es ist so gemütlich, dass ich dort sogar
Geschäftspartner empfangen könnte. Nach dem Motto:
»Ich hole schnell noch meine Unterlagen, Herr Dr. Hoffmann. Nehmen Sie doch schon mal auf dem Wannen-
rand Platz. Die Konferenzkekse befinden sich in der Sei-
fenschale.«

Wenn die Deutschen könnten, wie sie wollten, dann
gäbe es in allen Bädern Fußbodenheizung, marmorne
Doppel-Waschtische, Sensor-Armaturen, dimmbare Ster-
nenhimmel, freistehende Emaille-Wannen oder Erlebnis-
und Aroma-Duschen, Whirlpools und in die Spiegelwand
eingelassene Flachbild-Fernseher. Natürlich alles maßge-
schneidert. Es ist wie beim Auto: Die Liste der möglichen
Sonderausstattungen ist endlos. Individualität ist Trumpf.
Das war früher anders. Da war das einzig mögliche Extra der Schimmel am Duschvorhang. Heute ist der Trend
zum individuellen Luxusbad unübersehbar. Es gibt nur einen Punkt, der einer deutschlandweiten Umsetzung dieses
Ideals im Weg steht: das Platzangebot.

GUT ZU WISSEN

Quadratmetergrößen – ein Vergleich:

Messehallen Köln	284 000 m²
Petersdom	22 067 m²

Wohnfläche pro Einwohner (Ø)	42,9 m²
Bad (Ø)	7,8 m²
Luftmatratze	1,4 m²
Postkarte	0,015 m²
Butterkeks	0,0035 m²

Das durchschnittliche deutsche Badezimmer misst also nur 7,8 Quadratmeter. Das ist deutlich größer als eine Flugzeugtoilette, aber immer noch nicht besonders viel. Bei 7,8 Quadratmetern Raumangebot muss sich der sanierungswillige Badefreund schon ganz genau überlegen: Brauche ich diesen opulenten Designer-Heizkörper mit Handtuchtrockner-Funktion wirklich? Oder beheize ich den kompletten Raum weiterhin wie bisher – also mit einem einzigen Teelicht? Und passt die Eckbadewanne von der Größe tatsächlich ins Zimmer? Oder passt das Zimmer eher in die Eckbadewanne? Zumal einige Sanierer nicht auf liebgewonnene Gewohnheiten verzichten wollen, wie zum Beispiel das Badezimmer betreten zu können, ohne den Whirlpool durchqueren zu müssen.

Ich habe Glück gehabt. In meinem Haus konnte ich die Raumaufteilung bestimmen: Jetzt habe ich ein herrlich großes Badezimmer, das genau so ist, wie ich es mir immer wünschte. Dafür habe ich auf ein Esszimmer verzichtet. Und mein Sohn muss in der Küche schlafen. Also direkt neben meiner Frau und mir.

Aber das Badezimmer – ein Traum! In meinem schönen Bad könnte ich jeden Tag viele Stunden verbringen. Das Blöde ist nur: meine Frau auch! Dabei ist es ja besonders reizvoll, zu zweit zu baden. Wenn man sich grundsätzlich einig ist. Bei uns ist es aber so: Ich bevorzuge die be-

lebende Kraft der Fichtennadel, sie eher beruhigenden La-
vendel. Für mich liegt die perfekte Wassertemperatur bei
frischen 30 °C, meine Süße hat es mit 42 °C gern deutlich
wärmer. Sie mag es, wenn Easy-Listening-Musik aus dem
Radio erklingt, ich schätze hingegen eine gepflegte Bun-
desliga-Konferenzschaltung. Es ist schwer, sich genau ab-
zustimmen. Und selbst, wenn es trotzdem gelingt, sich zu
einigen (zum Beispiel in kochendem Wasser zu sitzen, dafür aber Bundesliga zu hören), bleibt die Frage aller Fragen, auf die kein Paar der Welt jemals eine Antwort gefunden hat und auf die auch kein Paar der Welt jemals eine
Antwort finden *wird*:

Wer muss auf dem Stöpsel sitzen?

Die Generation meiner Eltern hatte dieses Problem noch
nicht. Die haben zwar auch im selben Wasser gebadet,
aber nacheinander. Das galt natürlich nicht nur für meine
Eltern, sondern für die ganze Familie. Mit schwäbischer
Sorgfalt hatte mein Vater nämlich die möglichst effektive
Nutzung des Badewassers auf seine unnachahmliche Art
optimiert. Er war schließlich zu der Überzeugung gelangt,
man könne es mehrfach verwenden. Das hätte ich vielleicht
auch gefunden, wenn ich die Nummer eins in der Nut-
zerkette gewesen wäre. War ich aber nicht. Als jüngstes
Mitglied einer vierköpfigen Familie war ich immer als Letzter dran. Das heißt: Ich ging sauber in die Wanne und
kam dreckig wieder raus. Und: Bis ich dran war, hatte das
Wasser noch maximal Raumtemperatur. Das ist auch der
Grund dafür, warum ich immer noch nicht so gern heiß
bade.

Ein schönes Badezimmer tut auch der Seele gut. Laut einer Umfrage bei Männern und Frauen im Alter von 20 bis 70 Jahren bauen 40 Prozent der Befragten Stress ab, indem sie Zeit im Bad verbringen. Damit ist diese Art des Stressabbaus fast so beliebt wie fernsehen (78 Prozent), spazieren gehen (43 Prozent) oder Gespräche mit Freunden führen (42 Prozent) und deutlich beliebter als Achterbahn fahren (0,01 Prozent), bei einem Heavy-Metal-Konzert direkt vor der Bassbox stehen (0,0001 Prozent) oder eine Schlägerei mit den Hell's Angels anzetteln (0,00000000001 Prozent).

Wie viel Zeit der Einzelne im Bad verbringt, hängt von vielen Faktoren ab. Zum Beispiel von der Haarlänge: Je länger das Haar, desto länger braucht man im Bad. Eigentlich logisch. Während die Glatzköpfe der Blue Man Group direkt aus der Dusche auf die Bühne springen können, müssen Langhaardackel wie die Jungs von Bon Jovi schon am Vortag mit dem Föhnen anfangen, damit ihre an Wischmops (Wischmoppe? Wischmöppe? Wischmöpse? Egal!) erinnernden Hardrock-Matten zum Konzertbeginn trocken sind.

WIE GEIL IST DAS DENN?

Die Blue Man Group besteht aus drei blau angemalten Performance-Künstlern und feiert mit ihren Shows in Europa und Amerika große Erfolge. Die Blaugesichter sind bereits vor über 17 Millionen Zuschauern aufgetreten.

Das haben noch nicht einmal die anderen blauen Superstars geschafft, also die Schlümpfe. Es gibt weltweit nur einen einzigen blauen Künstler, der noch mehr Fans hat, und das ist David Hasselhoff.

Die Länge des Badezimmeraufenthalts richtet sich aber auch nach dem Kalender: Am Samstag zum Beispiel verbringen die meisten Menschen nachweislich mehr Zeit im Bad als wochentags. Ich auch. Stichwort »Bundesliga-Konferenz«.

Und schließlich spielt auch die Gründlichkeit der Körperpflege eine Rolle. Mit Zähneputzen und Händewaschen ist es längst nicht mehr getan. Es wird gecremt, gestylt, gepudert, gefärbt, toupiert, rasiert, geschminkt, epiliert, poliert und lackiert, bis der Arzt kommt. Und bei Frauen ist es nicht anders.

Es ist ein Fakt: Was die Dauer der Badezimmer-Nutzung betrifft, spielt das Geschlecht keine Rolle mehr. Glaubt man aktuellen Umfragen, verbringen Frauen und Männer gleich viel Zeit im Badezimmer. Warum sollte sich David Beckham auch schneller die Wimpern tuschen können als seine Frau?

GUT ZU WISSEN

Womit verbringen wir wie viel Zeit pro Tag?

Arbeiten	492 Minuten
Schlafen	419 Minuten
	(Bei vielen Beamten kommen
	bis zu 492 Minuten Büroschlaf hinzu.)
Fernsehen	244 Minuten
Internet	77 Minuten
Bad	35,9 Minuten
Weg zur Arbeit	21,2 Minuten
Sex	4,3 Minuten

Die Deutschen haben durchschnittlich 1,5 Mal pro Woche jeweils 20 Minuten Sex. Das ergibt den Tagesschnitt von 4,3 Minuten. Selbst Jörg Kachelmann brauchte in seiner besten Zeit nicht mehr als 12 Minuten täglich – allerdings pro Lausemädchen.

Viele Freunde der gehobenen Nasszelle sind dermaßen auf den Geschmack gekommen, dass ihnen die knapp 36 Minuten im Whirlpool, unter der Spaßdusche oder auf dem Erlebnisklo nicht mehr ausreichen. Sie wollen noch mehr Zeit für ihr körperliches und seelisches Wohlgefühl aufbringen. Am liebsten würden sie das Bad gar nicht mehr verlassen. Und jetzt bitte keine Barschel-Witze!

Weil man aber nicht 24 Stunden lang in der Wanne liegen oder auf dem Klo sitzen soll, haben viele Deutsche ihren persönlichen Wellness-Bereich um eine entscheidende Abteilung erweitert. Ich spreche vom »Raum aus Holz« oder, wie der Finne sagt: »Sauna«. Über 1,5 Millionen deutsche Haushalte verfügen über eine eigene Sauna. Dazu kommen 10 000 gewerbliche Einrichtungen, die mit heißer Luft ihr Geld verdienen – und da habe ich die Werbeagenturen noch nicht mitgezählt. Fast 40 Prozent der Bundesbürger, nämlich 30 Millionen, saunieren mehr oder weniger regelmäßig. Das klingt erst einmal viel, ist aber ein Witz im Vergleich zum Mutterland der modernen Sauna, Finnland. Dort geht *jeder* in die Sauna! In Finnland gibt es mehr Saunen als Autos: Auf fünf Millionen Einwohner kommen zwei Millionen Schwitzkästen. Ein Sprichwort sagt: »Immer dort, wo drei oder mehr Finnen zusammenkommen, wird auch in drei Wochen eine Sauna sein.« So weit sind wir bei uns noch nicht. Bei uns heißt es eher: »Immer wenn drei oder

283

mehr Deutsche zusammenkommen, wird auch in drei Tagen ein Nachbarschaftsstreit sein.«

In meinem Elternhaus gab es natürlich *keine* Sauna. Das wäre meinem schwäbischen Vater viel zu teuer gewesen. Wenn wir saunieren wollten, mussten wir alle Fenster und Türen abdichten, die Dunstabzugshaube ausschalten und in der Küche Nudelwasser aufsetzen. Statt Fichtennadel- gab es dann halt Olivenöl-Aufguss. Aber außerhalb der Wohnung gab es in meiner Jugend durchaus Räume, in denen man gemeinsam schwitzte. Zum Beispiel das Klassenzimmer während meiner Abiturklausur. Ich erinnere mich an Angstschweiß auf der Stirn und gefühlte 140 °C. Ich hätte mich damals nicht gewundert, wenn das Wasser im Tafeleimer angefangen hätte zu kochen.

GUT ZU WISSEN

Schmelzpunkte: Was schmilzt wann?

Wasserstoff	-259 °C
Quecksilber	-38,36 °C
Wasser	0 °C
Kerzenwachs	55 °C
Zucker	160 °C
Silber	960,8 °C
Schokolade	Hosentaschentemperatur
Frauen	George Clooney

Während sich Deutschland erst seit einigen Jahrzehnten langsam warm schwitzt, kann die Saunakultur in anderen Ländern auf eine lange Tradition zurückblicken. Ob skandinavische Sauna, türkischer Hamam oder russische Banja,

Schwitzbäder sind dort seit Jahrhunderten nicht nur Orte der Erholung, sondern auch der gesellschaftlichen Verpflichtungen. In Russland treffen sich beispielsweise Manager auf der heißen Holzbank, um Geschäfte abzuschließen. Da steht der Personalchef von Gazprom morgens vorm Spiegel und fragt seine Frau: »Olga, ich habe heute einen wichtigen geschäftlichen Termin. Welches Handtuch soll ich bloß umbinden?«

Jedes Land hat seine eigenen Sauna-Regeln. In Finnland zum Beispiel macht traditionell derjenige, der neben dem Eimer sitzt, den Aufguss. Es gilt die Regel »Sillä puheet kenellä kuuppa«: »Wer die Kelle hat, hat das Wort.« Diese Regel gilt übrigens auch in Deutschland, und zwar bei den hiesigen Polizeikontrollen.

In Japan sind großflächige Tätowierungen in der Sauna verpönt, weil man solche Tattoos dort mit der japanischen Mafia verbindet. Das bedeutet, man könnte mit der Besetzung der letzten fünf *Big-Brother*-Staffeln ideal die japanische Version vom *Paten* drehen.

Und während in vielen Ländern Nacktheit in der Sauna üblich ist, ist ausgerechnet in brasilianischen Saunen das Tragen von Badekleidung verpflichtend. Wer in Rio also nackte Haut sehen will, der muss schon auf die Straße gehen.

Toiletten-Bibliothek, Wohlfühl-Bad, Sauna – ich bin in Sachen Wellness perfekt ausgestattet. Das war zugegebenermaßen nicht ganz billig, dafür spare ich aber an anderer Stelle: Meine Kosmetik-Artikel stelle ich zum Beispiel größtenteils selbst her. So kaufe ich keine neue Seife, denn die kann man – frei nach Jean Pütz – auch »prima selber machen«. Dabei hilft mir eine Seifenpresse, die ich von meinem Vater übernommen habe. Mit diesem Gerät kann man verschiedene kleine Seifenreste wieder zu einem neuen Stück zusammenpressen. Mein Vater hat es geliebt, eigene Seifenstücke zu machen. Und weil bei uns zu Hause nicht genug Restseife anfiel, bediente er sich auch bei Freunden und Bekannten. Natürlich ungefragt. Ich fand den Seifenklau meines Papas unmöglich, und unsere Bekannten offenbar auch, denn nach und nach stellten alle auf Flüssigseife um.

GUT ZU WISSEN

Das älteste historische Seifenrezept stammt aus dem Jahr 2500 v. Chr. und wurde in sumerischer Keilschrift in Tontafeln geritzt. Von dem dort aufgeführten Bestandteil »al-quali«, der nichts anderes bedeutet als »Pflanzenasche«, kommt übrigens auch der Ausdruck »alkalisch«. Solche sprachlichen Zusammenhänge finden sich überall. Trotzdem lege ich Wert darauf zu betonen, dass die Begriffe »irischer Frühling« (grüne Seife meiner Kindheit) und »arabischer Frühling« (demokratische Bewegung in Nordafrika) nichts miteinander zu tun haben.

Auch was die Haarpflege betrifft, bin ich Experimenten nicht abgeneigt (nein, mein Blond ist *kein* Unfall – das ist *absichtlich* so). Vor allem, seit ich gelernt habe, dass alle wichtigen Materialien für perfektes Styling nicht im Badezimmerschrank, sondern im Kühlschrank zu finden sind. Für die Haarpflege benötige ich nur Bier, Ketchup und Zitronensaft. Diese Zutaten habe ich immer im Haus. Und wenn nach der Haarwäsche noch was übrig ist, nehme ich den Rest einfach mit zum Grillabend.

WIE GEIL IST DAS DENN?

Hausmittel für Haarpflege:

Bier verleiht dem Haar durch die zurückbleibenden Reste von Hopfen und Gerste eine Extraportion Volumen und Glanz. Vorsicht ist allerdings bei der umgekehrten Anwendung geboten: Ein Junggesellenabend geht garantiert daneben, wenn ausschließlich Schuppenshampoo ausgeschenkt wird.

Ketchup kann bei falschen Blondinen Grünstich verhindern. Dieser Grünstich entsteht zum Beispiel, wenn eine gefärbte Blondine in chlorhaltigem Wasser schwimmt – oder aber, wenn sie Basilikum-Pesto statt Haarwachs benutzt.

Zitronensaft ist besonders geeignet, um blondes Haar aufzuhellen.

Wenn Sie diese Methode bei einer Ihnen fremden Person anwenden wollen, fragen Sie vorher: Sonst kann es passieren, dass die Person echt sauer wird.

Das Grauwerden der Haare kann durch Essig vermindert werden. Vielleicht haben Gerhard Schröder und Paul McCartney ihre Nutella-farbenen Haare tatsächlich nicht gefärbt – vielleicht halten sie ihren Kopf lediglich mehrmals täglich in eine Salatschüssel.

Coca Cola verleiht den Haaren mehr Volumen. Den Hüften übrigens auch.

Ich bin ein großer Fan von Hausmitteln, auch wenn einige dieser Pflege-Alternativen gewöhnungsbedürftig sind. Viele von Großmutters Pflegetipps sind sehr effektiv und außerdem preisgünstig, einige lehne ich aber auch kategorisch ab. Ich weigere mich zum Beispiel, eine Eigelb-Maske aufzulegen, die zwar die Haut beruhigen soll, aber eben aus Ei, Milch, Sahne und Mandelöl besteht. Da kann ich mir auch gleich Crêpes auf die Stirn tackern. Und wie sieht man nach der Behandlung aus? Wie ein Pfannkuchengesicht? Nein, danke!

Darüber hinaus bin ich auch skeptisch, was Methoden betrifft, die olfaktorisch eine Herausforderung für die Umwelt bedeuten: Es mag vielleicht funktionieren, mit Sauerkraut gegen fettige Gesichtshaut vorzugehen oder mit Knoblauchsaft der Glatzenbildung vorzubeugen. Aber was habe ich davon, einen Traumteint und volles Haar zu haben, wenn ich gleichzeitig rieche wie ein Beilagensalat zum Gyrosteller?

Ganz zum Schluss verrate ich Ihnen noch mein Lieblings-Hausmittel. Wenn Sie einen Partner haben, sollten Sie es unbedingt ausprobieren, denn es wirkt Wunder. Ich spreche von der unglaublichen »Wohlfühlwanne für zwei Personen«. Ein Traum. Eine halbe Stunde mit Ihrem Partner in dieser Wanne, und er oder sie ist Wachs in Ihren Händen. Versprochen.

WIE GEIL IST DAS DENN?

**Rezept für Guido Cantz'
»Wohlfühl-Wanne für zwei Personen«:**

Sorgen Sie für stimmungsvolles Ambiente (Kerzen, Easy-Listening-Musik), und füllen Sie die Badewanne mit heißem Wasser (ideal sind – zumindest für meine Frau – 42 °C). Geben Sie zwei Liter Vollmilch und vier Esslöffel Honig dazu. Dann einfach einsteigen und genießen. Der Rest des Abends ergibt sich von allein. Viel Spaß!

Ach so, ganz wichtig: Vergessen Sie nicht, darauf zu achten, dass *Sie* es sind, der auf dem Stöpsel sitzt!

Die letzten Dinge

Er bemühte
sich
im Rahmen
seiner
Möglichkeiten

An meinem achtzehnten Geburtstag dachte ich, mit vierzig sei alles vorbei. Vierzigjährige kamen mir vor wie graue, scheintote Schnarchsäcke, die kurz vor der Zwangseinlieferung ins Altenheim standen und nur noch auf eine einzige Party eingeladen wurden: ihre eigene Beerdigung. Vor Kurzem bin ich selbst vierzig Jahre alt geworden. Seitdem weiß ich: Was ich früher glaubte, ist totaler Quatsch. Ich stehe voll im Leben. Das sagen mir zumindest mein Orthopäde, mein Rheumatologe, mein Augenarzt, mein Urologe, mein Internist, mein Kardiologe und mein Hörgeräte-Akustiker, die ich der Reihe nach alle zwei Tage aufsuche. Und den Termin beim Bestattungsunternehmer habe ich aus reiner Neugier gemacht.

Im Ernst: Ich fühle mich überhaupt nicht alt. Im Gegensatz zu der Vorstellung, die ich als Jugendlicher hatte, nehme ich mit Anfang vierzig in vollem Umfang am großen Abenteuer namens *Leben* teil. Allerdings, das muss ich zugeben, normalerweise nur bis 23 Uhr 30. Dann muss ich mich hinlegen. Ich bin halt keine zwanzig mehr. Halb zwölf ist Schicht. Dann liege ich meistens noch stundenlang wach und mache mir Gedanken über den weiteren Verlauf meines Lebens. Wie lange mir noch bleibt, weiß ich natürlich nicht. Aber ich hoffe, dass ich noch gut die Hälfte vor mir habe. Bei der Bundeswehr würde man »Bergfest« sagen. Das heißt, ich zähle zu den Menschen, für die sich ein mehrjähriges *Kicker*-Abo aller Wahrscheinlichkeit nach noch lohnt.

Wenn ich über mein weiteres Leben nachdenke, fühle ich mich oft wie in der Halbzeit des Viertelfinales zwischen Deutschland und Portugal bei der Europameisterschaft 2008: Der erste Abschnitt war klasse, mal sehen, was die zweite Hälfte bringt. Damals in Basel brachte die zweite

Hälfte jede Menge Spannung und am Ende den verdienten Sieg für Deutschland. Ich weiß das noch so genau, weil ich live im Stadion dabei war. Portugal war in der 87. Minute noch mal auf 2:3 herangekommen. Es war der Wahnsinn. Addiert man zu meinem biologischen Alter die zehn Jahre dazu, die sich die letzten drei Spielminuten für mich hingezogen haben, dann bin ich eigentlich schon Anfang 50, und dafür habe ich mich prima gehalten, oder?

Ich freue mich also auf die zweite Lebenshälfte und hoffe sehr, dass ich nicht vorzeitig vom Platz gestellt werde. Die Statistik spricht für mich: Von Jahr zu Jahr steigt die Lebenserwartung. Zumindest bei uns in Europa. Während in einigen Staaten Afrikas die durchschnittliche Lebenserwartung teilweise deutlich unter vierzig Jahren liegt, wird unsere westliche Gesellschaft immer älter. 2060 wird jeder dritte Deutsche mindestens 65 Jahre alt sein.

GUT ZU WISSEN

Die Lebenserwartung in Deutschland ist in den vergangenen einhundert Jahren deutlich gestiegen. Wer 1910 geboren wurde, hatte durchschnittlich 47,4 Jahre (Männer) beziehungsweise 50,7 Jahre (Frauen) vor sich.

Heute sind es über 30 Jahre mehr: Jungen, die 2010 geboren wurden, haben eine Lebenserwartung von 77,3 Jahren, Mädchen werden im Schnitt sogar 82,5 Jahre alt. Frauen haben also gut fünf Jahre mehr zur Verfügung. Die brauchen sie auch, schließlich verbringen sie jeden Tag deutlich mehr Zeit im Bad als wir Männer.

Letztendlich aber wird die Dauer unserer irdischen Existenz sehr relativ empfunden: Für die einen sind vierzig Jahre eine Ewigkeit (zum Beispiel für Häftlinge oder 18-Jährige), für die anderen sind vierzig Jahre ein Wimpernschlag (zum Beispiel für Historiker oder Menschen mit sehr, sehr langsamem Wimpernschlag). Ob eine Lebensspanne als angemessen lang oder viel zu kurz empfunden wird, hängt überdies ganz davon ab, welcher Spezies man angehört. Einigen Arten der Eintagsfliege zum Beispiel bleiben zur Begattung und Eiablage nur wenige Minuten Zeit. Dann sterben sie. Aber sie sterben fröhlich. Schließlich hatten sie ihr ganzes Leben lang wilden Sex. Andere Lebensformen hingegen werden steinalt, obwohl sie schon seit Ewigkeiten nicht mehr der Arterhaltung dienen – Stichwort »Jacob Sisters«.

GUT ZU WISSEN

Lebewesen und ihre Lebenserwartungen:

Bauchhärling	3 Tage
Stubenfliege	16–24 Tage
Goldhamster	2 bis 3 Jahre
Huhn	5 bis 7 Jahre
Kuh	20 Jahre
Elefant	ca. 60 Jahre
Papagei	bis 100 Jahre
holländischer Sänger und Schauspieler	108 Jahre
Galapagos-Riesenschildkröte	ca. 150–180 Jahre
Grönlandwal	bis 200 Jahre
Scolymastra Joubini (Riesenschwamm)	10 000 Jahre

Der Scolymastra Joubini ist also der Alterspräsident der Evolution. Kein Lebewesen hält so lange durch. Ich finde es erstaunlich, dass ein Riesenschwamm 10 000 Jahre alt werden kann. Sein Kollege, der früher in meinem Klassenzimmer im Eimer an der Tafel hing, war sicherlich jünger. Auch wenn er nicht danach roch.

Ich kann mir vorstellen, dass so ein Riesenschwamm das Altwerden ganz gelassen meistert. Denn er besitzt immense Routine: Er hat in den ersten 1000 Jahren seines Daseins schon alles gesehen; spätestens nach 2000 Jahren jammert er nicht mehr, wenn ihm etwas wehtut; und außerdem erwartet er nicht, dass seine Kinder ihn einmal die Woche besuchen kommen. Wie anders sind da wir Menschen: Uns fehlt die Gelassenheit des Scolymastra Joubini, dieses ... Schwammige. Der Riesenschwamm hat halt ein paar tausend Jahre Erfahrungsvorsprung. Und das, obwohl der durchschnittliche Todeszeitpunkt des Menschen seit Jahrzehnten immer weiter in die Ferne rückt.

Ein Grund dafür ist die verbesserte Medizin: Gegen die meisten Übel, die unser Leben bedrohen, gibt es irgendein pharmazeutisches Mittel. Echte Feinde hat unser Körper eh kaum noch. Kein Wunder, bei den Unmengen von Antibiotika, die wir während unseres Lebens einnehmen – entweder freiwillig oder über die mit Antibiotika gefütterten Hühnchen. Die Folge ist, dass wir Deutschen immer älter werden. Deutschland wird Greisenland. Es muss sich noch zeigen, was das für uns bedeutet: Fluch oder Segen.

Zumindest sind die aktuellen Senioren deutlich vitaler als in meiner Jugend. Heute sind achtzigjährige Menschen sportlich, aktiv und lebenslustig: Sie reisen, lesen, radeln, bilden sich weiter und nehmen den jungen Leuten die Studienplätze weg. Meine Großeltern waren viel passiver. Mit sechzig hatten sie nur noch ein einziges Hobby: Jeden Mittag um halb zwölf setzten sie sich vors Küchenfenster, schauten auf die Straße und warteten darauf, dass draußen noch einmal der Führer vorbeikommt. Und wenn mein Großvater keine Lust mehr hatte, guckte meine Oma einfach allein weiter. Dann rief sie ihm zu: »Otto, ich mach noch eine Stunde Fenster.« Damals sagte man dazu »aus dem Fenster gucken«. Heute heißt das »Google Street View«. Das Küchenfenster nahm das Internet vorweg, und es hatte sogar Vorteile gegenüber dem World Wide Web: Es verbrauchte keinen Strom, alles war live, und es gab keine Werbung.

Alles war damals viel einfacher: Geburt, 15 Jahre groß werden, 45 Jahre arbeiten, 10 Jahre Küchenfenster. Und Schluss. Heute ist das ganz anders: Da fängt das richtige Le-

ben erst mit der Rente an. Früher kaufte man sich mit 65 Jahren das letzte Auto, heute tut man das mit 80. Und danach macht man sich Gedanken über das erste Motorrad.

Und das ist auch gut so, denn niemand, der heute ins gesegnete Lebensalter eintritt, möchte 40 Jahre lang Tauben füttern. Dass die Menschen immer älter werden, konnte ich letztens in Baden-Baden beobachten, als ich in der Straßenbahn stand: Eine 75-Jährige musste ihren Sitzplatz räumen, weil sie die Jüngste im ganzen Wagen war. Andere verzichten darauf, ihre Goldene Hochzeit zu feiern – sie wollen erst einmal abwarten, ob es wirklich was Ernstes ist. Die Senioren des 21. Jahrhunderts vertreten das Motto: »Leben, bis der Arzt kommt.«

Aber nicht alle stehen der demografischen Entwicklung positiv gegenüber. Versicherungsunternehmen sprechen in Bezug auf die Auszahlung von Renten- und Lebensversicherungen schon von einem »biometrischen Langlebigkeitsrisiko«. »Risiko« deshalb, weil die Versicherer dann länger zahlen müssen. Den Begriff »Langlebigkeitsrisiko« hat sich wahrscheinlich derselbe Sprachkünstler ausgedacht, der sich auch die berüchtigte »Gewinnwarnung« hat einfallen lassen. Während die Versicherungen noch verzweifelt nach Antworten auf die Vergreisung unserer Gesellschaft suchen, hat die Wirtschaft längst geschaltet und die neue Konsumentengruppe in ihre Arme geschlossen: Niemand hat so viel Zeit, so viel Geld auszugeben, wie die Rentner. Es wird nicht mehr lange dauern, und das Fernsehen stellt sein Programm entsprechend um. Ich warte auf Erfolgsshows wie *Wer wird Pensionär*, *Bauer sucht Altenpflegerin* oder *Schlag den Sensenmann*. Das Ganze wird natürlich gesponsert von der Hamburg Alzheimer.

So begrüßenswert es ist, dass ältere Menschen das Leben in vollen Zügen genießen können, so problematisch wird es in Zukunft für die Generation meines Sohnes sein, sich von den Alten abzuheben. Die Oldies machen einfach keinen Platz! Was früher noch für die Kleinen reserviert war, ist heute Altenheimstandard: Es gibt die »Wii Playstation« zum Taubenfüttern, McDonald's präsentiert die erste Senior-Tüte mit passierten Cheeseburgern und James-Last-Abziehbildchen, und in jedem siebten Überraschungs-Ei ist neuerdings ein Hörgerät mit dabei.

Selbst bei Baumarkt-Eröffnungen ist man vor den Omas und Opas nicht mehr sicher: Vor der Hüpfburg stehen Rollatoren, es wird Seniorenschminken angeboten, und immer wieder ertönt die Durchsage: »Der 84-jährige Karl Wilhelm hat sein Gebiss verloren und möchte von seinen Enkeln abgeholt werden.« Von der Wippe zum Schaukelstuhl ist es nur ein kleiner Schritt.

Natürlich ist es zu begrüßen, dass sich die Wirtschaft auf die Bedürfnisse der Senioren einstellt. Es gibt im Internet inzwischen Versandhäuser, die ausschließlich seniorengerechte Artikel anbieten. Und wie überall im Netz gilt auch in diesem Fall: »Gibt's nicht« gibt's nicht.

WIE GEIL IST DAS DENN?

Seniorengerechte Artikel im Internet:

TV-Gerät mit extragroßer Fernbedienung: Die Angabe »104 cm Diagonale« bezieht sich hier nicht auf den Bildschirm, sondern auf die Fernbedienung.

Sprechendes Blutdruckmessgerät: Es sagt Dinge wie »120 zu 80«, »140 zu 90« oder »Oh mein Gott! Ist ein Arzt in der Nähe?«

Seniorenhandy: kein Schnickschnack, großes Gerät, Riesentasten. Also im Prinzip genau so, wie vor 15 Jahren *alle* Handys waren.

Riesen-Sudoku: extragroße Version des beliebten Zahlenrätsels. Und wenn man es nicht ausfüllen mag, können die Enkel immer noch »Himmel und Hölle« drauf spielen.

Riesen-Mikado: Man kann die Stäbchen auch einzeln nachbestellen unter www.speer.de.

Da die modernen Senioren mobil sein wollen und den Führerschein meistens erst gemeinsam mit dem Löffel abgeben, sollte sich auch die Auto-Industrie Gedanken machen, wie sie der Zielgruppe »80 plus« das Leben erleichtern kann. In meiner Nachbarschaft lebt zum Beispiel ein 94-jähriger Mann, der mit seinem 28 Jahre alten Opel Senator durch die Gegend fährt. Eine tickende Zeitbombe. Dem Mann wäre geholfen, wenn ihm ein altersgerechtes Auto angeboten würde, mit folgender Sonderausstattung: erhöhter Sitz, Radio ohne Einstellknöpfe (immer an, immer laut, immer WDR 4), 35 km/h Höchstgeschwindigkeit und eine Windschutzscheibe mit sieben Dioptrien.

Altersgerechtes Auto, barrierefreie Wohnung, endlose Seniorenreisen, Letztere eventuell sogar noch mit blutjunger Reisebegleitung – das geht natürlich ins Geld. Nicht jeder bezieht eine Rente, die all diese Kosten abdeckt. Die ganz Reichen ziehen sich eh dorthin zurück, wo deutsche Senioren immer schon hochwillkommen waren: nach Mallorca, Florida oder Argentinien. Und den anderen bleibt nichts anderes übrig, als sich etwas dazuzuverdienen. Udo Jürgens hat zwar gesungen: »Mit 66 Jahren, da fängt das Leben an«, aber er hat nicht gesungen: »Mit 66 Jahren, da hört die Arbeit auf.« Der Sänger selbst ist das beste Beispiel: Mit fast 80 geht er immer noch auf Tournee. Dabei dürfte sein durchsichtiger Plastik-Flügel doch längst abbezahlt sein. Und Udo Jürgens hat es noch gut getroffen. Andere Senioren seines Alters müssen wesentlich unangenehmeren Jobs nachgehen: Sie arbeiten als Klofrau, Museumswärter oder Körperdouble für Uschi Glas.

Vielleicht sind die knappen Renten mit ein Grund dafür, warum die Deutschen immer später sterben: Den Tod kann sich schlicht und ergreifend keiner mehr leisten. Ein neuer Sarg ist unter 1000 Euro kaum zu kriegen – und selbst bei Ebay findet man nur mit viel Glück einen guten gebrauchten! Es gibt immer mehr Billig-Bestatter in Deutschland. Der neue Trend heißt »Sarg-Discount«. Sparfüchse wählen die günstige Feuerbestattung. Sie kostet beim Billig-Anbieter den Bruchteil einer Erdbestattung. Frei nach dem Motto:

»Ihre Asche für wenig Asche.« Und falls man im Winter stirbt und zufällig Glatteis ist, haben die Angehörigen auch noch was zum Streuen. Gut getroffen hat es auch derjenige, dessen Clan über eine Familiengruft verfügt – dann kann man selbst nach dem Tod noch seinen Eltern auf der Tasche liegen.

Die Kohle für die Beerdigung ist aber erst der Anfang. Zu den reinen Bestattungskosten kommen unter anderem noch die Gräbermieten. Und die sind alles andere als im Keller – die sind unterirdisch! Die Spitze des Mietwuchers ist auf dem Aoyama-Friedhof in Tokio zu beobachten. Dort herrschen Zustände wie im Yachthafen von Cannes: Wer hier einen Liegeplatz erstehen möchte, der muss ganz tief in die Tasche greifen. Eine Parzelle (1,6 mal 3,65 Meter) kostet umgerechnet mindestens 21 000 Euro. Es ist aber auch kein Problem, 80 000 Euro für einen ewigen Ruheplatz loszuwerden. Im Vergleich dazu sind die Bestattungskosten in Deutschland ein Witz.

DAS GEHT JA GAR NICHT!

Bestattungskosten in Deutschland:

Erdbestattung (auf einem Friedhof, inklusive Sarg und Grabstein): von € 2240 bis € 25 580. Der Klassiker.

Feuerbestattung (Einäscherung, Urne, Urnenbeisetzung): von € 499 bis € 12 550. Für Menschen, die schon zu Lebzeiten nichts anbrennen ließen.

Baumbestattung (Beisetzung im Wurzelbereich eines Baumes): von € 2400 bis € 8800 €. Empfehlenswert für Naturfreunde und Biber.

Diamantbestattung (Einäscherung, Zusammenpressen der Asche zu einem Diamanten): von € 5000 (0,4 Karat) bis € 13 000 € (1 Karat). Je nach Größe lebt der Partner weiter – im besten Fall als protziger Ring, im schlechtesten Fall als Plattenspieler-Nadel.

Seebestattung: von € 950 (stille Seebestattung ohne Trauerfeier) über € 4500 (Seebestattung mit Trauerfeier) bis € 150 000 (Seebestattung mit anschließender einjähriger Weltreise für die Witwe und deren Hausfreund).

Weltraumbestattung (Asche wird im Universum verstreut): von € 11 000 bis € 25 000. Empfehlenswert für Menschen, die den Verstorbenen schon zu Lebzeiten am liebsten auf den Mond geschossen hätten.

Einer der Lieblingssprüche meiner Oma war: »Umsonst ist nur der Tod. Und der kostet das Leben!« Stimmt, Oma. Aber vergiss nicht die Beerdigungskosten, die (wie wir jetzt wissen) durchaus beachtlich sind. Egal, ob man sich unter einen Grabstein, unter einen Baum oder unter einer Gruppe von Surfern zur letzten Ruhe bettet – die Hand wird überall aufgehalten. Vor allem, wenn man bei der Grabgestaltung nicht auf Standard-Ware zurückgreifen möchte. Wer glaubt, der Diamant im Hochzeitsring sei der teuerste Stein seines Lebens gewesen, der sollte sich mal anschauen, was in Sachen Grabsteinen so alles möglich ist.

WIE GEIL IST DAS DENN?

Das Taj Mahal im indischen Agra ist das wohl aufwendigste Grabmal der Welt. Der Großmogul Shah Jahan ließ es zum Gedenken an seine verstorbene Hauptfrau Mumtaz Mahal errichten. 20 000 Handwerker brauchten siebzehn Jahre, bis das Mausoleum endlich fertig war. Es hätte auch schneller gehen können, wenn der nächste Baumarkt nicht so weit weg gewesen wäre.

Auf dem Londoner Manor-Park-Friedhof hat ein 2009 verstorbener Engländer seinem Lieblingsauto ein ewiges Denkmal gesetzt: Auf seinem Grab steht die Nachbildung eines BMW Cabriolets – komplett aus schwarzem Granit. Ausnahmsweise ist diesmal nicht der Wagen, sondern sein Fahrer tiefergelegt.

Dass St. Petersburg lange Zeit zu Recht als Hauptstadt der russischen Kriminalität galt, kann man auch auf dem dortigen Shirokorechenskoe-Friedhof überprüfen: Überall finden sich aufwendig und prunkvoll gestaltete Gräber von Mafia-Angehörigen. Neben einem lebensgroßen Porträt aus Marmor ist auf den Grabsteinen häufig die Spezialität des Verstorbenen vermerkt, zum Beispiel: »Er war Experte im Umgang mit dem Messer.« Wobei ich den Wahrheitsgehalt dieser Aussage bezweifle, denn wenn er wirklich ein »Experte im Umgang mit dem Messer« gewesen wäre, würde nicht *er* auf dem Friedhof liegen, sondern sein *Gegenspieler*.

Nach dem Tod gilt also das Gleiche wie vor dem Tod: Extrawünsche kosten extra. Wer nicht unterm Standard-Stein liegen möchte, sollte vorher für seine Sonderwünsche etwas zur Seite legen und sparen. Zum Beispiel bei der Gesundheit. Es kann ja sein, dass Sie irgendwann mal eine künstliche Hüfte brauchen – aber muss es unbedingt eine neue sein? Was spricht gegen einen Secondhand-Herzschrittmacher? Oder gegen gebrauchte, aber top gepflegte »dritte Zähne«? Wenn das Auto mit Ersatzteilen versorgt werden muss, klappt das ja auch. Dann heißt es beim Arzt halt demnächst: »Eine Hüfte, Baujahr 36? Haben wir nicht am Lager. Aber ich könnte Ihnen eine gebrauchte 38er anbieten. Die tut es genauso. Mit Garantie und allem Drum und Dran. Aber wenn es unbedingt die 36er Hüfte sein muss – morgen kriegen wir noch ein paar Modelle zum Ausschlachten rein.« Wahrscheinlich werden in ein paar Jahren Rentner mit Schaufeln bewaffnet über Friedhöfe laufen, um nach Ersatzteilen zu suchen. Ich sehe den Aushang am Schwarzen Brett des Altenheims schon vor mir: »Gut erhaltenes künstliches Hüftgelenk abzugeben. Einziger Nachteil: Opa ist noch dran.«

Ich persönlich möchte gar nicht um jeden Preis hundert Jahre alt werden. Auch wenn mein großes Vorbild Johannes Heesters bewiesen hat, dass man auch mit über einhundert Jahren noch auf der Bühne stehen kann. Gut, am Ende war er nicht mehr mit seinem Theaterensemble unterwegs, sondern mit *Körperwelten*. Das kennen Sie, oder? Seit 1996 zeigt der Anatom Gunther von Hagens unter diesem Titel plastinierte menschliche Körper und Körperteile. Über 33 Millionen Menschen haben die wohl größte Leichenschau der Welt bereits gesehen. Falls Ihnen die Schau nichts sagt, der

Name Gunther von Hagens Ihnen aber trotzdem bekannt vorkommt, dann haben Sie wahrscheinlich den James-Bond-Film *Casino Royale* gesehen. Dort hatte der umstrittene Aufschneider einen einsekündigen Gastauftritt. Man mag von seiner Zurschaustellung toter Körper halten, was man will, aber eins steht fest: *Körperwelten* ist eine kostengünstige Alternative bei der Entsorgung lieber Verwandter. Wenn Opa sich nach seinem Tod als Ausstellungsobjekt zur Verfügung stellt, fallen keine Bestattungskosten, kein teurer Sarg und keine jahrzehntelange Grabpflege an. Stattdessen wird er ein paar Mal über den Gurkenhobel gezogen, seine Überreste reisen in fremde Länder, und die Menschen lernen noch von Opa. Wer hätte das gedacht? Unter diesem Gesichtspunkt muss ich sagen: Von Gunther von Hagens und seiner Methode, selbst Toten noch eine gesellschaftliche Aufgabe zukommen zu lassen, können wir uns alle eine Scheibe abschneiden.

Die Welt rennt dem cleveren Anatom seit mehr als 15 Jahren die Bude ein. Dabei ist das, was von Hagens macht, nichts Neues. Haltbar gemachte Leichname haben uns Menschen schon immer fasziniert. Nur reisten diese früher nicht als morbider Wanderzirkus um die Welt, sondern man musste sich selbst zu den ägyptischen Pyramiden aufmachen.

GUT ZU WISSEN

Die alten Ägypter erhoben die Mumifizierung von toten Körpern zur Wissenschaft und entwickelten ihre Frischhalte-Technik bis zur Perfektion: Zuerst wurde die Leiche mit Natron gewaschen, um den Zellen die Feuchtigkeit zu entziehen. In einem zweiten Schritt benutzte der Präparator einen langen Haken, um über die Nase oder den Hinterkopf das Gehirn zu entfernen. Durch einen kleinen Schnitt links unten am Bauchraum entfernte man schließlich die meisten Organe. Diese erstaunlich moderne Vorgehensweise findet heute noch Nachahmer: Fernsehkoch Johann Lafer zum Beispiel nimmt seine Weihnachtsgans nach genau dieser Methode aus.

Doch zurück zu den alten Ägyptern: Um den Verwesungsprozess aufzuhalten, wurde der Körper ausgewaschen und rund sechs Wochen ein weiteres Mal mit Natron bedeckt. Erst danach fand die eigentliche Einbalsamierung statt, die – vereinfacht gesagt – nichts anderes ist als die historische Version des Auftragens einer Anti-Falten-Creme. Bevor der Leichnam in einem letzten Schritt in ein oft viele hundert Meter langes Tuch eingewickelt wurde, stopfte man dem Verstorbenen den Kopf mit Sägespänen und den Brustraum mit Natron-Beuteln aus. Keine Ahnung, warum ich im Moment an Daniela Katzenberger denken muss …

Aber auch die Natur ist in der Lage, ganz ohne menschliches Zutun Leichen zu konservieren. Starb ein Mensch vor vielen tausend Jahren im Eis, in Regionen mit extremer Trockenheit oder im Moor, hat er gute Chancen, heute mehr oder weniger frisch aufgefunden zu werden. So geschah es 1991 mit dem Similaun-Mann, der den meisten sicherlich unter seinem Spitznamen geläufig ist: Ötzi. Er wurde in einem Gletschergebiet in Südtirol gefunden und ist mehr als 5000 Jahre alt. Als man ihn fand, sah er frischer aus als viele meiner Kumpels nach einem ganz normalen Junggesellenabschied.

Ich erinnere mich noch gut daran, als die Nachricht von Ötzi erstmals durch die Presse ging. Noch bevor die ersten wissenschaftlichen Analysen zu seiner Herkunft vorgenommen worden waren, kursierte schon die Comedy-Variante unter uns Berufsspaßvögeln. Sie ging so:

Eine Gruppe von Wissenschaftlern rätselt über die Herkunft von Ötzi. Sie arbeiten per Ausschlussverfahren:

Österreicher kann er nicht sein, man hat Hirn gefunden. Er ist ganz sicher auch kein Italiener, denn er hatte Werkzeug dabei. Vielleicht ist er ein Schweizer. Dafür spricht, dass er von einem Gletscher überholt wurde.

Aber höchstwahrscheinlich ist er Deutscher. Wer sonst würde mit Sandalen ins Hochgebirge gehen?

Jedenfalls bin ich völlig begeistert, dass sich Ötzi dank Tiefkühlung 5000 Jahre lang frisch gehalten hat. Hätte Cher das gewusst, hätte sie sich einfach in die Kühltruhe gelegt, statt unters Messer. Außerdem lassen mich die Forschungsergebnisse hoffen, dass die Lammkeule, die seit meinem Umzug vor sieben Jahren ganz unten in der Kühltruhe liegt, immer noch zum schmackhaften Sonntagsbraten taugt.

Man könnte Ötzi auch als Öko-Mumie bezeichnen: Schließlich kommt sie ohne zusätzliche Konservierungsstoffe aus. Aber nicht jeder hat das Glück, in einer Gletscherspalte ums Leben zu kommen. Wer sich trotzdem die ewige Frische erhalten möchte, der muss schon auf die ägyptischen Traditionen zurückgreifen. Und das passiert häufiger, als man vielleicht annimmt. Tutanchamun hat Trends gesetzt, die bis heute Auswirkungen haben. Immer noch werden Verstorbene so gut konserviert, dass ihre letzte Ruhestätte mit folgendem Spruch beschriftet wird: »Mindestens haltbar bis – siehe Sargdeckel.«

WIE GEIL IST DAS DENN?

Zu den berühmtesten mumifizierten Körpern der jüngeren Vergangenheit (jünger zumindest im Vergleich zu den alten Ägyptern) gehört derjenige des russischen Revolutionsführers Wladimir Iljitsch Uljanow, genannt Lenin. Nach dessen Tod im Jahre 1924 wurde sein Leichnam aufgebahrt, zeigte aber bereits nach wenigen Wochen einige Stellen von bakterieller Fäulnis. Da Genosse Stalin jedoch eine tadellose Leiche angeordnet hatte, bemühten sich russische Fachleute darum, den Körper Lenins auf Dauer haltbar zu machen. Nun ist es mit toten Körpern jedoch ähnlich wie mit Oldtimern: Irgendwas ist immer dran. So werden Lenins Überreste heute noch zweimal wöchentlich von zwölf Experten untersucht und behandelt. Die Kosten für die Jahrzehnte andauernde Frischzellenkur werden mittlerweile privat getragen. Auch die Balsamier-Experten sind keine Staatsbeamten mehr, sondern selbständige Unternehmer. Ihr Hauptkunde ist die russische Mafia. Die wichtigste Arbeit besteht im Zusammenflicken der zerschossenen oder zerbombten Körper von Mafia-Angehörigen. Da bekommt der Begriff »Patchwork-Familie« eine ganz neue Bedeutung.

Auch die argentinische Diktatoren-Gattin Eva »Evita« Perón wurde nach ihrem Tod im Jahre 1952 präpariert und für die Nachwelt erhalten. Der Leichnam verschwand drei Jahre später (angeblich wurde er von ihren Anhängern versteckt), bis er 1971 in Madrid wieder auftauchte. 1974 kehrte der Sarg dann nach Argentinien zurück und wurde 1976 in der Familiengruft beigesetzt.

Mumien werden oft jahrzehntelang um den Globus geschickt: zumindest, solange die Stones noch auf Tournee gehen.

Die Möglichkeiten der Aufbewahrung nach dem eigenen Ableben sind also vielfältig. Trotzdem wird permanent nach weiteren Alternativen gesucht. Noch klingt es wie Science Fiction, aber in Zukunft wird man Körper nicht mehr präparieren müssen, um sie für die Ewigkeit zu konservieren. Stattdessen werden sie mit flüssigem Stickstoff in Kunststoff-Behältern gelagert. Aber will man das? Wollen wir uns wirklich fragen, ob wir auf einer Trauerfeier sind – oder auf einer Tupperparty?

Wenn ich heute wählen müsste, würde ich mich für die traditionelle Art der Beisetzung entscheiden: Sarg, Erdbestattung, Kranz und danach Kaffee und Kuchen für alle. Ob ich dann in einem Einzel-, einem Doppel- oder einem Familiengrab liege, ist mir, ehrlich gesagt, egal. Meinetwegen kann es auch ein Tiefengrab sein. Das funktioniert wie bei den Doppelparkern in der Tiefgarage: Die Personen liegen nicht nebeneinander, sondern übereinander. Das dürfte vor allem die Frauen freuen. Denn normalerweise sterben sie erst nach dem Gatten und dürfen dann endlich auch mal oben liegen.

Ich wage die Prognose, dass es mir im Falle meines Ablebens wurscht sein wird, wo ich meine letzte Ruhe finde. Trotzdem habe ich mir fest vorgenommen, Rücksicht auf meine Angehörigen zu nehmen und in der Region zu bleiben. Falls meine Kinder mir später mal Blumen aufs Grab stellen wollen, dann sollen sie das tun können, ohne in See stechen, ins All fliegen oder einen österreichischen Friedwald umgraben zu müssen. Wie bei allen Immobilien zählt auch für das Grab der eine entscheidende Faktor: Lage, Lage, Lage! Am besten, man bleibt in der Nähe der lieben Verwandten. Aber vielleicht möchten Sie ja exklusiver verwesen als ich. In diesem Fall müssten Sie Ihren Suchradius erweitern. Denn das Besondere gibt es nicht immer in Fahrradnähe.

WIE GEIL IST DAS DENN?

Drei Meilen vor der Küste von Miami Beach liegt das Neptun Memorial Reef, der erste Unterwasserfriedhof der Welt. Bis zu 100 000 Urnen sollen dort in den nächsten Jahren beigesetzt werden. Für eine Gebühr zwischen € 1000 und € 6000 findet der Verstorbene seine letzte Ruhe in traumhaftem Ambiente. Der größte Vorteil aber ist: Eine zusätzliche Bewässerung der Grabbepflanzung ist nicht nötig.

Der Friedhof Campo Santo Teutonico in Rom besticht durch seine besondere Lage: Er liegt im Schatten des Petersdoms, wird von der Schweizer Garde bewacht und bildet mitten im Herzen der Ewigen Stadt eine idyllische grüne Oase. Allerdings hat der Friedhof zwei Aufnahmebedingungen. Jeder, der hier unter die Erde will, muss katholisch sein, und er muss Deutsch sprechen. Trotz italienischen Bodens schaut man sich auf dem Campo Santo Teutonico also nicht die Ravanelli, sondern die Radieschen von unten an.

Nördlich von San Francisco können umweltfreundliche Amerikaner ihre verstorbenen Angehörigen ökologisch einwandfrei unter die Erde bringen. Auf dem Glendale Memorial Nature Preserve, der mitten in einer idyllischen Hügellandschaft liegt, wird Naturschutz groß geschrieben: Metallsärge sind absolut tabu. Schon zu Lebzeiten bieten die Betreiber den Kauf eines komplett kompostierbaren Holzsarges an, der bis zum Tag X als Regal oder Kaffeetisch dienen kann – so schlägt es der Hersteller zumindest vor. Vielleicht lässt sich mein Lieblingsmöbelhaus aus Schweden ja davon inspirieren und bietet demnächst das Sargmodell »Likkistå« an. Den passenden Slogan habe ich auch schon zur Hand: »Lebst du noch – oder liegst du schon?« Grabsteine haben auf dem amerikanischen Bio-Friedhof ebenfalls nichts zu suchen. Die Angehörigen erhalten jedoch die genaue Lage des Verstorbenen mitgeteilt, so dass sie ihn später mittels GPS-System genau orten können. Nur: Was gibt man da ins Navi ein? »Ewige Jagdgründe«?

Ob unter Wasser oder unter der Erde: Die letzte Ruhestätte sollte mit Bedacht ausgesucht werden, denn schließlich ist sie unsere Endstation auf Erden. Es ist ein bisschen so wie beim mühsam zusammengesparten Reihenendhaus: Ein erneuter Umzug ist unwahrscheinlich. Darum sollte man sich auch genau anschauen, wer in der Nachbarschaft liegt. Was nützt einem das schönste Grab, wenn eine Gruft weiter die Friedhofsordnung nicht eingehalten wird? *Playboy*-Chef Hugh Hefner hat es richtig gemacht und sich rechtzeitig eine Grabstätte mit ausgesprochen netter Nachbarin gesichert: Er kaufte bereits vor vielen Jahren das Grab unmittelbar neben dem von Filmdiva Marilyn Monroe. Mittlerweile ist die Nähe zur blonden Traumfrau, die 1962 an einer Überdosis Barbiturate starb, kaum noch erschwinglich: Ein weiteres Nachbargrab wurde 2009 für sagenhafte 4,5 Millionen Dollar versteigert. Der Bieter trat allerdings vom Kauf zurück. Angeblich verfügte er nicht über die nötigen finanziellen Mittel. Ich vermute allerdings, der wahre Grund war ein anderer. Um mit den meisten der *Playboy*-Bunnys zu sprechen: Es gibt Schöneres, als in der Nähe von Hugh Hefner liegen zu müssen.

Es ist Gott sei Dank kein Problem, nach dem Tode ungeliebter Nachbarschaft aus dem Weg zu gehen. Denn viele Friedhöfe sind so groß, dass jeder sein ungestörtes Eckchen finden kann.

GUT ZU WISSEN

Der größte Friedhof der Welt befindet sich im Iran: Mit 434 Hektar ist der Behesch-a-Zahra-Friedhof in Teheran ungefähr so groß wie 1000 Fußballfelder. Trotzdem ist auf dem gesamten Gelände jede Form von Ballspiel selbstverständlich verboten.

Der größte Friedhof Europas (und gleichzeitig der größte Parkfriedhof der Welt) ist der wunderschöne Hamburger Friedhof Ohlsdorf. Er ist 391 Hektar groß und vereint auf seinem Gelände zwölf Kapellen. So viele Kapellen auf so engem Raum – das kannte ich bisher nur vom Münchner Oktoberfest.

Der europäische Friedhof mit den meisten Toten ist der Wiener Zentralfriedhof: Drei Millionen Menschen haben dort im Laufe der Jahrhunderte ihre letzte Ruhe gefunden. Der Friedhof ist auch ein beliebtes Ziel für Touristen. Darum werden Busrundfahrten über das Gelände angeboten. Gegen eine Gebühr von 2,20 Euro darf man den Friedhof sogar im eigenen PKW befahren. Es gibt auch kostenfreie Fahrten, dann allerdings nicht im Bus oder Auto, sondern in einer hölzernen Kiste (nur Hinfahrt).

Ob Hamburg-Ohlsdorf, der berühmte Pariser Friedhof Père Lachaise oder der legendäre Mount Auburn in der Nähe von Boston – viele Friedhöfe sind so schön, dass manche Menschen es offensichtlich ganz besonders eilig haben, dorthin zu kommen. Und zwar für immer. Anders kann ich mir nicht erklären, warum viele Erdenbürger derart leichtsinnig mit ihrem Leben umgehen und selbiges auf dämlichste Art und Weise verlieren. Die skurrilsten Todesfälle werden mit dem Darwin Award ausgezeichnet, frei nach Charles Darwins Evolutionstheorie: »Nur die Klügsten überleben.«

So wollte der spätere Darwin-Award-Preisträger Gary Holy beweisen, wie stark die Fensterscheiben seines Büros im 24. Stock sind. Mit viel Schwung warf er sich gegen die Glasfront – und rauschte in die Tiefe. Und da soll noch mal jemand sagen, Scherben brächten Glück.

Nicht weniger kurios endete das Leben von Robert Puelo, der sich in einem Supermarkt in St. Louis mit einem Verkäufer anlegte. Auf dem Höhepunkt der Diskussion nahm er sich einen Hot Dog aus dem Regal, schob ihn sich in den

Mund und verschwand aus dem Geschäft. Die Polizei fand seine Leiche ein paar hundert Meter entfernt von dem Laden. Er war an dem Würstchen erstickt.

Es gibt immer wieder Todesfälle, die so skurril sind, dass sie weltweit für Gesprächsstoff sorgen. In Büroküchen, auf Partys oder an Kneipentheken wird kichernd erzählt, wie sich die jeweilige Person aus dem Leben verabschiedet hat. Für die Angehörigen ist das selbstverständlich trotzdem eine schlimme Sache – aber auch ich kann mir das Lachen oft nicht verkneifen. Ich weiß, dass sich das nicht gehört, aber ich kann nicht anders! Und ich verspreche Ihnen: Sollte ich auf ähnlich alberne Weise das Zeitliche segnen, wäre ich regelrecht enttäuscht, wenn Sie nicht in schallendes Gelächter ausbrechen würden! Meine persönlichen Favoriten will ich Ihnen nicht vorenthalten.

WIE GEIL IST DAS DENN?

Die dümmsten Todesfälle aller Zeiten:

In einem Hochhaus in Südkorea fuhr einem Rollstuhlfahrer der Aufzug vor der Nase weg. Der Mann ärgerte sich so sehr darüber, dass er mit seinem Rollstuhl mehrmals wütend gegen die geschlossene Aufzugtür fuhr. Beim ersten und zweiten Mal wackelte das Blech nur, beim dritten Mal gab die Tür nach, und der Mann trat seine allerletzte Rollstuhlfahrt an. Schneller wäre er mit dem Aufzug auch nicht gewesen.

Ein 63-jähriger Amerikaner wollte Selbstmord begehen, übergoss sich mit Benzin und zündete sich an. Doch die Schmerzen waren so groß, dass er sich in einen Gartenteich stürzte, um die Flammen zu löschen. Dabei ertrank er.

Weil sie glaubte, dass ihr Mann sie betrüge, sprang eine Ehefrau aus dem dritten Stock eines Prager Wohnhauses. Sie landete allerdings nicht auf dem Gehsteig, sondern auf ihrem Ehemann, der zufällig vorm Haus stand. Die Frau überlebte, ihr Mann starb.

In Buenos Aires fiel ein Pudel von einem Balkon und riss so drei Menschen in den Tod: Dem ersten fiel er auf den Kopf, was der Mann nicht überlebte. Der zweite wurde von einem Bus überfahren, weil er von dem Spektakel abgelenkt wurde. Und ein dritter Augenzeuge erlitt vor lauter Aufregung einen Herzschlag.

Der berühmte französische Komponist Jean-Baptiste Lully starb 1687 am Wundbrand, nachdem er sich beim Dirigieren versehentlich seinen Taktstock in den Fuß gerammt hatte.

Bei einer Taufzeremonie stand der Pfarrer einer Baptistengemeinde bis zur Hüfte im Taufbecken und taufte Gemeindemitglieder. Als der Letzte der frisch getauften Gläubigen das Becken verließ, fiel das Mikrofon des Gottesmanns ins Wasser. Der Stromschlag tötete den Priester auf der Stelle.

Die soeben beschriebenen Unglücksraben wurden dermaßen vom Tod überrascht, dass ihnen keine Zeit mehr blieb, sich Gedanken über die Art und Weise ihrer Bestattung zu machen. Sonst hätten sie vielleicht ebenso absurde und fantasievolle Wünsche geäußert wie der Konzeptkünstler Karl-Friedrich Lentze. Der nämlich wünschte sich zwar eine ganz normale Erdbestattung, wollte aber später nicht allein im Sarg liegen. Deshalb bat er in einem Schreiben an das Friedhofsamt seiner Heimatstadt Schwerin um die Erlaubnis, zusammen mit einer Gummipuppe bestattet zu werden. Das Friedhofsamt bewilligte den Antrag, verfügte aber, dass die Puppe aus Umweltschutzgründen vollständig aus Latex gefertigt sein müsse. Ich hätte nicht gedacht, dass so etwas laut Friedhofsordnung überhaupt erlaubt ist – wahrscheinlich handelt es sich dabei um einen Gummi-Paragrafen.

Eine mindestens genauso kuriose Geschichte stammt aus Großbritannien: Dort erfüllten Freunde und Verwandte einem Verstorbenen seinen letzten Wunsch und trugen ihn in seinem Sarg ein letztes Mal in seine Stammkneipe. Sie stellten den Sarg an der Theke auf und tranken eine Runde auf den Toten. Solche Freunde hätte ich auch gern – es würde mich nicht wundern, wenn sie an jenem Abend auch noch seinen Deckel übernommen hätten und ihn sogar beim Dartspielen gewinnen ließen.

Mit ganz anderen Freunden wollte ein niederländischer Biologe und passionierter Schneckenzüchter nach dem Tod zusammen sein: Er wünschte sich, im Falle des Ablebens im eigenen Garten begraben zu werden, damit sein Körper so den geliebten Schnecken als biologisch wertvolle Nahrung dienen könnte. Zur Überraschung des Schneckenfreundes stimmte die zuständige Behörde sofort zu. Mich überrascht das weniger, denn wenn die Behörden in Holland so arbeiten wie bei uns, dann liegt der Verdacht nahe, dass die Schnecken mindestens einen Verwandten in der Stadtverwaltung sitzen haben.

Dafür, dass wir alle einmal sterben müssen, ist die Vielfalt der Todesarten und Bestattungswünsche erstaunlich. Wie wir Kölner sagen würden: »Jeder Jeck stirbt anders.« Ich weiß nicht, was mit mir passiert, wenn ich einmal nicht mehr lebe. Ich habe mir für dieses Buch viele Gedanken zum Thema Tod gemacht. Ich habe gelesen, recherchiert und nachgedacht. Am Ende muss ich zugeben: Was den Tod betrifft, bin ich genauso schlau wie vorher. Ich weiß nur eins: Irgendwann wird der Sensenmann kommen und mich holen. Sie wird er übrigens auch holen. Wir alle sind früher oder später dran. Was danach passiert, wissen wir nicht. Ich wünsche mir und Ihnen, dass wir uns alle noch viel Zeit lassen können, bis es so weit ist. Aber allzu viel sollten wir nicht darüber nachdenken und das Leben so unbeschwert wie möglich genießen. Der amerikanische Schriftsteller Truman Capote hat es auf den Punkt gebracht: »Wozu sich um das Leben Sorgen machen? Keiner überlebt's!«

Ich weiß nicht, was ich mir vom Tod verspreche. Vielleicht habe ich Pech, und er lacht mich einfach nur aus. Vielleicht stimmt das, was viele glauben: Er lässt mich los, und ich schreite befreit auf das Licht zu. Vielleicht habe ich aber auch das große Glück, und er erklärt mir endlich, wie man mit einer Banane eine Flasche Bier aufmacht.

Dank

Dieses Buch ist unter Mithilfe von vielen, mir nahe stehenden Menschen entstanden.

Mein besonderer Dank gilt:
meiner Frau Kerstin – für ihre Geduld (346),
meinem Freund Paulus – für seine Kreativität (Kegel-Goethe und R2D2),
Veruschka Vennebusch-Vogt – für ihre kluge, geschmackssichere Beratung (Mrs. Eiers Rock),
Dr. Joachim Vennebusch – für seinen theologischen Beistand (Vater des Sohnes),
Alessia Köhnen – für ihren sanften Druck (Dispo-Queen),
Karl Wachtel – für seinen letzten Arbeitstag (Coach),
Hugo Egon Balder – für seinen Kommentar (der alte Mann)
und natürlich Ann-Kathrin Schwarz – für ihre Lust, sich auf uns einzulassen (Lektorin und Spaßmacher-Nanny).

Guido Cantz
Porz, im Frühjahr 2012

Guido Cantz –
Live auf Tour

Infos unter:
www.guidocantz.de
www.eventim.de

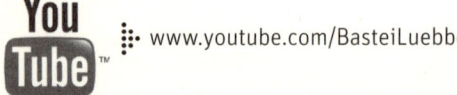